『十一五』國家重點出版規劃項目

主編 陳智超

陳垣全集

CHEN YUAN QUANJI

第一册

早年文

北京师范大学出版集团
BEIJING NORMAL UNIVERSITY PUBLISHING GROUP
安徽大学出版社

圖書在版編目(CIP)數據

陳垣全集.第1册,早年文/陳垣著.—合肥:安徽大學出版社,2009.8(2021.3重印)

ISBN 978-7-81110-388-5

Ⅰ.①陳… Ⅱ.①陳… Ⅲ.①陳垣(1880～1971)—全集 Ⅳ.①C52

中國版本圖書館CIP數據核字(2009)第155361號

陳垣全集 第一册

早 年 文

陳 垣 著 陳智超 主編

安徽大學出版社出版發行

(合肥市肥西路3號 郵編230039 電話0551-65107716

網址 www.ahupress.com.cn)

合肥遠東印務有限責任公司印製

責任總編輯 楊應芹 彭君華

本册編輯 談 菁 封面設計 孟獻輝

開本 880×1230 1/32 印張 14.875 字數 289千

2009年12月第1版 2021年3月第3次印刷

ISBN 978-7-81110-388-5

定價 2480.00圓(全二十三册)

陳垣全集編委會

1912 年攝于廣州

1913年攝于北京

總目

第二十三册

詩稿

解放後重要講話文章

書信

附　陳垣簡譜

主編者語

陳智超

陳垣全集經過五年多緊張的編輯工作，終於正式出版了。

陳垣先生字援庵，清光緒六年十月初十（一八八〇年十一月十二日）生於廣東省新會縣石頭鄉富岡里，一九七一年六月二十一日逝世於北京。陳垣全集的出版，距他出生一百二十九年，離他逝世也已經三十八年了。

援庵先生是一位大史學家。還在上世紀二十年代，他已成爲中外史學界公認的、屈指可數的世界級學者。他在史學的一些重要領域，作了開創性或總結性的工作，影響廣泛而深遠。

他是一位大教育家。從教七十四年，從蒙館老師至大學校長，爲祖國培養了大批棟梁之材，開創了許多新課程，提出了許多科學的教育方法。

他還是一位熾烈的愛國者。青年時代就投身於反帝反封建的革命鬥争。隨着時代的前進，他的愛國主義精神也不斷升華。直至晚年，他認定只有社會主義才能復興中華，以八十高齡參加了中國共産黨。

這三者互相結合、互相促進。對祖國的熱愛促使他潛心鑽研中國歷史，而他也始終把自己的史學研究作爲報國之道。他熱愛祖國，因此也熱愛代表祖國未來的青年學生，爲教育事業傾注了無限的熱情。研究與教學的互相促進，更是他的特色之一。

援庵先生在上述三個方面都給後人留下了非常寶貴的精神財富。陳垣全集的編輯出版，就是爲了全面承載、體現這份財富，供後人學習、繼承、發揚。

援庵先生逝世的一九七一年，還處在「文化革命」中，當時還不敢奢望能出版他的全集。但從這時開始，我就注意收集有關他的資料，只要有一點綫索，不論是北京還是外地，不論是國内還是國外，都盡可能抄録、複製。三十多年來，還整理出版了他的多部作品和有關書籍，計有：一、陳垣史學論著選（陳樂素、陳智超編校）。二、陳垣學術論文集第一集。三、陳垣學術論文集第二集。四、道家金石略（陳智超、曾慶瑛校補）。五、陳垣史源學雜文（近年出了增訂本）。六、陳垣來往書信集。七、陳垣早年文集。八、陳垣學術文化隨筆（陳智超、曾慶瑛編）。九、元西域人華化考（導讀本）。十、陳垣先生遺墨（陳智超、曾慶瑛編）。十一、陳垣元西域人華化考創作歷程——用稿本説話。所有這些，爲陳垣全集的出版奠定了基礎。

改革開放給中國學術的振興和發展注入了新的强大的動力，陳垣全集的出版才有實現的可能；援庵先生的學術、思想經歷了長期的考驗，包括改革開放以來三十年的考驗，一代又一代讀者對他的著作的渴求，也使陳垣全集的早日出版成爲必要。

上世紀九十年代開始，以紀念援庵先生誕生一百一十周年爲契機，陳垣全集的編輯出版工作被提上議事日程。援庵先生享高壽，成果豐，方面廣，全集的出版，無論是對出版方還是編輯方，都是一項工作量很大、需要大投入的系統工程。經過多次選擇、協商，最終由安徽大學出版社承擔了陳垣全集的出版工作。

從正式簽訂出版合約、啓動編輯工作，至今已經五年多了。我們一開始就爲全集的編輯工作確立了如下的目標：全面、權威、高質。

爲了落實這個目標，我們組織了編輯小組，成員是：陳智超（主編）、曾慶瑛、陳韶、陳智純、陳致易、劉慧如。五年多來，圍繞這個目標，我們作了以下幾大項工作。

甲　搜集與清理援庵先生遺留的著作及有關資料

一、民國以前的早年文章。自一九〇七年至一九一二年，他先後在廣州時事畫報、醫學衛生報、光華醫事衛生雜誌、震旦日報上發表了一系列文章，并編著奉天萬國鼠疫研究會始末等書。在時事畫報及震旦日報上發表的文章，大部分是借歷史題材進行反清宣傳的政論，署「謙」、「益」等筆名；在兩種醫學雜誌上發表的則爲普及衛生知識、反對愚昧迷信以及關於醫學史的文章。

二、生前已發表的史學論著。自一九一七年發表第一篇史學論著元也里可温教考，至一九六五年發表薩都剌的疑年，歷時四十九年。

三、生前已刊年表和目録。計有二十史朔閏表、中西回史日曆等五種。這都是援庵先生用很大精力精心編製，并有很高學術含量的工具書，爲一代又一代研究者提供了許多方便，有很强的生命力。

四、生前未刊布的著作。有四庫書目考異、元祕史校記、元祕史音譯類纂、日知録校注。

五、書文稿。包括部分已刊布著作的初稿，尚未定稿的著作，以及部分完成的著作。

六、雜著。包括序、跋、識語、題詞等。

七、批注本。其中最重要的爲全祖望鮚埼亭集和趙翼廿二史劄記的批注本。援庵先生曾將此兩書作爲「史源學實習」課的教材，并計劃著鮚埼亭集考釋和廿二史劄記考正兩書，批注本就是爲此所作的準備。

八、教材。包括講稿、課程説明、教學日記、試題等。
九、建國後的講話文章。
十、詩稿。
十一、書信。
十二、專題資料集。

乙　選録

可能會有人提出疑問：既然是全集，理應片言隻語必録、片紙隻字必收，爲什麽還要選録呢？

我們的理解是：「全集」的「全」，主要是指全面。所謂全面，縱的方面，盡可能反映他從少年、青年到老年的一生；横的方面，盡可能反映他一生的各個方面。但全面中還有重點，重點就是本文開首所提到的史學、教育與愛國精神。他在這三方面給我們留下的重要遺産，應在全集中得到充分反映。史學更是重中之重，從本質上來説，他是史學家。

爲此我們作了如下的選擇：

一、現已收集到的早年文章。這只是他早年所發表文章的一部分。時間久遠，能留存至今，彌足珍貴，全部收入全集。

二、生前已刊布的史學論著及年表、目録。當然全部收入。

三、生前未刊著作。也全部收入。

四、書文稿。根據具體情況作不同的處理。援庵先生的重要著作都經過多次修改，歷次修改稿反映了作品的創作過程。現存的稿本大部已捐獻給國家圖書館，全集只選録了少數幾種稿本供讀者比較研究。這是考慮到，如果將現存的稿本全部收入全集，篇幅將大大擴充，因而也增加讀者的負擔。爲了彌補這個缺陷，我們將選擇有代表性的幾種著作的稿本，作深度加工，另行出版。至於尚未定稿的著作以及只部分完成的著作，爲數不多，全部收入全集。

五、雜著。包括序、跋、題詞等。有學術性的，也有非學術性的。因爲篇幅較小，全部收録。

六、批注本。援庵先生讀書常作批注。有些只是作爲提示用的，如在二十四史各本紀的書眉上標出時間、人名等。有些則是讀書心得、評論，或是爲教學和研究作準備。他的不少著作就是從批注發展而成的。對後兩種情況的批注本，我們也收入全集中。

七、教材。教材是體現、反映援庵先生教育思想、教學活動的最重要的載體。全集收入現存的全部講稿和課程説明。至於試題、教學日記、對作業的批改、學生考試成績和作業情況登記、題詞等，因爲數量較多，只選録了有代表性的一部分。

八、建國後的講話、文章。建國以後，援庵先生除先後擔任輔仁大學、北京師範大學校長，兼任中國科學院歷史研究二所所長之外，還有許多社會職務，如第一至第三屆全國人民代表大會常務委員、北京市政協副主席、中國科學院哲學社會科學部學部委員等等，在不同時間、不同場合發表過不少講話、文章。如果全部收入全集，也會增加大量篇幅。現在收録的，是在共和國的各個發展階段，他親自執筆起草的三十九篇有代表性的講話、文章。

九、詩稿。援庵先生不是詩人，但興之所至，也會發諸詩歌。這些詩歌帶有明顯的史家特點。現將收録到的詩歌全部收入全集，因大都未正式發表，故名「詩稿」。

十、書信。援庵先生一生寫了大量書信，留存的只是其中的一小部分。既有論學書簡，也有大量非學術性的通信。他没有日記，這些書信（包括家書）反映了他的親情、鄉情、友情、師生之情，對了解和研究援庵先生有非常重要和獨特的作用，所以全部收入全集。

十一、資料集。援庵先生在研究某一問題時，第一步就是全力搜集有關資料，因此編輯過許多專題資料集，最著名的就是道家金石略和廣書林揚觶資料。一九二三年至一九二四年，他在北京大學任教，以北大所藏繆荃孫藝風堂拓片爲基礎，再加上道藏中碑記和各家金石志及文集中有關道教碑文一千餘通，編成大型道教碑刻資料集道家金石略。原計劃公開出版，後因校碑不易，始終没有刊行，只利用其中部分資料寫成南宋初河北新道教考。上世紀八十年代初，我與曾慶瑛用了兩年多時間，對稿本進行校勘、增删、標點、注釋、統一格式、編次、編製目録及索引等工作，由原稿的八十萬字增至近兩百萬字，於一九八八年由文物出版社出版。大約在上世紀三十年代，援庵先生擬撰寫一部有關著作體例的專著廣書林揚觶，作了提綱，并搜集了十四册資料，在資料上作了一些批語。這兩部專題資料集以及其他資料集我們都没有收入全集。這是因爲，資料集的篇幅很大，而它所反映的只是研究的起始階段，與著作或年表等不同。

丙　整理

一、援庵先生生前刊布的著作（包括早期文章）、年表、目録等，原則上保持原樣，有些更直接影印原書，但對一些著作也作了整理工作。第一，爲了保持全書體例的大致統一，以及適應現行的出版規定，少數著作在版式上作了調整。第二，有些著作出版過增訂本，甚至不止一次，我們採用最後出版的增訂本。第三，有些著作出版後，作者作過校訂，我們採用最後的校訂本。如元西域人華化考，先後出版過排印本（一九二四、一九二七年）、木刻本（一九三四年），一九六三年又作修訂，準備排印，生前未能如願，至二〇〇〇年才正式出版。在編輯全集的過程中，我們發現援庵先生對這個修訂本又作過一些修訂，這次我們採用了最後的修訂本。第四，有些著作的引文，經過核查，作了相應的修訂。如南宋初河北新道教考引用的金元碑文，我們都一一與拓片核對，作了相應的修改。

二、生前未出版的著作。四庫書目考異和元祕史校記都按原樣排印，日知録校注和元祕史音譯類纂則作了較多的整理工作。

日知録校注是援庵先生未刊著作中用時最長、用力最多的一部。原稿採用批注的形式，如果照原樣影印或排印，讀者閱讀、使用都不方便。我們作了如下的整理工作。第一，過録全書眉批，改爲校注，置於每條的每段之後。第二，原文只有斷句，現加了標點符號。第三，顧炎武的全部引文與原書一一核對。第四，原稿少數沒有查到出處的引文，盡可能補注出處。第五，有些在當時屬於常識、可以不注出處的引文，如論語、孟子等，加注出處。第六，由於校注歷時二十餘年，前後體例難免有不一致之處，盡可能加以統一。第七，遵從援庵先生的意見，校注不收黄汝成的集釋，只保留了他對集釋的某些批語。第八，潘刻本出於政治原因删去了一些條文及文字，援庵先生據抄本補出，現在也補入相關卷、條中。

一九三三、一九三四年，援庵先生用很大精力研究元祕史，爲此還學習過蒙文。研究成果是相關的三部著作：元祕史譯音用字考、元祕史校記和元祕史音譯類纂。後兩種生前没有刊布，元祕史音譯類纂應該説只是基本完成。我們把元祕史音譯類纂收入全集，作了較多較大的整理加工。第一，類纂所用底本爲葉德輝刻本，我們根據援庵先生的元祕史校記對原稿作了相應的訂正。第二，再三核對每個音譯，旁譯在元祕史中的位置。第三，調整了部分分類及編次。第四，編制了旁譯目録及音譯索引。目的是使讀者能更好地利用援庵先生的研究成果。

三、書文稿。無論是已刊著作定稿前的文稿，還是没有完成、没有定稿的文稿，我們都只加了標點符號，對内容一律不作改動。讀者閲讀時需要注意，這些文稿不是作者定論，而是他研究過程某一階段的成果。

四、雜著。主要是統一體例，加標點符號。

五、批注本。批注本也是援庵先生史學遺産的重要組成部分。全集共收録了七個批注本，我們過録了全部批注，置於每段之後，并對原書加了標點符號。其中鮚埼亭集、廿二史劄記兩書的批注，援庵先生用力甚多，整理的工作量也很大。

六、教材、建國後的講話文章以及詩稿。整理工作主要是過録原稿，加標點符號。

七、書信。全集增加了陳垣來往書信集出版以後收集到的不少信件。每通書信，我們都作了釋文、加標點符號的工作，并盡量考定寫信時間。每位收信者，除個别情況不明者外，均附以簡介，特别注意他同援庵先生的關係。對書信内容也作了必要的注釋。

丁　編次

全集的編次可採取三種方式：編年、分類、分體。陳垣全集所收内容，時間長、範圍廣，數量大，單單採取上述三種方式的一種都不合適。我們編次的原則，是以他的主要史學著作爲主幹，兼採上述三種方法。爲此，我們將全集分爲三十七個單元。雜著、小的批注本、教材、建國後講話文章、詩稿、書信，在體裁或内容上都有相對獨立性，各自作一單元。早年文章、宗教史論文、歷史文獻學論文、有關元祕史的三部著作、有關四庫全書的幾種論著，在内容上各有特點，也各自作一單元。除了書文稿、小的批注本、教材、建國後的講話文章、詩稿、書信置於全集的後部外，其他各單元與他的主要史學著作一起，大致按時間先後分册編排。這樣既可以看到援庵先生思想和學術發展的脈絡，内容相關的論著也相對集中。

全集還有幾封論學的書信重複收入其他單元中，主要是因爲這些書信學術含量很高，本身就是一篇學術論文，有的删去了上款和其他内容後在刊物上發表了；而爲了保持書信部分的完整性，我們在書信部分仍然保留全文。

戊　校對

全集的每一種校樣，我們與出版社平行校對，一般校對兩三次，多者四五次。我們這樣做，是力求全集的文字完全符合援庵先生的本意，盡量減少出版後的遺憾。

陳垣全集開始編輯時，啓功先生是援庵先生僅存的入室弟子。我們請他擔任全集的顧問，他欣然同意，并戲言，爲了全集，除了腦袋以外，其他要求都可以答應。當時他執筆已很困難，用顫抖的手寫下同意集字作爲全集的題簽。除了「陳垣全集」之外，他又説弟子不應直書老師的名字，再加一幅「陳援庵全集」的集字，供我們選擇。全集編輯的進度，我們都及時向他報告。二〇〇五年一月，陳垣全集的最後一批文稿送交出版社，我約請他爲全集寫一篇序言（由他口述，我們整理成文字），他立即把時間定在次日上午。見面的第一句話是「我不知道還能活多久」，但語氣非常平静，没有絲毫的傷感。那天他很興奮，但我反復聽了他的談話録音，覺得要整理成文字，還有不少問題要再請教，得到的消息却是兩度住院，直至逝世。請他寫序言的願望没有實現，是一大遺憾。我們只能以陳垣全集出版的消息告慰他的在天之靈了。

近千萬字的陳垣全集的整理、校對工作非常繁重，除了編輯小組的成員外，我們還請了一些專家學者、青年學生協助我們的工作。

參加整理工作的有：日知録校注：陳祖武（前七卷）、陳致易（後二十五卷）。元祕史音譯類纂：陳智純、馬麗娟、張龍、陳寔。此外，蔡美彪、斯琴、巴特爾提出過很好的建議，烏蘭曾仔細審閲整理稿，提出了許多具體的修改意見。廿二史劄記批注、鮚埼亭集批注、書信：曾慶瑛。

參加校閲的有：李瑚：南宋初河北新道教考。何齡修：明季滇黔佛教考、清初僧諍記。石椿年：史諱舉例、校勘學釋例、中國佛教史籍概論、通鑑胡注表微和鮚埼亭集批注（前半部）。朱天曙：鮚埼亭集批注（後半部）。曾誠：通鑑胡注表微。陳韶：釋氏疑年録、早年文章、雜著、建國後講話文章，并編陳垣簡譜。陳智純：元祕史譯音用字考、吴漁山年譜、舊五代史輯本發覆、四庫書目考異、元祕史校記、歷史文獻學論文。張龍：早年文章、歷史文獻學論文。曾慶瑛：其他。

我擔任全部文稿交稿前的審定工作和全部校樣的終校。陳垣全集編輯工作出現的問題，我應負最終責任。

在此，謹向在陳垣全集醖釀、編輯過程中，參加工作的、提出過意見的、提供過資料的、提供過資料綫索的女士先生們，致以衷心的感謝。

安徽大學出版社爲本書出版投入了大量人力物力，楊應芹、彭君華兩位先生更是自始至終負責出版社方面的編輯工作，并提出過許多很好的建議。正是由於出版社和我們編輯小組兩方面的密切合作，陳垣全集才得以順利出版。

二〇〇八年十一月

目次

目次

陳垣全集之一

早年文

安徽大學出版社

釋漢

今制，員有滿員漢員，缺有滿缺漢缺。所謂漢，中國人也。何不謂之中國人而謂之漢人？曰：中國者，統一之稱；漢者，有所對待之稱。如虜漢，如胡漢，齊書。如蕃漢，唐書。如契丹漢人，遼史。如女真漢人，金史。如蒙古漢人元史。之屬，皆所謂對待名詞也。遼、金、元史之連人並舉者，以契、女、蒙之單簡不成話，既以丹、真、古聯屬並舉矣，則漢亦不得不連人並舉，以配契丹等名也，其實與胡漢、蕃漢等。無胡，無蕃，無契丹蒙古，則稱中國人；有胡，有蕃，有契丹蒙古，則稱漢人。如是等名，中國不能統一之一大徵也。今官書中又有稱漢回、漢苗者，亦同此例。其先言漢者，則自我言之；其後言漢者，則自人言之。猶今日人則言日清，中人則言中東也。

中國易姓者屢矣，胡獨以漢稱中國？曰：在昔與西域交通者漢爲盛，故塞外諸國徒聞有漢也。漢，劉氏一家之國號耳，以漢代表中國何自始？曰：於齊梁時乎，後魏時乎？魏晉之間，史有言漢者，皆劉氏耳。以漢代表中國，變私名爲公名，自宋書胡氏傳論始，所謂「楊氏兵精地險，境接華漢」者是也。沈約梁人，當時無是稱，沈約不能爲是語也。證諸齊書魏虜傳，「佛狸母是漢人，爲木末所殺」，又云蜡日逐除歲，葦索桃梗如漢儀。又云：悉置比官，皆使通虜漢語。芮芮虜傳亦云：其國相希里亟，通胡漢語。蕭子顯、沈約皆梁人，同時以漢爲中國，則漢之定名，成於齊梁之間，可無疑義。

梁書扶桑國傳，稱「齊永元元年，有沙門慧深來至荆州，説扶桑在大漢國東二萬餘里。」姚思廉釋之曰：地在中國之東也。魏書崔浩傳，稱「浩既工書，人多託寫急就章。從少至老，所書以百數，必稱馮代强，以示不犯國諱，其謹也如此。」所謂馮代强者，因急就章原文爲馮漢强，第二。浩諱言漢强，故易云代强，以魏初國號曰代也。顧甯人言北魏酈道元注水經，廣漢且改作廣魏。夫與魏並爭中原者南朝，非劉漢也，乃不諱宋齊梁陳，而竟諱及漢者，北以南爲羌爲島夷，不公認其爲中國，而只以漢爲中國也。此又齊梁間塞外諸國以中國爲漢之證。沈約等固非塞外人，而或沿是稱者，特徇彼中人語耳。就上所已鉤稽諸條外，諸史實自稱爲中國爲華夏者多，未嘗皆自稱爲漢也。

隋書亦有言漢者，西突厥傳「啓民卑事天子以借漢兵，欲滅可汗耳。」又曰：「吐谷渾憾漢，職貢不修，可汗若請誅之，天子必許，漢擊其内，可汗攻其外，破之必矣。」凡此所謂漢，皆謂隋也。至於唐書，則蕃漢等詞，觸目皆是，不勝條舉，而兩書中稱漢稱唐猶時有出入。如舊書高昌傳，漢家兵馬如日月，新書漢家作唐家，其例也。

五代以來，外族繼盛，中國萎頓不振，遼、金、元三史中，遂無以中國稱漢人者。大清統一區宇，遠邁前朝，今制雖有漢員、漢缺等名詞，而漢之一字，例不得與外國直接交涉，中國之名，亦統轄滿漢，不得爲漢人所專有。乾隆二十二年，永昌知府某，檄緬甸文，有「數應歸漢」一語，爲嚴旨所申飭曰：對遠人稱述朝廷，或稱天朝，或稱中國，乃一定之理。況我國家中外一統，即蠻荒亦無不知大清聲教，何忽撰此「歸漢」不經之語，妄行宣示，悖誕已極。此又承學之士所宜深知者也。

〔載廣州時事畫報丁未年（光緒三十三年，一九〇七年）第二期，署名謙益。〕

釋唐

既釋漢已，客有造而請者曰：漢之爲漢，既聞命矣，今華人之旅海外者自稱爲唐人，又稱中國爲唐山，唐亦李氏一家之國號耳，而以代表中國，則又何説也？曰：唐與漢等也。塞外諸國，唯聞有漢，不聞有中國；海外諸國，亦唯聞有唐，不聞有中國也。由乾路至中國，稱中國爲漢；由航路至中國，稱中國爲唐，此達例也。稽之史，蓋始於日本。日本於唐永徽、顯慶、長安、開元、天寶、上元、貞元、元和、開成中皆遣使入朝，且派人留學於京師，大市文籍還國，故遂以中國爲唐。

元史日本傳：「至元十九年八月，范文虎發舟師十餘萬擊日本，日本人來戰，盡殺蒙古、高麗、漢人，謂新附軍爲唐人，不殺而奴之。」所謂唐人即中國人也，其漢人云者，則契丹人也。契丹何以稱漢人？金時以契丹爲漢人，宋人爲南人，故有是稱也。

明史日本傳：「萬歷十四年，秀吉知唐人畏倭如虎，治兵甲，繕舟師，與其下謀，入中國北京者，用朝鮮人爲導；入浙閩沿海郡縣者，用唐人爲導。諸鎮怨秀吉暴虐，咸曰，此舉非襲大唐，乃襲我耳。各懷異志，由是秀吉不敢親行。」此皆日本稱中國爲唐之一證也。

然不獨日本，亦似不始於日本。宋史天竺傳，開寶八年，有曼殊室利者，隨中國僧至，太祖令館於相國寺。善持律，爲都人所傾嚮，衆僧頗嫉之。以其不解唐言，即僞爲奏求還本國，許之。詔既下，曼殊室利大驚恨云。則宋初已有以唐代表中國者，雖非出自海外人之口，然使當時海外無是稱，中國人不能以自稱也。若然，則何不謂爲不解宋言，而謂爲「不解唐言」也？

明史滿剌加傳：「男女椎髻，身體黝黑，間有白者，唐人種也。」真臘傳：「刑，番人殺唐人罪死，唐人殺番人則罰金。」此則明人對海外自稱唐人者也。真臘傳又云：「唐人者，諸番呼華人之稱，凡海外諸國盡然。」此則史臣解釋唐人二字之所由來者也。

統觀右舉各條，一出於日本，一出於天竺、滿剌加、真臘。夫歐美諸國之至中國，西必經印度、滿剌加、真臘，東必經日本；中國人之至歐美諸國亦然。其以中國爲唐，皆此等影響所及也。明史於川廣雲貴諸土司傳稱漢，於外國諸傳稱唐，而外國中之朝鮮、韃靼等傳則仍稱漢，以朝鮮之於中國，僅界一江，仍由乾路可至中國之國也。故曰：由乾路至中國，稱中國爲漢；由航路至中國，稱中國爲唐也。客頷之，復綴其詞於編，不敢自信，願以質諸大雅也。

〔載時事畫報丁未年第二期，署名謙。〕

鞦韆拉繩之紀念

今學堂中無不有鞦韆，其遊戲法無不有拉繩。拉繩始於唐清明之戲也，鞦韆始於山戎寒食之戲也。古今藝術圖云：北方戎狄至寒食爲鞦韆戲以習輕趫。後中國女子學之，乃以綵繩懸木立架，士女坐立，其立推引之，謂之鞦韆。又云：鞦韆本山戎之戲，自齊威公北伐山戎，此戲始傳中國。夫山戎烏知有寒食？寒食云者，在中國人言之耳。然鞦韆自是寒食之戲。天寶遺事云：天寶宫中，至寒食節競築鞦韆，令宫嬪戲笑以爲宴樂，帝呼爲半仙之戲。都中士民相與仿之。則此戲自唐以來，猶於寒食爲之也。至於拉繩，則舊名爲拔河。景龍文館記言：清明節，唐中宗命侍臣爲拔河之戲。以大麻絙兩頭繫小繩，數人執之，爭挽，以力弱者爲輸。留青日札又言：今小兒兩頭曳索對挽之，强牽弱者而撲，以爲勝負，喧笑爲樂。即唐清明拔河之戲也。近日本小學校中，此戲尤盛。意者其傳自唐人歟？然今歐美各國無不有鞦韆，則又傳自誰國也？蓋二者均天然之遊戲法，人人能爲之，固不必指定爲何人所創，更不必指定爲何國效法何國。此不過以二戲之見於吾國古籍者均出於清明、寒食之間，有如是之巧云矣。

〔載時事畫報丁未年第五期，署名錢。〕

記王將軍墓

歲丁未，余寓公於珠江之南岸。清明休暇，客有約爲踏青行者。叩以目的所在，曰去此間六七里有王將軍墓。王將軍者，有明之遺臣，其事跡略見於廣東通志，國士也。通志言王將軍有墓在此間，盍往尋之。余曰諾。與客出門向東南行，入瑶頭，經大廟，客且行且爲余道王將軍事。余蹙然悟曰：王將軍者，殆即陳恭尹所賦之王將軍行其人耶？若然，則田横之徒而陸秀夫之儔也。言間已抵所爲南箕村，村外古塚纍然，白紙片片，爆聲霹靂。余與客竄身其間，不知將軍墓之果在此否也。遠見一碣，高逾常額。即之，苔蘚封殖，隴樹叢塞。客摩莎睨之，喜曰：得之矣。讀其文曰：「皇明虎賁將軍懸伯電輝王公偕同節元配張氏一品夫人暨十五庶夫人之墓」，末署題名曰「粵人公立」。余曰：嘻，奇哉！此等題碣，未之前聞也。詢諸土人，曰：此王將軍山也。將軍爲誰？曰：吾第聞人言王將軍，不知伊何人斯也。余告之曰：將軍者，先民之英傑者也。抑何其塚至於荒榛之極，是亦吾民無歷史觀念之過也。將軍去今不三百年，昔粵人悲痛感激而謀立公之碣者，何今而竟忘之也耶？仁和龔子曰：滅人國者必先滅人之史。其將使人忘其先民之矩矱也。去年重九，余出城之北門，過流花橋南象岡礮臺之側，謁明君臣冢。荒壠數尺，白菜一畦，低徊久之不能去也。今又遇此，誠不負此行矣。然王將軍與所謂明君臣者，同爲劬勞王事之人，胡明君臣冢尚有識者，而王將軍墓乃在此白楊衰草間，竟無人過問也？非客言，余亦幾忘之矣。是誠吾民無歷史觀念之過也。悲夫！黄雲浩浩，零露漫漫，其遂使先民賫志以没，含恨九泉，而不表於後世也。既爲之夷其榛蕪，識其疆域，與客蹌踉歸，若重有失者。客請爲之記，記曰：

將軍名興，番禺人。少爲農，短小精悍，智計過人，羣呼爲繡花針。明亡，遂散家財，收納亡命以謀恢復，四方歸之。初屯花山，迨紹武唐王聿鐭年號。被殺，乃盤踞文村。文村爲肇廣交界，與新會、新寗、開平、恩平、陽春、陽江六縣毗聯，處萬山之中，四鄰大洋。羊腸鳥道，一徑通人。刺竹坡塘，交相間隔實吾粤之天險也。將軍築寨其中，奉聿鍵福王。之弟朱聿鐈爲主，仍用永歷永明王由榔。年號，四出煽動。時大清軍方勘定瓊南，未暇及此一隅也。順治十三年，粤地既定，七月，平南王尚可喜。親率將佐往討之。查其山川，勞逸互異，乃分阨其運道，作長圍困之。相持半載，王遣人招之降，將軍拒之。是年冬，島中糧且盡，將軍乃大集島衆，慷慨言曰：吾所以徒步奮起，間關千里，百折而不辭者，以爲海内英豪盡如吾島，則敵騎無由南下也。今大勢至此，可奈何？吾誠無以對先帝於地下。語未畢，島衆盡流涕嗚咽而言曰：甯從將軍死，不能爲降虜生，願將軍無餒。將軍曰：吾殘民以守，乃無功於國，吾罪大極，不復可活。願諸君圖之。是夜，具衣冠，舉家自焚死。聿鐠亦服毒而亡。粤人義之，乃共收其餘燼，攢葬於三山之陽。嗚呼！將軍之行，忠臣義士之行也；將軍之言，仁人之言也。庚子之役，吾國人相率而豎順民旗於十一國聯軍之前者，正將軍之所深痛者也。將軍以爲海内英豪，能盡如吾島，則將軍以己之心理測人之心理，而孰知其鑿枘至於如是也？大勢既去，萬不能以區區一島巋然獨存，則唯有死耳。死不可以强人，則將軍之宣諭島衆者，心欲與偕亡而口不敢以明言也。亡國者夥矣，如準葛爾之以不肯以統屬於人故見雍正十一年諭旨。甯盡滅其種而不恤者有幾？今將軍之自殘，仁至義極，當時唯閻典史之守江陰似之。不意中原之大，求一死守社稷者，乃孑孑其難也。嗚呼！吾謁將軍墓，吾安得不曲踊三百，大書於墓門，以告來者曰：是以匹夫倡義，爲國盡瘁，而無炳炳於時者王將軍之墓。庶幾吾民其生歷史之觀感也。將軍死後，屈翁山曾爲之傳，余未之見。而陳恭尹之歌，則猶憶之，附録如左：

炎方有義士，姓王名曰興。十三學殺人，十五手搏狼。三十建義旗，姓名驚一方。天子頒虎符，作鎮黿江陽。翠華日以遠，地絶軍彌張。百戰環岡州，冒死披殘疆。海濱富斥鹵，重林與連岡。高者掩雲日，遠者浮蒼茫。煮波致財貨，鑄冶成刀槍。宮室何所居，天家侯與王。藁粟何所饋，從駕子與孃。心膽何所贈，海内豪與英。敵兵四面來，衆士各逞强。將軍躍上馬，命客持一觴。獨出揮長戈，兩目流電光。直取首來捋，生挾歸戎行。顧飲所持酒，昔熱猶未涼。相持及三月，彍騎皆奔亡。來時三萬人，半還仍重傷。奏功自間道，涉瘴徂昆明。黄金三千鎰，玉帛各有筐。天駟方驅馳，下臣效芻漿。臣與昧死上，帝曰卿賢良。賚爵列五等，高獸盤銀章。其文曰虎賁，將軍盪南荒。敵人聞之懼，虓虎盈千旗。來者左右賢，其君督責之。不得此彈丸，若輩何生爲？上天仍助虐，其年兼薦饑。將軍察天命，命匠搜良材。斲以爲巨棺，綵翣懸葳蕤。約日出合戰，敵怯不敢來。堅壁十里外，迤邐與長圍。溝壘内外防，突援無所施。始從戊戌夏，兩及中秋期。戰士飯草土，抱骨還登陴。所憂負將軍，糜爛死猶歸。將軍曰嗚呼，共盡終何裨？我乃報國恩，汝當全宗支。乃命幼子九，先出卑其辭。卜吉結歡會，敵將不致疑。是夜一更終，將軍訣所知。夫人翠鳳冠，有母頭如絲。侍妾十五人，左右皆肩隨。肅肅何雍雍，俱集園東陲。上有古梅樹，膠結垂高枝。白石爲几席，皎月明蒼苔。將軍命夫人，拜別而慈闈。拜畢與將軍，四拜中間居。十五妾羅拜，娙娟無參差。夫人命尊酒，有脯形如圭。酌罷提羣妾，先掛臨中閨。阿母大驚呼，將軍言勿悲。著我錦繡袍，麒麟當心開。戴我七梁冠，簪纓鬱崔嵬。玉帶與璽書，次第皆抱懷。置勅中堂上，登燭熒且煇。望闕遥謝恩，臣死有赧顔。報君一身少，妻孥同摧殘。房中何所有，火藥堆如山。將軍未即死，先解夫人繯。次及妾十五，列置火藥端。出户著朝衣，捧勅仍來還。飛身乃入火，烈焰貫高天。鷄鳴部曲入，白骨空巑岏。舉哀建素旒，合斂歸巨棺。敵人亦流涕，況在同肺肝。卜葬三山陽，隱約題墓門。歲時俎豆陳，宿草來攀援。

（載時事畫報丁未年第六期，署名謙益。）

按：恭尹爲明遺老，故其詞多不遜。中更有「來者左右賢」等句，蓋以匈奴視國朝。本當削去，然雍正十一年，乾隆四十二年迭降諭旨：本朝人刊寫書籍，遇胡虜夷狄等字，每作空白，蓋爲本朝忌諱，避之以明其敬慎。不知此固背理犯義，不敬之甚。今特存之，以適見其爲明人之言，不足責也。

書李襲侯

大清二百六十有四年，合肥李襲侯國杰以漢人籍調廣州副都統。既抵任之逾月，復與滿族那中堂桐之女子子成婚於任。都人士以二事爲前此漢人所不得也，莫不爲襲侯榮。謙益曰：是不足奇。是足奇，則是疑國朝素有滿漢分治之心，至今日始有一抉藩籬之舉，是烏可？是足奇，則是三百年來列帝所諄諄告誡，以爲滿漢臣工從無異視者爲誑言，爲餌漢人之言，是烏可？是足奇，則是以國初有靳於漢人者，爲滿洲强盛之時，今之予漢人者，有似於金末賜姓，元季參用南人，爲維繫人心之計，則是大不敬。故曰是不足奇。

天聰之六年，太宗因貝勒岳託之請，原奏先年殺遼東廣甯漢人，後復殺永平灤州漢人，縱極力暴白，人亦不信。今天與我以大陵河漢人，臣愚謂若能善撫此衆，更暴白前事，以告於衆，則人皆信服矣。善養之道如何？凡一品官以諸貝勒女妻之，二品官以國中大臣女妻之。其大臣之女，仍出公帑以給其需。若諸貝勒大臣女有欺陵其夫者，咎在父母，犯即治罪。曾令大陵河漢人，盡移居瀋陽，配以國中婦女千口。崇德之二年，太宗又諭親王、郡王、貝勒，以各處俘獲婦女甚多，飭查明各牛录下牛录即今佐領。無妻室者，一律給以妻室。是國朝未入關以前，滿漢之通婚久矣。是不足奇。

然此未著爲律令也。順治五年八月，上諭禮部曰：「方今天下一家，滿漢官民，皆朕臣子。欲其各相親睦，莫若締結婚姻。自後滿漢官民，有欲聯姻好者聽之。」又諭户部曰：「朕欲滿漢官民共相輯睦，令其互結婚姻，前已有旨。嗣後凡滿洲官員之女欲與漢人爲婚者，先須呈明爾部，查其應具奏者即與具奏。其無職人等之女，聽各牛录章京自行遣嫁。至漢官之女欲與滿洲爲婚者，亦行報部。無職者聽其自便。」嗚呼，此豈猶待近數年始下滿漢通婚之詔耶？此豈猶是天聰、崇德間之未著爲律令者耶？是不足奇。

雖然，滿漢之通婚，固明明謂欲滿漢官民之互相輯睦也，而滿女之嫁漢人者絶不概見。其果漢人之外視滿人耶，抑滿人之卑視漢人耶？抑果滿漢權利之不平，有萬不得各泯其意見之處，故雖經明詔謂爲調和於上，而二族臣工仍不免水火於下耶？抑調和者之不可徒以口舌，而必以實在之權利耶？議者乃謂今李襲侯以漢人補滿缺，爲滿漢權利均平之嚆矢。謙益曰：此又吾人不諳掌故之過也。漢人任滿缺，咸豐軍興以後多有之。豈獨軍興，雍正中滿洲副都御史缺出，憲廟命九卿密保，鄂文端以許希孔上。上曰：彼漢人礙於資格。然其後卒用之也。是烏足奇。

然此猶謂内任然也，請言駐防，請言今李襲侯所任之廣州副都統。康熙間廣州副都統兼管粤海關事，旗缺也。五十四年乃以漢人總兵官何國雲爲之，其明年又以碣石鎮總兵官陳昂爲之，五十九年又以江甯總兵官曹廷鑑爲之。曹廷鑑江南民籍，陳昂亦福州民籍，而曹廷鑑且由右翼副都統轉左翼副都統焉，以漢人統制滿洲，與以漢人統制漢軍者又有間。蓋是時澳門多盜，洋人因緣爲奸，故欲得一熟悉洋務之員以措置關務。無事則循資格，有事則不循資格也。以漢人任廣州副都統，李襲侯是第四人矣。是不足奇。

且國朝無異姓封王例也，而國初孔有德、耿仲明、吳三桂輩皆封王，黃芳度亦封忠勇王。王爵位在貝勒上，漢人猶有膺之者，則李襲侯之僅爲一駐防梅勒額真也，是烏足奇。

金元官制，偏重國姓，而漢人爲宰相者，終金之世尚有一韓企先，終元之世尚有一史天澤、賀惟一，謂爲罕見則可，謂爲未曾有則不可。是烏足奇。

不獨此也，元之時蒙古人且亦有與漢人爲婚姻者。成宗紀稱御史臺以行省官久任，與所隸編氓聯姻害政，詔互遷之。所謂編氓，漢人之賤者耳，猶得與達魯花赤元掌印辦事之長官，漢人不得爲者。聯婚。又虞集傳稱富民伍真父者，資産甲一方，娶諸王女爲妻，充本位下郡總管。所謂富民，今之周榮曜等耳，且尚及郡主。嗚呼！曾謂李襲侯不逮元之一富民耶！故曰是不足奇。

在昔漢唐有國之年，有所謂降主和親，有所謂遣子入侍，而金日磾、安禄山、李國昌之倫，則或爲車騎將軍，或爲諸節度使。漢人之待異族，胥如此矣。是皆不足奇也。故夫吾之不敢爲襲侯榮者，非以爲不足榮也，不敢詫此爲創例，而使人疑前此漢人之不得者，謂國朝政治有所偏倚也，故氾乎其言之。

〔載時事畫報丁未年第九期，署名謙益。〕

述紹武君臣冢

明紹武君臣冢，在羊城大北門外流花橋南，象岡礮臺下。明唐王朱聿鐭暨其臣蘇觀生等十五人攢葬處也，粵民呼之爲君臣冢。荒壠數尺，卓立於菜畦麥隴間，二百年來，耕人無敢犯之者。本乏題碣，不封不樹。紹武殉國後二百三十七年，即光緒九年。粵紳某某等乃築塋立碑以表之並建神道焉。今又越二十餘年矣。是次藥庫失慎，壠石亦有震動者云。按順治三年丙戌春，明唐王朱聿鍵隆武。被執於閩，其弟聿鐭航海奔廣州。舊輔何吾騶、蘇觀生，布政使顧元鏡，總兵官林察等擁立之，建元紹武，稱制恢復。是年十二月大清總兵官佟養甲、副將李成棟克惠州，疾趨省垣，令前驅衣漢人裝飾，紅帕裹首，詐稱高守諒之援兵。十五日用惠潮道印文紿開大東門。時紹武方在校場閱射，聞變，與御史羅之玉易服宵遁。十六日至羅岡洞，謀奔肇慶。十八日爲大清邏者所獲，夜宿瓦窑村神祠内。紹武踞地南面坐，不食亦不語。邏者婉勸之，答曰：吾大明藩王也，曾稱制四方。今飲汝一勺水，何顏見先帝於九京哉。夜起投繯死，之玉自殺，邏者以屍獻。觀生已先自縊死。何吾騶、顧元鏡、林察皆降。佟養甲遂斬周、益、遼三王及其宗屬於校場。事定，養甲又命收聿鐭、觀生等殘骸十五具攢葬乎此。粤人傷之，封土爲壠焉。丁未錢罍附誌。

（載時事畫報丁未年第九期）

説正朔

謙益曰：余不聞正朔之名詞也久矣，唯於書生説經時聞之。書生之言曰：王者受命，必改正朔，易服色，所以新天下之耳目。夫大清之得國，二百餘年矣。之民也，含哺而嬉，鼓腹而遊，茫然相與游乎大順已耳，疇敢不奉正朔者。雖朱一貴、林爽文、洪秀全之流，亦嘗另立名目以號令海内，然永和、順天、太平天国之號，吾僅於歷史中見之，他未之聞也，何居乎正朔二字。復見於商約大臣吕海寰之摺，摺曰：學生行文紀年，直書黄帝甲子，襲耶教之名詞，置正朔而不顧，應照違制律從嚴治罪。嗚呼！吾不知學生之不奉大清正朔，果有思想與否，抑人云亦云，而不知爲違制否。徒曰行文云云，則自與朱一貴、林爽文、洪秀全之實行者異，吾見者夥矣。

二十年前，吾國虚驕之士，怵於耶穌紀年之遍於口岸也，思有以擯之，囂然曰：豈獨耶穌，孔子卒後若干年，史遷列傳例也，則大書孔子卒後二千三百八十六年。此一説也。

復有爲之詞者曰：法其生不法其死，今文家法也。西歷以耶穌降生紀年，則中歷亦當以孔子降生紀年，則大書曰：孔子生二千四百五十八年。此又一説也。

稍慕春秋之學者曰：孔子之道，莫精於春秋。西狩獲麟，新王受命之符也。尊孔子則當以春秋之元年爲元年，則大書春秋二千六百二十九年。此又一說也。

佛氏之徒，亦心然有光大其教之志，曰吾佛氏，是宜以世尊之生爲元年，則大書曰佛降生二千四百六十四年。此一說也。

復有爲之詞者曰：考大法之入中國，始於漢明帝之八年，是大紀念，是宜以紀年，則又大書曰佛入中國一千八百四十三年。此又一說也。凡此皆具宗教思想者也。

二十年前，吾國人知有宗教思想，而無政治思想。自專制、共和諸譯名出，衿纓之士，乃遍翻諸吾籍而不可得也，則蘧然曰，周厲王之世，立監謗，殺言者，專制極矣，卒至國民軍起，逐厲王於彘，是民權之始也。於時召公、周公協商國事，號共和元年，是宜以紀年，蓋其跡近，慰情勝無也。況史遷十二諸侯年表嘗託始於此，則大書曰共和二千七百四十八年。此一說也。而以舜受終於文祖之年爲元年者亦有之。此皆心醉乎共和，以爲比諸言宗教者爲國民思想之進步也。

惡知乎七八年間乃有所謂民族魂者之大怪物出，而全國風氣爲之一變，則大言曰：我帝軒轅之裔也，以甲子紀年，自我祖始，是宜以紀年，則大書曰黃帝紀元四千三百九十八年，此一說也。嗚呼！呂海寰之摺，摺此矣。莘莘學子，一何慓悍若是。

然猶有慓悍者，余不敢言。曰紀年所以便記事也，誠如黄帝，則與西歷對紀時，將瞀眩而不可辨，故必有一單簡之標識而後可以常用而無所窒。直截之至，莫若以亡國之年爲元年，庶幾足以震撼國民之腦乎，則大書曰亡國二百六十四年，此又一説也。噫！是蓋以大清得國之年爲漢人亡國之年，故有此非常異義可怪之論。又有以爲第二次亡國若干年者，則以宋之亡爲漢人第一次亡國，明之亡爲第二次亡國也。是皆不可以出諸口者也。

於是有務爲持平之言者曰：以黄帝紀年，誠紊亂不便，以亡國紀年，則亡國以前之事何由紀。曰亡國前若干年耶，則其瞀眩而不可辨也尤甚。吾國之有紀元，自漢武始也，漢武之先，徒書元年二年已耳，至漢武建元元年始有年號。諸蕃之稱我以漢者，以漢也。胡以漢？以漢武也。漢武之强，爲吾國歷史上第一，不言紀元言民族則已，言，必當以漢武。不獨此，漢武建元之於耶穌，其前適一百四十年，蓋耶穌生於漢平帝元始元年也，則大書曰建元二千零四十七年。此一説也。

抑又有爲後勁之説者曰：不以漢武紀年則已，不以漢武之適前於耶穌百四十年之故而紀年則已。以，則當以漢武天漢元年爲元年。漢武在位五十四年，改元者十一，建元、元光、元朔、元狩、元鼎、元封、太初、天漢、太始、征和、後元也，而建元、元光、元朔諸號，皆元狩以後所追改。天漢元年辛巳，去耶穌元年適前一百年，故宜以天漢紀年，則誠可與西歷對紀而無瞀眩不可辨之弊。此又一説也。凡此，皆持民族之説者也。

統觀右此之紀年者不一端，有對於宗教的，有對於政體的，有對於民族的。持論不同，而不奉大清正朔則同。當孔子紀元時，本無不奉正朔之意也，迂腐焉耳矣。其後此諸説，則誠不可問。而吕海寰之請禁者，僅黄帝一節，吕海寰其深許外此諸節耶，抑所見者僅黄帝一節耶？學部議覆之摺，則混言行文紀年不奉正朔之昧授時之義，以爲視王章若弁髦，紀綱具在，不能稍事姑容云。則凡某某幾年云云者，皆在不赦之條也。原奏昨已咨行到粤，吾不知諸未來之主人翁，吮筆含毫時，猶敢大書特書之否也乎！

〔載時事畫報丁未年第十二期，署名謙益。〕

國朝首請泯除滿漢畛域者仁和杭堇甫先生

乾隆八年二月上諭一道：昨因考選御史，試以時務策。杭世駿策稱，意見不可先設，畛域不可太分，滿洲才賢雖多，較之漢人，僅什之三四，天下巡撫，尚滿漢參半，總督則漢人無一焉，何內滿而外漢也等語。國家選舉人才，量能器使，滿漢遠邇，皆朕臣工，聯爲一體，朕從無歧視。若如杭世駿之論，必分別滿洲漢人，是乃設意見畛域之甚者，何所見之悖謬至此。督撫之中，有時滿多於漢，有時漢又多於滿，惟其才不惟其地，亦因其地復量其才，此中裁成進退，權衡皆出自朕心，即左右大臣，亦不得參預，況微末無知之小臣乎！且國家教養百年，滿洲人才輩出，何事不及漢人？杭世駿獨非本朝臣子乎，而懷挾私心，敢於輕視若此，若稍知忠愛之義者，必不肯出此也。杭世駿著交部嚴察議奏。

謹按先生原疏留禁中，當日不發鈔，龔定盦杭大宗逸事狀。先生亦自削稿，並不示人，李既汸鶴徵後録。故世無見者。先生墓志銘云：應澧撰。先生雖一時得罪，然數十年，天下督撫，漢人參半，不專用滿人，於四條中已行其一。惜所陳天下藩庫，宜有餘款存留，以備不虞，不可悉解內部，因上盛怒，閱不終卷，故未邀採納云。則先生當日所陳者，實有四事，泯除滿漢畛域者其一，不可盡提藩庫餘款者其二，其他二條，不可得聞矣。近日臣工中，亦有以爲滿漢畛域之見，成於剛毅、鐵良南下之時，雖不盡然，然與先生當時情事，何其相類也。先生既罷歸，乃自號秦亭老民，日與里中耆舊及方外之侶，結南屏詩社，以吟詠著述爲娛。國史本傳。乙酉歲，純皇帝南巡，先生迎駕於湖上，上顧問曰：汝性情改過麽？先生對曰：臣老矣，不能改也。上曰：何以老而不死？對曰：臣尚要歌詠太平。汪滌原湛薗書屋雜記。問：汝何以爲活？對曰：臣開舊貨攤。上曰：何謂舊貨？對曰：買破銅爛鐵陳於地賣之。上大笑，手書「買賣破銅爛鐵」六字賜之。庚子歲純皇帝六舉南巡，先生亦迎駕，名上，上顧左右曰：杭世駿尚未死麽？先生返舍，是夕卒。龔定盦杭大宗逸事狀。先生雖罷斥，朝廷固甚留意先生言論舉動也。而先生伉爽不羈，現於詞色，後果有御史祝德麟，疑先生不得意，或存誹訕，訐奏之。上以先生所著，尚無違礙，置之。許周生杭太史別傳。先生熟於當代掌故，罷歸後，不讀邸鈔。里居二十年，同歲生或積官至大學士、尚書、總督，先生不知也。歲戊子，劉文定倫以吏部尚書協辦大學士内召，過揚州，訪先生。先生見其冠服，詫曰：汝今何官？曰：不敢欺，參預閣務者已數年矣。先生曰：汝吴下少年耳，亦入閣辦事耶？洪雅存書杭檢討遺事。其玩世不恭如此。嘗游粤，主講粤之粤秀，集中嶺南集，即其客粤時所刻也。先生又善畫，集中有題自畫山水花卉册子。龔定盦嘗得其墨畫十餘葉，極其蕭條粗辣云。

記者曰：世之知先生者，以爲一考據家耳，否則以爲文苑傳中一人耳，烏知先生有如是之歷史？意者先生之立朝也暫，而伏處也久，其大名遂爲考據詞章所掩也乎？今覩先生遺像，頭如僧也，頷下髯如戟，衣古裝也，而衿有結，若有意，若無意，唯先生自知。

〔載時事畫報丁未年第二十一期，署名謙。〕

袁宏道李温陵傳識語

李温陵於明世，目爲非聖無法，致欲誅其人，火其書，故所著如焚書、藏書、説書、觀音問等，士夫家多密爲收藏，不傳於世。入國朝乾隆間修四庫書，復隸此諸書於禁書之列，而傳者遂絶少。近上海國粹學報，始搜得明本焚書，刊諸國粹叢編中。焚書者，李温陵集之一至十三卷諸答書雜述也。原書二十卷，十四至十七爲藏書，十八至十九爲説書，二十爲詩詞。書既至粤，大受社會歡迎。然諸讀焚書者，多欲知温陵事跡，而附於明史耿定向傳之寥寥數行，又不足以盡温陵之實。惟袁中郎集有李温陵傳，於温陵出處始末，言之頗詳，特録諸報端以介紹於世。

〔載時事畫報丁未年第二十一期，署名謙。〕

説滿漢之界

前缺至於漢官之有滿員爲之屬吏者，則又不勝其受侮矣。乾隆廿四年諭曰：「八旗人員，補用外任者本少，因外任上官既衆，習套更煩，是以旗員多不願外擢。」廿五年又諭曰：「滿洲風俗向來純樸，補放營員往往有恥於跪拜上司，不願前往者。」此滿洲風氣根乎夙習者也。廿八年因直督方觀承疏導濱水遲玩一案，除將方觀承交部議處外，上諭：「天津道那親阿、霸昌道額爾登布、天津府額爾登額，俱專駐該處之方面大員。一切及早疏洩事宜，理應據實稟請督臣籌辦。如言之不聽，不但可以直揭部科，即用摺據實密奏，朕必深爲獎予。那親阿等以滿洲世僕，在部院中尚能曉事，是以擢用外任。乃沾染外吏惡習，一味仰承風旨，於地方重務，視同膜外。那親阿、額爾登布、額爾登額俱著革職。」四十七年因甘肅捏災冒賑一案，大小官員通同一氣，上諭：「以此内如善達承志，身係滿洲，用爲州縣，尤當潔己奉公。遇有上司抑勒婪索等事，即應直揭部科，或告病回旗。乃竟愍不畏法，隨同侵帑殃民。似此亦得倖邀寬免，旗員更何所儆懼？善達承志著交刑部入於朝審辦理。」此則滿人之輕視漢上司官，由皇上有以養成之者也。有此二因，而凡爲滿員上司者，遂時受其輕藐。故順治八年勅各省督撫將所屬有司嚴行分别參奏，閲四五月而未有遵旨實行者也。是何以故？皇上蓋燭之矣，曰：「此等瞻徇延捱，或八旗舊人，在任咆哮要挾，督撫畏忌，不敢彈劾乎？」此可見漢人爲滿員上司者之受侮不少矣！

然外官中更有受京旗勒索者，則莫甚於順治十五年直隸總督張元錫被麻勒吉呵辱自刎一案。國史館於張元錫列傳謂張元錫任直隸總督時，學士麻勒吉因公至順德府，元錫出迎。麻勒吉責其失儀，加以呵辱，元錫歸，引刀自刺。以家人救，未絶。經巡撫董天機奏聞，命學士折庫納往究，並令赴京質對。元錫具陳麻勒吉苛索凌辱情狀，下九卿科道議，將麻勒吉革職，旋經降級留任。數月後元錫復自縊身死。乾隆五十六年上乃爲之翻案曰：「朕閲此情節，當時開國之初，滿漢臣工不無意存歧視。此案自係袒護滿洲，故於麻勒吉議從末減。試思張元錫接見麻勒吉時，若非任意需索，肆行呵斥，種種受侮難堪，何至以總督大員，遽爾輕生自刎。迨赴京對鞫，復未將伊抑屈之處爲之伸理，致張元錫含冤莫雪，仍復自縊。麻勒吉妄作威福，設在此時，朕必當置之重典。」此京旗勒索外官之大概也。他如康熙七年上諭：「近聞在京諸臣，違法遣人往各省官員處借名問候，多索財物，甚爲民害。」十九年又諭：「各旗差遣家人，或往外省索債，或令隨官赴任，或以情面干求外官者甚多。借端營私，小民最爲苦累。」廿三年又諭：「部院衙門差遣筆帖式等，或有不肖之人，要挾地方官。以請安爲名，恣其需索。外吏疲於供應，致累小民，奚以堪此。」此可見外吏受京旗勒索之不堪也。

至於漢官之辦理旗民交涉事件者，其棘手與辦理今之所謂交涉案等。此等故事，更僕難終。康熙元年上諭：「有直隸地方詞訟案内干連之莊頭，地方官調取，抗不赴審。即使到案，亦抗不遵行。以致案内干連之人，每多苦累。」是以廿五年直隸巡撫于成龍之陛辭也，諭曰：「直隸旗下各莊人户，不守法度，有司明知，不敢深究。爾須執法嚴治，不得瞻徇顧忌。」雍正之元年，直隸巡撫李維鈞之陛辭也，上亦諭曰：「畿甸之内，旗民雜處。向日所在旗人暴横，小民受累。地方官雖知之，莫敢誰何。爾當奮勉整飭，不必避忌旗漢冰炭之形跡，不可畏懼王公勛戚之評論。即皇莊内有擾害地方者，皆密奏以聞。」此可見辦理旗民交涉事件者之難也。至雍正六年，天津乃有滿洲兵丁合夥往同知衙門吵鬧，而披甲巴寗阿又拿小刀將營田知縣戳傷，上諭曰：「巴寗阿乃當兵之人，膽敢將官員無故戳傷，甚屬可惡。若不加以重罪，何以儆戒將來？著議政王大臣會同三法司究擬具奏。」嗚呼！此辦理旗民交涉事件者之警鐘也乎？

若滿漢兵丁之不睦，則又有統兵大員致之者，有兵丁自致之者。康熙十九年上諭：「各路統領緑旗將帥不恤軍士，令爲滿洲大兵蓋房秣馬。又私行役使，恣意虐害。」乾隆卅四年上諭：「前此領兵大臣，惟知體恤滿洲，而於奔走服役，專派綠營，豈一視同仁之道？」嗚呼！綠營焉得而心服也。然此猶謂出於領兵大臣之爲，而非滿兵之爲之也。若乾隆九年德州滿漢兵丁互吵一案，諭曰：「國家設立駐防滿兵，原是彈壓地方之意。必與綠營兵丁和輯相安，始爲有益。若滿兵輕視綠旗，恃强凌弱，而綠旗兵丁又藉受滿兵欺凌，動輒聚衆喧鬧，此風斷不可長。」觀此則又滿兵之爲而非領兵大臣之爲也。滿漢兵丁既如是其鑿枘，是以咸、同間用兵時受其影響。同治十一年因京口一城未復，上諭：「魁玉雖係專轄旗營，而與馮子材所帶綠營官兵，實係患難與共。必得相聯臂指，方能所向有功。著魁玉、馮子材嗣後軍務緊要，務須遇事和衷，會商辦理，使旗、綠兩營，仍聯一體。不得彼此心存畛域，致誤事機。」此滿洲兵丁平日欺侮綠營兵丁之效果，怨憤烏得而平也？

悲哉！統觀右方所云，皆滿人之蹂躪我漢人者也。政界者，我漢人之秀出，其受蹂躪然也，則斯民尚有完膚哉！幸斯民之得見滿人者寡也，使吾民而日有滿洲人之交接，則中國殆不得一日寗。是故滿漢不相見則已，見則憤懣之念生；不交接則已，交接則紛爭之端起。其與滿人交接愈多者，則其積怨也亦愈深。二百年來，殆如一日。滿漢臣工固未嘗有一和衷共事時也。故事具在，可得而言。右方所云，又非言夫王師入關時與漢人結怨之端，而皆康、乾盛時之事也。滿人之排漢若此，則漢人之不得不排滿者勢也。是故昔日漢官之排滿，與今日革命黨之排滿同。其所以異者，則革命黨之排滿，排滿而並欲推倒政府；漢官之排滿，排滿而仍愛戴皇上耳。苟非有此愛戴皇上一特異之點，則政界中盡革命黨也。危乎險哉！其總因均生於滿漢之一念也。抑有奇者，漢官不獨愛戴皇上而已，並有視皇上如漢晉唐宋之君，不以爲滿人，而以爲與漢人有特切關係焉。此又於昔日臣工之有要求皇上抑滿重漢者得之也。順治十一年，少詹事李呈祥之條議也，曰：部院衙門應裁去滿官，專任漢人。疏既上矣，上顧謂大學士洪承疇等曰：「李呈祥此奏大不合理。夙昔滿臣贊理庶政，並有畋獵行陣之勞，是用得邀天眷，大業克成，彼時可曾咨爾漢臣而爲之乎？朕不分滿漢，一體眷遇，爾漢官奈何反生異意？若以理言，首崇滿洲，固所宜也。想爾等多係明季之臣，故有此妄言耳。」至是副都御史宜巴漢等遂劾李呈祥譏滿臣爲無用，欲行棄置，稱漢官爲有用，欲加專任，陰行排擠，請旨革呈祥職，下刑部議棄市。夫李呈祥以皇上爲親漢人者也，其受咎宜。然雍正間猶有似此者。雍正七年，因秋審將李大成等改爲緩決一案。先是，蔣洞曾說「恐怕站不住」，高成齡說「我們是漢人，可以擔得住」等語。上聞，諭曰：「凡擬審各案，本人有一定之罪，國家有一定之法，如何有擔得住不擔得住之分。即論擔當，亦應是滿洲。至於漢人，有何功勞出乎滿洲之上？而高成齡以爲滿洲不能擔者，漢人能擔，此語甚不可解。」嗚呼！此亦漢人愛戴皇上之過，以爲皇上果重漢人而輕滿人也。嘉慶十九年，鮑桂星果有是語，爲嚴旨申飭。

然皇上果重漢人而輕滿人乎？夫以五百萬衆全體之所排擠者，而僅得皇上一人爲之調停保護，抑亦危矣。雖然，誠如張伯行、張元錫等案，非皇上之右漢而抑滿，則漢人又何以立足也。不獨此，雍正六年，宗室滿珠錫禮條奏：「京營參將以下，千總以上等員，亦應參用滿洲，不宜專用漢人。」上以爲滿洲人數本少，只將中外緊要之缺補用已足辦理，若參將以下之員弁悉將滿洲補用，則人數不敷，勢必有員缺而無補授之人，乃諭曰：「朕屢諭在廷諸臣，當一心一德，勿各存私見而分彼此。在滿洲當禮重漢人，何得有意相遠？」此一事。乾隆元年，漕運總督顧琮奏請各關税務仍選旗員委任監督，上諭之曰：「汝亦爲此等識見乎？我朝自入中國以來，從未歧視滿漢也。近日頗有條陳當厚待滿洲者。夫另有所厚待滿洲，則是疏斥漢人也。漢人聞之，豈不寒心？試想天下之大，滿洲多乎？漢人多乎？是則厚待滿洲，馴致其道，適所以薄待滿洲也。」又一事。三十年，吏部以滿漢司員同屬在部辦事，欲令其一體升轉，以示銓法之平。請各部滿郎中與漢郎中一體銓選知府。上飭之曰：「所奏甚屬非是。殊不思八旗人數與各省漢人孰多孰少？顧於銓擢一途，强爲衡量，如是而謂之平允，有是理乎？且滿洲漢人，同爲國家臣僕。朕用人行政，一秉大公，從不肯稍存歧視。」又一事。是誠無惑乎昔日臣工以皇上爲無歧視漢人之心，雖深恨滿人，而仍愛戴皇上也。然今之革命黨則以爲此等政策非真有愛於漢人，不過勢有所窮，姑藉此以爲籠絡漢人之計。此則今日革命黨與昔日臣工識見之殊也。然今革命黨中則竟有出自政界、軍界者，誠有如袁督示諭所云：「自古革命，皆草澤亡命，未有身列衣冠，樂爲亂賊如今之所謂排滿革命黨者。」又誠如端督與鄂督書所云：「前十年防康梁，後十年防學生，今則防屬員者，之與昔日時勢相懸絶也。」嗟夫！吾不知革命黨投身入政界乎？抑政界被風潮之激刺，而一變其愛戴皇上之方針爲掊擊政府之方針乎？

如是而不能不用消融滿漢之術也。政界人數在全國人數中爲少，而其勢力則足以號召全國而有餘。是豈猶夫力耕以奉上，椎魯無能爲者，之雖欲怨叛而莫爲之先也耶。則今之汲汲於調和之者，誠有以也。雖然，消融滿漢不自今日始。國初曾以此策士矣。順治三年，殿試制策有曰：「欲定天下之大業，必一天下之人心。今如何爲政而後能使滿漢官民同心合志歟？」一也。六年殿試制策又有曰：「從古帝王，以天下爲一家。朕自入中原以來，滿漢曾無異視，而遠邇百姓猶未同風，豈滿人尚質，漢人尚文，習俗或不同歟？音語未通，意見偶殊，畛域或未化歟？今欲聯滿漢爲一體，使之同心合力，歡然無間，何道而可？」二也。覩此制策，與今消融滿漢之諭一也。然則消融滿漢之政見，已早行諸入關之初，胡爲而今尚未消融也？焉知今之所謂消融者，後之視今，不如今之視昔也耶？乾隆八年考選御史，杭世駿策中有「意見不可先設，畛域不可太分，滿員才賢雖多，較之漢人僅什之三四。天下巡撫尚滿漢參半，總督則漢人無一焉。何内滿而外漢也？」嚴旨申飭之曰：「國家選舉人才，量能器使。滿漢遠邇，皆朕臣工。聯爲一體，從無歧視。若如杭世駿之論，必分别滿洲、漢人，是乃設意見畛域之甚者，何所見之悖謬至此。且國家教養百年，滿洲人才輩出，何事不及漢人。杭世駿獨非本朝臣子乎，而懷挾私心，敢於輕視若此。杭世駿著交部嚴察議奏。」噫！開國以來，朝旨日日言滿漢從無歧視，而當時竟有以爲滿漢畛域太分者何也？是夙昔所謂消融者之無效也。乃咸豐四年，李載熙條陳時事，亦有「一滿漢以示大公」一條，爲嚴旨所申飭，曰：「滿漢臣工，朕從未嘗稍存歧視。該編修之奏，何由而出此？」此二百年來，在皇上一方面，則以爲滿漢之久已消融，在臣下一方面，則以爲滿漢之久存畛域也。意前此所謂消融者，言論上事，而非制度上果有消融之實事乎？然則今日之明詔與順治間之制策，其政見將毋同？順治間之政見，以定人心也，今日之政見，亦以定人心也。是則同也。

雖然，順治間貢士之試策吾不得而見，而今日臣工之條陳，則已發見於報紙者。如張之洞、梁鼎芬、端方、松壽、陳夔龍、鄭沅諸議，其持論大抵相同。其最切實可行者，則莫若滿漢通婚，滿漢官缺互補二條。前此已有行之者，東三省旗民私相聘娶已非一日。而當時旗長申報「並無嫁娶民人子女」，按月一次，仍循舊例。若駐防各省，其私相婚娶者尤多也。軍興以後，稱爲破格用人，故滿漢缺之互補亦所時有。以滿漢人數相比較，滿一漢一已占優勝，而況無限制乎？此無損於滿洲者，誠可爲也。而撤各省駐防一議，亦大可行。是何也？曰八旗生齒日繁，名糧有限。旗人生計久已研究於乾隆盛時矣。而以限於定例故，不得在外營業置産，其困苦比漢軍爲甚。蓋漢軍可以出旗改歸民籍，而滿洲無是也。今幸有此消融滿漢之機會，則乘勢撤防，更易名目，宜可爲也。而滿洲全國皆兵之祖制與今歐美同。八旗雖廢，滿洲人仍可盡占兵籍也。此亦廢之有利無害者也。總之，消融之法，必於滿洲之權利無損，祖制無礙，國勢無屈者，然後可以見諸實事。吾見漢人條議中，竟有請廢去滿姓改從漢姓者，如是則何貴有滿洲，何貴有此二百年之經營也！驅滿洲盡爲漢人，是謂之混同種族，不得謂之消融畛域也。而或者以爲婚既可通，則種族自可以混，是大不然。滿洲之與蒙古通婚將三百年矣，幾見滿蒙種族之混同耶？況可以實行滿漢通婚者，之僅在京朝達官與駐防之滿人已也。

乾隆間曾屢降諭旨，詔滿洲人等，不許照依漢人取名，亦不許數代俱用一字起頭矣。嘉、道間旗人命名，若用漢字，僅凖用二字，不凖連用三字之例，猶再三訓飭。是豈獨恐沾染漢習而已乎，蓋深恐泯没滿洲舊姓也。今之條陳者，何不達掌故乃爾。

曩者北魏之入中國，亦嘗改國姓，變官制，易服色，禁舊言，一從中國之俗。其所規劃，今之條陳者無以出其範圍也。然國朝鑒於北魏、遼、金、元之失，久已垂爲厲禁，著之金縢。故乾隆三十一年上諭有「改易衣冠，變更舊俗，所關於國運人心，良非淺鮮。邇來披閱通鑑輯覽，於北魏、金、元諸朝，凡政事之守舊可法，變更宜戒者，無不諄切辨論，以資考證。」三十七年又諭：「北魏始有易服之説，至遼、金、元諸君浮慕好名，一再世輒改衣冠，盡失其純樸之風。傳之未久，國勢寖弱，洊及淪胥，覆轍具在，可爲殷鑒。」六十年舉行歸政大典，論嗣皇帝亦有「前代北魏、遼、金、元，初亦循乎國俗，後因惑於浮議，改漢衣冠，再傳而失國祚。是以祖宗垂訓，無得改漢人服色。若後世無識之徒，復有慫恿改服制者，即可執此諭以破其迷。我世世子孫其欽承無忽。」所以然者，杜滿俗之同化於漢人也，而況乎改易國姓也？

是則今日之所謂消融滿漢畛域者，虚語耳，必不可爲也。可爲則是非消融畛域，而混同種族也。混同種族之説一出，滿人必有譁然思動者。縱政府肯爲之乎，而滿洲全體必不願也。此則滿漢之界終不可平也。不可平而姑改易一二以示其平，則上適足以挑撥政界之人心，而下適足以啓發齊民之新識，甚非所宜也。蓋非有此次明詔之下，東南各報之傳，彼齊民之知有滿漢者烏有今日如是之衆也。

〔連載於時事畫報丁未年第二十、二十一、二十二期，署名謙益。第二十期未找到。〕

釋奴才

消融滿漢之説出，於是有請滿漢臣工一律稱臣，不稱奴才者。奴才二字何自出？陶宗儀輟耕録以爲始於郭令公「子儀諸子皆奴才」一語，非也。罵人奴才蓋北俗，中原無是語也，有之，自晉始。晉世五胡入中國，胡言遂載以俱來。劉淵載記，晉書於五胡及諸割據者别爲載記附於卷末。劉淵、劉曜，皆匈奴也，不得以漢姓而誤爲漢人。成都王既敗，元海曰：「穎不用吾言，遂自崩潰，真奴才也。」一。劉曜載記，田崧駡楊難敵曰：「若賊氏奴才，安敢希覬非分。」二。王猛曰：「慕容評真奴才，雖億兆之衆不足畏，況數十萬乎。」三。水經注，李特至劍閣，嘆曰：「劉氏有此地而面縛於人，豈不奴才也。」四。魏書，爾朱榮謂元天穆曰：「葛榮之徒，本是奴才，乘時作亂。」五。凡此諸語，皆出自晉末六朝之間，在郭令公之前。令公之爲是語，蓋亦久居塞外，習於胡言，猶今之操西語駡人者耳。陶宗儀以爲此語始自令公，未之考也。後於令公而爲是語，則五代史，董璋反，以書誘姚洪。洪不聽，城陷，璋責之，洪曰：「汝奴才，固無恥，吾義士肯隨汝所爲乎？」姚洪仕後唐，沙陀族也，是亦習於北俗。晉以前無是也。奴亦作駑，顔氏家訓顔，北齊人。謂貴游子弟，當離亂之後，朝市遷革，失皮而露質。

當此之時，誠駑才也。一。五代史，朱守殷少事唐莊宗李存勗。爲奴，後爲都虞候，使守德勝。王彥章攻之，守殷無備，南城遂破。莊宗駡曰：「駑才果誤予事。」二。此亦出於北俗，譯語之有出入者也。而魏鈔稗勺人、書名。則曰：「明代宦官，對上稱奴儕，今人訛儕爲才云。」是不讀書之甚者。雖然，昔稱奴才，以駡人耳，未有以自稱者，更未有以稱諸大廷者。猶古之有臣妾其名，易、書皆有之。亦以稱宦官宮妾耳，未有以統稱臣下也。自司馬相如、蔡邕、劉琨、韓愈諸文人，始以臣妾二字入章奏，然亦只務爲諛詞，未嘗以書銜焉。至國朝，滿洲大臣奏事，率稱奴才，始以奴才書銜，爲一朝之典制。漢大臣且不得與，蓋亦循乎北俗也。然國朝於奴才之稱，亦屢經磨勘。乾隆二十三年諭曰：「滿洲大臣奏事，稱臣稱奴才，字樣不一，著嗣後頒行公事摺奏稱臣，請安謝恩尋常摺奏稱奴才，以存滿洲舊體。」據此，則只分公私，不分文武也。然乾隆三十八年，涼州鎮總兵喬照，於奏謝摺内稱臣，爲嚴旨申飭。曰：「武員即官至提督，亦稱奴才，此乃向來定例，喬照豈容不知？雖臣、僕本屬一體，稱謂原無重輕。但喬照甫加總兵，即如此妄行無忌，足見其器小易盈。著傳旨嚴行申飭。」此則不知喬照於奏謝摺内稱臣爲違例乎，抑武員稱臣爲違例乎？由前之諭，則喬照於奏謝摺内稱臣爲違例，由後之諭，則以武員稱臣，似亦違例。道光六年，穆蘭岱因陳奏青海蒙古事宜，摺内稱臣，亦爲嚴旨申飭。曰：「道光五年，曾經降旨，督撫藩臬之内，如係旗員，於請安謝恩摺，著繕寫奴才字樣。凡遇一切公事奏摺，著寫臣字。此特專指文職而言，並未指武職如此。原降諭旨，甚屬明晰，穆蘭岱前此會同陝甘總督奏事一摺，自應繕寫臣字。今伊自行陳奏青海蒙古事件，亦寫臣字，竟染漢人習氣，殊屬不合。況此際各省將軍都統等奏摺，並無一繕寫臣字者。穆蘭岱身任副都統，兼西寗辦事大臣，而倣效文職，殊屬非是。穆蘭岱著傳旨申飭。」此則武員稱臣，果屬違例矣。由前之諭，則請安謝恩摺奏稱奴才，公事摺奏稱臣。由後之諭，則武員公事摺奏亦稱奴才。

夫既分公事私事，又分文員武員者，何哉？非分公私，非分文武也，分滿漢也。內而部院，外而督撫，文職也，而滿漢員缺各半，奏事會銜者多，故分公私，公即會銜，私即請安謝恩摺之單銜者也。若將軍都統諸武職，有滿缺，無漢缺，雖公事奏摺，亦多不必與漢大臣會奏，故不分公私而分文武。一言釋之曰，滿洲大臣有與漢大臣會銜入奏者稱臣，其單銜入奏者稱奴才。不必分公私分文武，分滿漢焉已矣。與漢大臣會銜，何必不稱奴才乎？不與與，許也。漢人之爲奴才也。漢人求爲奴才且不可得乎？乾隆三十八年，御史天保、馬人龍奏監考教習查出代倩情弊一摺，摺内書銜，因天保在前，遂概稱奴才。上諭之曰：「向來奏摺滿洲率稱奴才，漢臣率稱臣。此不過相沿舊例，且亦惟請安謝恩及陳奏己事則然。若因公奏事，則滿漢俱應稱臣。蓋奴才即僕，僕即臣，本屬一體，朕從不稍存歧視，初非稱奴才即爲親近而盡敬，稱臣即爲自疏而失禮也。今天保、馬人龍之摺如此，朕所不取。若不即爲指示，恐此後轉相效尤，而無知之徒，或因爲獻媚，不可不防其漸。嗣後凡內外滿漢諸臣會奏公事，均著一體稱臣，以昭畫一。」如是，是皇上不欲漢人之稱奴才，而以滿人遷就漢人也。故滿人稱奴才，有時可以稱臣；漢人稱臣，無時可以稱奴才。

然亦有不盡然者，要在皇上之意何如耳。乾隆三十五年，周元理會同西甯人名。等奏到搜捕蝗孽一摺。摺內列名處，西甯、達翎阿稱奴才，周元理則稱臣。上諭之曰：「臣僕本屬一體，均係奉上之稱。字義雖殊，其理則一。滿漢臣工自稱固有不同，然遇部院章奏，雖滿洲大員，亦一例稱臣。而滿洲督撫奏地方公事亦然。並非以奴才之稱爲卑而近，稱臣爲尊而遠也。即如滿洲大學士在朕前亦自稱奴才，而漢人雖丞簿末秩引見亦皆稱臣，豈丞簿漢員，因此遂得謂尊於滿大學士乎！朕撫御臣民，並無歧視，而朝廷體統，本自尊嚴。又豈因臣下之稱奴才而尊崇有加，稱臣而體制有減乎。朕於此等事從不計較，即漢人中間有於召對時稱奴才者，亦並無嘉賞之意，而摺奏列銜，則不宜參錯。止當論首銜何人，或滿或漢，皆可以一稱貫之。馬人龍摺即依此旨。此次三人會奏之摺，西甯名列在前，既稱奴才，則達翎阿、周元理自當連名直寫，又何事妄生區別於其間耶？若謂周元理不屑隨西甯同稱，有意立異，是視周元理身分太高，諒彼亦不敢萌此念。但此等節目，必拘泥若此，又何其不達事理耶？可笑之至。將此傳諭周元理知之。」夫馬人龍之隨天保稱奴才也，即依此旨辨理也。上既以周元理爲可笑，又以馬人龍爲不合，則臣下果何措何從也？且乾隆二十三年，既諭令滿洲大臣於公事摺奏稱臣矣，而西甯於奏報捕蝗事宜，仍稱奴才，是違制者西甯。乃皇上不責西甯，而反笑周元理者又何也？蓋皇上知漢人中有以奴才二字爲自昔北俗罵人之詞，而不甘爲滿洲奴才也，故借周元理以警愓之。在馬人龍則恐其冒認奴才焉，在周元理則恐其不服爲奴才焉，操縱臣下之術亦神哉！

〔載時事畫報丁未年第二十三期，署名謙益。〕

説紙鷂

八九月間，粵中兒童多爲放鷂之戲，學生亦有效之者，不得謂爲無益之戲也。如飛船，如輕汽球，何莫非此等遊戲之爲之加善者也。飛船、輕汽球有用於軍事界者，而吾國紙鷂乃不脱爲兒童玩戲之具，未有施之實用者焉，更未有加之以學理爲之改良更製者焉，可惜已。紙鷂在昔日亦嘗用之於軍事界，在他人或不知，在學生不可不知也。紙鷂何自始？或以爲始於韓信。韓信圍項王於垓下，乃剪紙爲鷂，藏以竹弓，於晚間縱之。秋高風緊，其聲胡胡焉，降降焉。項王在軍中，但聞空中飛鳴曰「輔漢，輔漢」也。於時楚軍大驚，遂以亡楚。是説也，傳諸故老，書缺有間，不可得而徵也。事物紀原則以爲韓信爲陳豨造，以量未央宫之遠近者，亦無可考。七修類稿則以爲五代漢隱帝與李業所造，本宫中之戲。事見李業條。俗名鷂子，以鷂飛不高而翅挺直也。七修是説較爲有據。然紙鷂不起於五代，六朝時已有之。南史侯景傳：侯景圍逼京城，中外斷絶。有羊車兒獻計紀原作羊侃令小兒。製紙鷂，繫長繩，藏勅於中。簡文出太極殿前，因西北風起放之，冀得達城外援軍。羣賊驚駭，謂是厭勝之術，乃射下之。此紙鷂之始見於史傳者也。唐書忠義傳：張伾守臨洺，爲田悦等所攻。馬燧等救兵未至，伾以紙鳶告急。過悦營，悦射之不及，乃落燧營。言三日不救，洺人且爲悦食。燧等遂進解圍。此亦紙鷂之見諸史傳者也。凡此皆在李業之前，而七修以爲始於李業，謬也。且凡此皆以用於軍事，而李業所造乃僅用於宫中，其無意識與今兒童等，又不足論也。續通鑒亦言：元速不台攻汴，金人日爲紙鳶，置文書其上。至北營則斷之以誘被俘者。爲速不台所覺，哂曰：「金人欲以紙鳶却敵，難矣！」此則北人亦能以紙鷂用於軍事。雖有濟或不濟，然不得遂謂紙鷂無一毫之價值也。夫紙鷂在今日誠不見其何用，然在弓矢刀矛之世，彼紙鷂不猶爲輕趫利捷也哉，烏得以後世之眼光繩昔人之製作也？要在乎戲之者，加之以學理，改良而更製之，以施諸實用焉耳。

〔載時事畫報丁未年第二十三期，署名謙。〕

滿洲嫁娶儀

日報載兩宮於日前召見軍機後，面諭内閣大臣謂：滿漢通婚，現已決計實行。惟是禮節不同，宜先訂定。著即片行禮部禮學館，一俟議定，便當具奏，以便頒行各省云。滿漢氏族既異，禮俗自殊。如祭天，如跳神，如拜禮，如食肉，以及冠服言語各各不同。雖今日滿人之能爲漢語者多，而漢人婦女之效旗裝者亦衆，然滿自滿，漢自漢，禮俗未嘗畫一也。今之所議，其捨滿而從漢耶？抑强漢以從滿耶？抑折衷於二者之間，製爲不滿不漢之新禮耶？夫滿洲嫁娶儀之見諸載籍者不概見，而吾人所能見者，乃僅在已譯出漢文之書，其言不能無假借也。然可借此以覘滿人婚禮之大略焉。嘯亭雜録云：滿洲氏族，皆年及冠笄始相聘問。男家主婦至女家問名，相女年貌。意既洽，贈如意或釵釧等物以爲定禮，名曰小定。擇吉日，男家聚宗族親友同新壻往女家問名，女家亦聚宗族等迎之庭中。位左右設，男家入趨右位，有年長者致詞曰：某家男某雖不肖，今已及冠，應聘婦爲繼續計。聞尊室女賢淑，著令名，願聘主中饋，以光敝族。所謂詞有假借者此。女家致謙詞以謝。若是者再，始定婚。令新壻入拜神位前，及外舅父母如儀。既進茶，女家趨右位，男家據賓席。或設酒宴以賀，改月擇吉。男家下聘，有酒筵、衣服、綢緞、羊鵝諸物，名曰過禮。亦假借詞。女家款待如儀。男家贈銀於女家，令其跳神以誌喜。既定婚期，前一日，女家贈妝奩嫁資視家之貧富。壻乘騎往謝。五鼓鼓樂，娶婦至男家。竟夜笙歌不絶，謂之響房。新婦既至，新壻用弓矢對輿射之。新婦懷抱寶瓶，入坐向吉方。及吉時，宗老吉服至祭庭中，奠羊酒諸物，以刀割肉，致吉詞。禮畢，新壻新婦登床行合巹禮。次早五鼓興，始拜天地、神像、宗祠，翁姑坐而受禮。宗族尊長卑幼，以次拜謁。三日或五日，婦歸省父母，壻隨至女家，宴享如儀。滿月期婦復歸，數日始返。然後婚禮畢焉。又大金國志云：金人舊俗，多指腹爲婚姻。既長，雖貴賤殊隔亦不可渝。壻納幣皆先期拜門，戚屬偕行，以酒饌往。少者十餘車，多者至十倍。飲客，佳酒則以金銀瓶貯，其次以瓦旊，列於前以百數，賓退則分餉焉。先以烏金銀杯酌飲，貧者以木酒三行，進大軟脂、小軟脂如寒具。次進蜜糕，人各一盤，曰茶食。所謂假借詞。宴罷富者瀹建茗留客啜之。婦家無大小，坐於炕上，壻黨羅拜其下，謂之男下女。禮畢，牽馬百匹，小者十匹，陳於前。婦翁選子姓之別馬者視之，好則留，不好則退。留者不過什二三。女家亦視其數而厚薄之，一馬則報衣一襲。壻皆親迎，既成婚，留於婦家三年，然後以婦歸。婦氏以奴婢數十户，牛馬數十羣，每羣九牝一牡以資遺之。金與滿洲本同一國，乾隆間欽定滿洲源流考多採諸金史，故金之婚儀可作滿洲婚儀觀也。

〔載時事畫報丁未年第二十三期，署名謙。〕

郭亮哭李固

梁冀既露固屍於四衢，令有敢臨者加其罪。固弟子汝南郭亮，年始成童，游學洛陽，乃左提章鉞，右秉鈇鑕，詣闕上書，乞收固屍。不許，因往臨哭，陳辭於前，遂守喪不去。夏門亭長呵之曰：「李、杜二公爲大臣，不能安上納忠，而興造無端，卿曹何等腐生，公犯詔書，干試有司乎？」亮曰：「亮含陰陽以生，戴乾履坤，義之所動，豈知性命，何爲以死相懼？」亭長嘆曰：「居非命之世，天高不敢不跼，地厚不敢不蹐，耳目適宜視聽，口不可以妄言也。」太后聞而不誅。南陽人董班，亦往哭固，而徇屍不肯去，太后憐之，乃聽得襚斂歸葬，二人由此顯名。

郭亮不過十五齡之學生耳，而認定公義，篤於師誼若此，安得不令人崇服。吾讀之，吾三讀之，吾毛爲之豎，而淚滿乎眶也。今少年有似此者乎？唯史堅如。史堅如之赴馬頭也，穿機白長衣，二人掣之，市上婦人見者，曰：「好青靚好白淨嘅嗜，咁後生犯乜野事呢！」嗚呼！所謂青靚白淨後生，與郭亮相去幾何？然史堅如之志，乃欲炸撫臺德壽，則排滿革命黨也，與郭亮殊。其有讀此不知原委者，則告之曰：梁冀，大花面也；李固、郭亮，一武生、一小生也。

〔載時事畫報丁未年第二十三期，署名謙。〕

楊匡守杜喬

杜喬與李固，俱暴屍於城北，家屬故人，莫敢視者。喬故掾陳留楊匡聞之號泣，星夜行到洛陽，乃著故赤幘，託爲夏門亭吏，守衛屍喪，驅護蠅蟲。積十二日，都官從事執之以聞，太后義而不罪。匡於是帶鈇鑕詣闕上書，並乞李、杜二公骸骨，太后許之，成禮殯殮，送喬喪還家，葬送行服，隱匿不仕。以上二事，俱見後漢書。

杜喬與李固，即范滂母所謂「得與李杜齊名，死亦何恨」之李杜也。楊匡，即呵郭亮之夏門亭長也。夏門亭長，僞也。楊匡之爲，深沉忍耐，又與郭亮之光明磊落，同歸而殊途，抑何斯人嗜義之篤也。邇者徐錫麟之殺，棄屍於城北者十餘日，烏啄蠅跡，肝腸寸斷，而莫之敢臨也，古今人其遂相遠乎？夫杜喬僅得罪於大臣，而徐錫麟則直與朝家作對，其無敢爲楊匡，宜也。然守徐錫麟者罪當死，守杜喬者罪亦當死，楊匡不死者幸也。彼明知犯詔書，干有司，而毅然爲之，初亦志乎死也！均之死，則何論杜喬之與徐錫麟，夫如是而楊匡過人者遠矣！

〔載時事畫報丁未年第二十三期，署名謙。〕

孔子誕感言

八月廿七孔子誕，三年前無人措意者。自吾人鑒於某月某日耶穌教徒祝耶穌誕之盛，始祝孔子誕，固不若二月十九、五月十三，觀音、關帝誕之普及也，更不若六月十三、七月十三，魯班、羅祖誕之全行停工者之鬧熱也。羅祖，業剃頭者祀之。考孔子誕辰之祀，不始於今日。乾隆三十三年戴第元曾奏請增至聖誕辰祭祀，爲上諭所斥曰：「誕辰之説，出於二氏，經傳不載。且昔人於孔子生日，辯論紛如，尤難臆定。戴第元乃欲於彝典之外，輕增一祀，士不通經，所宜擯斥」云。夫孔子生日誠不可據，今曰八月廿七者，僅據通行日歷耳。孔廣牧爲先聖生卒年月日考二卷，匯諸傳説至累萬言，則八月廿七其果孔子誕辰否也。然且莘莘學子公而認之耳。嗚呼！呼我爲馬，應之爲馬，呼我爲牛，應之爲牛，孔子之爲世傀儡也久矣，況區區一生卒年月哉！自漢高祖十二年始以太牢祠孔子，自是而後，封君封公，封王封侯，馬氏通考之所記，學校考祠祭褒贈先聖先師條。闕里文獻通考之所述，稱名百出，眩惑耳目，曰歷代尊崇先聖也。嗚呼！專制君主既利用孔子以箝制吾民，而外族之入主中國者，又利用孔子以行其霸術，如是而孔子身無完膚矣。匯歷代封號於孔子廟前，不幾如閻羅王殿之契男契女條子乎！ 抑此中尤有可痌者，今人之尊孔子，防外教之侵入也，否則恐孔子之道之滅絶也。夫中國不多亡一次則已，多亡一次，則孔子之封號必益尊，崇奉者必益篤。亡於專制君主者無論矣，亡於異族，如元魏、如遼、如金、如元之數朝者，固大尊孔子，且有爲今日人之所紀念，習而忽之者。魏孝文之臨闕里也，詔兖州爲孔子起園栽柏，修飾墳壠，更建碑銘。是修孔林者，自後魏孝文始也。金泰和五年，諭有司進士名有犯孔子諱者避之，著爲令。是避孔子諱者，金章宗始也。今學僮有入塾十年，只知孔子姓孔名某，而不知孔子姓孔名丘者，比比然也，而不知自金人始也。元大德十一年，詔加封至聖文宣王爲大成至聖文宣王，是稱大成者，自元成宗始也。往日學塾無不奉大成至聖，而孔子廟且稱大成殿焉，烏知自元人始也。凡此皆大紀念，後魏、遼、金，本非宗教之國，猶可言也。而元，固明明一喇嘛大國也，而亦尊孔子如是，是中國多亡一次，孔子之封號必益尊也。今之祝孔子誕者，其亦欲孔子多爲傀儡一次否乎？ 蓋唯孔子爲中國人所篤信，而後人得而傀儡之也。

〔載時事畫報丁未年第二十四期，署名謙。〕

記九皇會

俗以九月初一至初九日爲九皇誕。問拜何神？曰九皇。問九皇何神？曰不知。問何以又名拜斗？或曰九月九日爲斗姥誕，故曰拜斗。是説也不可解。道經云：九月一日南斗降。意所謂拜斗者此耶？拜斗與禮斗異。曰九月，曰九日，曰九皇，曰斗姥，曰南斗，其音近，其是一是二耶？偶然唤作木居士，便有無窮求福人。不問何神，不問神何人，此乃所謂迷信也。九皇誕以三元宮爲盛。三元宮者，唐悟聖寺故址，順治十二年平南王建爲道院者也。續南海百詠云：都門正月十九，羣遊西頂白雲觀，以謁長春真人邱處機，名曰燕九。自元迄今，習俗相沿。兩藩將卒皆北産，亦於是日共登三元宮以當燕九，香車寶馬，絡繹如雲。撤藩後此風稍息。康熙四十三年，提督金宏鎮復修葺三元宮，且置觀産以贍羽流，遂以九月朔建九皇會，凡九晝夜，亦沿爲風俗。是以正月十九，燕九，而訛爲九月九，九皇也。究其實，禮長春真人耳。長春真人號長春，字通密，名處機，邱姓，登州棲霞人。生金熙宗皇統八年正月十九日，師重陽祖師，得道於燕都白雲觀，事見宛署記。記又云：北京阜城門外白雲觀金道人於正月十九飛升，士女於是日拜禮其像。天下伎巧畢集，走馬射真人既以箭，名曰要燕邱。邱，真人姓也。九，真人所生所卒也。燕九，燕邱，聲相近也。真人既以九日生，九日卒，所謂重九也。真人又師重陽祖師，故以正月十九者沿爲九月九也。是何足記，記北俗也，記今人習於北俗而不知，則其相與忘之久也。宛署記言要燕邱，天下伎巧畢集，走馬射箭，何其壯也。今人拜斗，粉白黛緑，胡跪膜拜，何其纖而弱也。豈金戈鐵馬之俗，不可以南耶！

（載時事畫報丁未年第二十四期，署名錢。）

放胸的説帖

今試執途人而問之曰：鞋之逼趾也苦乎？則必曰苦。又試執學生而問之曰：操衣之箍身者舒服否乎？則必曰不舒服。夫逼鞋窄衫，尚以爲辛苦而不舒服，則前日之纏足，與夫西婦之紮腰，其爲辛苦不舒服何如也？今西婦之紮腰，彼中人士已深斥其非，而上流婦女，亦漸革其俗。若吾中國纏足之俗，則自士夫提倡放足後，今亦已戰勝矣。餘孽未清，不久亦將降服也。然中國尚有一弊俗，與紮腰纏足等，而未經士夫爲之提倡而革除之者，則瞞胸是也。瞞胸作俑於誰，姑俟考據家言之。紮腰傷腹部，纏足傷足部，而瞞胸則傷胸部。傷腹部於消化難，傷足部於走動難，傷胸部則於呼吸有礙。婦女之多哮喘者，肺腦筋之被激也；婦女之多内傷者，肺病之遺傳也。致肺之病不一端，而瞞胸其一也。尋常婦女之多心痛，非心痛也，胃痛也。尋常婦女之面口多黄熟，非賦體獨弱也，空氣不足，而血欠養也。凡此皆瞞胸之爲之也。不獨此，彼初生嬰兒之婦女多生乳瘡者，皆平日之瞞胸之有以窒塞其乳腺也。習體操者，操肌肉骨骼外，且有操肺者，故有量肺之器焉。量肺之大小，能容空氣若干。將以肺量之盈縮，驗體操之成效也。昔者學校之檯椅，不合於兒童之高度，致有俯首鞠躬者，今人知其足以害肺也，亦急爲之改良。其所以重肺如是者，以人之所賴以生者血，而血賴以淨者肺也。近日東西洋肺病之書，且日出世，其學亦日發明，而吾中國前此之學人，既已養成曲背彎腰之習，婦女又以習俗故，瞞其胸而小之，即不瞞胸，亦駝其背以就之，以是爲莫大恥辱焉，左矣。日日言養成偉大國民，而先於國民之母弱之如是，是烏足以養成偉大國民也。幸而胸中有骿骨十餘排，以爲肺之城郭耳，使胸而無是骿骨，則瞞胸也，不幾如西婦之腰之紮之使小也耶。亦幸而此爲氣管爲食道也，使此而非氣管，非食道，則雖有肋骨，中國人不幾如纏足之由長而短，由大而小，由平直而拳曲臃腫，雖折骨腐肉而亦爲之乎。夫如是，則有以中國人早婚爲能少救其弊者。以爲早婚則産子早，有子可以無顧胼也。不知早婚之害，更甚於瞞胸。今且勿論，姑問彼已嫁十年而不産子者，則將長此瞞胸否也？即不爾，而瞞胸之年，乃體育最發達之年，於最發達之年而摧敗之，其害何如也。況乎有子可以無顧者，無子獨不可以無顧也耶？同是一胼，有子與無子何異，不過有子之胼，掩之無可掩耳。夫西婦方以隆然高聳爲美觀，而中國乃偏以爲醜，何中西人情相去之遠也。西人好細腰，中人雖未必紮腰，而未嘗不愛腰之小；中人好細足，西婦雖不至纏足，而未嘗不愛足之小，觀於西裝女鞋可知也。獨至於胸，而適成反比例，何也？東鄰日本，近所謂文明國也，其婦女且有袒胸露乳者焉。中東密邇於鄰，何習尚不同若是？以是爲不雅觀耶？夫雅觀與不雅觀，時尚耳。諺曰：時興眼軌轉。曩者婦女之衣袖寬大也，袖闊有至二尺者，其探囊且在袖口也，今則滬裝窄袖矣。十年前余在京師與人言放足，士夫方掩耳而走，否亦以爲瑣屑，學士不當與聞焉。胡不及十年，而絹遮革履者乃接踵於十八甫雙門底之間也。有所謂二寸金蓮，的的而過市者乎？雖衣服都麗，人必嗤然笑之，是何昔以爲神聖不可侵犯之美人，今而睥睨之至是也。是故近日士夫之相語，有及家中婦女猶未放足者，均相引以爲恥，又何待賤民之議出，而始貴大足也。今婦女之瞞胸者，又以胸大爲賤格耳。彼河上婦女，胸誠大矣，然彼於體育何如也？夫昔何嘗不以大足爲下流，爲賤格，不轉瞬而以爲上流，爲貴格矣。此等見識，全屬於言論上，而非由夫實事上果有見乎誰貴誰賤也。苟有士夫提而倡之，强聒不舍，則不難將億萬人之眼力而轉移之。放足其已事矣，然今日提倡開胸，有難於提倡放足者，又何也？彼婦女之纏足，有男子在前，雖不敢公然對之包裹，然纏足二字，可說諸口也。故母之與女纏足也，可以正論出之，其使之放之也，亦可以正論爲之。即男子之稍開通者，亦可於家庭廣衆中，爲之演說放足焉。若夫瞞胸，則大抵姊妹中爲之，父母且不得而干預，而況乎男子。故使之放之也亦難。且夫女學萌蘖，女子之曾入學校者，殆無不知纏足之害，而放足之有益於人身也。而瞞胸則不特教科書中無言之，即女師之口授，亦未嘗及之。故女子不入學校則已，入學校則益求乎貴重，而胸之瞞也亦愈甚。不開通則已，開通則出入必多，而胸之瞞也亦愈甚。是不得不藉乎士夫之力以提倡也。而或以爲放胸者亦當如放足之設會，是不必也。放足之有會，婚姻問題耳，彼放胸固無礙於婚姻也，則更何樂不爲。

〔載時事畫報丁未年第二十四期，署名艷。〕

報父仇（一）

蘇不韋，父謙，與魏郡李暠有隙。暠爲司隸校尉，後漢法官。以事收謙，掠死獄中，復刑其屍。時不韋年十八，仰天嘆曰：伍子胥獨何人也！乃藏母於武都山中，變姓名，盡以家財募劍客，要暠於諸陵間，不剋。會暠遷大司農，時右校芻廥在寺北垣下。不韋潛入廥中，夜則鑿池，晝則逃伏。如此經月，達暠之寢室，出其牀下。值暠在厠，因殺其妻，並及小兒，留書而去。暠大驚懼，乃布棘於室，以板藉地，一夕九徙。每出，輒劍戟隨身，壯士自衛。不韋知暠有備，遂日夜飛馳，徑到魏郡，掘暠父冢，取其頭，標之於市曰：李君遷暠字。父頭。暠匿不敢言，乃告病歸鄉里，私掩冢椁。捕求不韋，歷歲不能得，憤恚感傷死。

郭林宗論之曰：子胥雖云逃命，而見用强吳。憑闔廬之威，因輕悍之衆，雪怨舊郢，曾不終朝，而但鞭墓戮屍，以舒其憤，竟無手刃後主之報。豈如蘇子卓特孑立，靡因靡資。强仇豪族，位據九卿，城闕天阻，宫府幽絶，埃塵所不能過，霧露所不能沾。不韋毁身憔慮，出於百死，冒觸嚴禁，陷族禍門。雖不獲逞，爲報已深。況復分骸斷首，以毒生者，使暠懷忿結，不得其命。力唯匹夫，功隆千乘，比之於員，不亦優乎！

〔載時事畫報丁未年第二十四期，署名蔚。〕

報父仇(二)

酒泉龐淯母者,趙氏女也,字娥。父爲同縣人所殺,而娥兄弟三人,時俱物故。仇乃喜而自賀,以爲莫已報也。娥陰懷感憤,乃潛備刀兵,常帷車以候仇家,十餘年不能得。後遇於都亭,刺殺之,因詣獄自首曰:父仇已報,請就刑戮。福禄長尹嘉義之,解印綬欲與俱亡。娥不肯去,曰怨塞身死,吾之明分;結罪理獄,君之常理。何敢苟生以枉公法?旋遇赦得免,太常張奂以束帛禮之。

傅玄詠之曰:龐氏有烈婦,義聲馳雍涼。父母家有重怨,仇人暴且强。雖有男兄弟,志弱不能當。烈女念此痛,丹心爲寸傷。外若無意者,内潛思無方。白日入都市,怨家如平常。匿劍藏白刃,一奮尋身僵。身首爲之異處,伏屍列肆旁。肉與土合成泥,灑血濺飛梁。猛氣上干雲霓,仇黨失守爲披攘。一市稱烈義,觀者收淚並慨忼。百男何當益,不如一女良。烈女直造縣門云:父不幸遭禍殃,今仇身已分裂,雖死情益揚。殺人當伏法,義不苟活隳舊章。縣令解印綬,令我傷心不忍聽。刑部垂頭塞耳,令我吏舉不能成。烈著希代之績,義立無窮之名。夫家同受其祚,子子孫孫咸享其榮。今我弦歌吟詠高風激揚壯發悲且清。

謙案：郭茂倩樂府詩集卷六十一，題此爲「秦女休行」，蓋誤，當作龐烈婦行。

〔載時事畫報丁未年第二十四期，署名宗。〕

識粤東駐防地界圖

圖自大北門至歸德門止，直街以西，概爲旗界。又自九眼井街至長泰里以東，復自長泰里以南，則屬民居。旗界舊分八段，乾隆丙子，滿漢合駐，遂分爲十六段。圖中黑綫，即滿洲漢軍分界綫也。粤人之視旗界，有如租界，故遊者甚少。漢軍街則猶有行者，滿洲街則竟有居省會數十年，而未嘗一行者矣。何也？不敢也。不敢何也？無益也。以故滿洲街之内容知者絶少。今奉明諭，化除滿漢，行滿洲街者當不至如前之有所畏忌乎？特刊斯圖，以介紹之。此外尚有羣房一百四十餘號，在大北門外雙井街、西門外十二甫、桃源里、宜民市、興隆社等處。又有菜地十餘幅，在大北門外、西門外，及大石街、小北門外火藥局前等處。又有魚塘七八口，亦在大石街及火藥局前。又有蕹菜濠口，在西門外，及大北門外。又有燕塘礮營界外餘地一頃六十餘畝，大東門外蟠桃嶺塋地八十餘畝，均旗地出租於民人者。八月二十日上諭所謂原有莊田馬廠，即此類也。謙識。

〔載時事畫報丁未年第二十五期〕

論安插内地駐防

徒曰駐防，有在東三省者，有在外蒙古、喀爾喀、科布多、新疆者，有在直隸之承德府、張家口，山西之綏遠城，甘肅之寧夏、西寧者。凡此皆以鎮壓内外蒙古，及防禦朝鮮、俄羅斯者也。此論之範圍，僅就駐防漢人地方之西安、江寧、荆州、成都、杭州、福州、廣州、青州等處而言，以此舉謂爲消融滿漢也。

八月二十日之諭一下，各報所言，有謂旗人異常驚慌，有謂旗人全家痛哭，有謂旗人傍徨無措，奔走駭汗，聯名稟請代奏，以冀收回成命。不知旗人中果有此情形否乎？抑旗人中果有不達時務之徒，以德旗人之舉，爲禍旗人乎？抑旗人中有明知此舉有益於旗人，而故爲是驚恐，以掩漢人耳目，而明此本非旗人所願乎？抑旗人明知此舉有益於旗人，而故爲是驚恐，以留特别要求地步，而爲得隴望蜀之計乎？抑報紙之故爲是影響之言，以聳動觀聽乎？數者必居一於此矣。以吾粤論，謂旗人果歡迎此舉，則李襲侯有特電至京，言駐防兵丁，驟聞停糧，易致驚惶等語。見上海神州報。謂旗人果反對此舉，則旗人又有請將省河新築堤岸，撥作旗人生計之議。見本省羊城報。夫將來之事，未可逆料，而八月二十之諭，既以頒行，則此事必有一定之結果，其無收回成命之理，可斷然也。今欲以一言正告政府曰：此議爲消融滿漢起見也，此所謂裁撤駐防也，其慎毋使天下之人，謂此舉爲非消融滿漢，非裁撤駐防，不過爲旗人寬籌生計而已。則庶幾得此舉之善果。

夫此舉之發起者誰乎？則端方、松壽等也。其議之數月迄未舉行，至八月二十而忽下此諭，主之者又誰乎？說者謂取決於張之洞入京以後，則主之者張之洞也。張之洞之毅然爲此，其果先有成見，抑能逆定他日之能否辦到，抑以此取悅於旗人乎？夫所謂裁撤口糧者，未事也，計口授地者，必行之事也。各省之辦法，吾不得而知。而據現在粵防之請撥堤岸，則未知傷粵人感情否也？夫誠無傷粵人之感情，豈不大善。然堤岸乃粵人共知爲大利之所在之地，一旦以官力取之，其惡感將何如？夫今日之爲此者，以消融滿漢耳。旗人而果據有堤岸，則粵人亦將目之曰此旗界也，不可入，入之無益，如是則是增一旗界，滿漢之見，必從此而愈深。是故今日之計口授地云者，當與漢人地畝犬牙相錯，不得另處一隅也。不得已而計及堤岸，亦當有一定之限制，十家或二十家內，只許有旗户若干，以是爲率，然後旗漢可不分而彼此可以相安於無事。

雖然，此亦惟漢軍爲然耳。若滿洲兵丁，散處民間，其齟齬必有更甚者。以滿人平日之傲然自大，卑視一切，時時挾一戰勝漢族之餘焰也，又烏得以洽於吾民哉。是欲消融之而益使之冰炭也，地方官將不勝其多事矣。雖曰詞訟概爲地方官管理乎，然以滿人不慣受漢官管束故，又孰敢攖其鋒也。故今日安插内地駐防，當分滿洲、漢軍辦理，漢軍可以安插省城附近，滿洲則當盡撤回京，另行安插也。

夫漢軍者，漢人耳。不獨國朝有之，元世亦有之。不獨元世有之，若遼若金皆有之。乾隆七年，曾遣令漢軍出旗矣，上諭有曰：「朕思漢軍起初本係漢人，有從龍入關者，有定鼎後投城入旗者，亦有緣罪入旗，與夫三藩户下歸入者，内務府王公包衣撥出者，以及召募之砲手，過繼之異姓，並隨母謂母爲滿人所虜者。因親等類，先後歸旗，情節不一。其中惟從龍人員子孫，皆係舊有功勳，歷世既久，無庸另議更張。其餘各項人等，或有廬墓産業在本籍，或有族黨姻屬在他省。朕意欲稍爲變通，以廣其謀生之路。如有願改爲原籍者，准其與該處民人一例編入保甲。有不願改入原籍，而外省可以居住者，不拘道里遠近，准其前往入籍居住。其有原籍並無倚賴，外省亦難寄居，不願出旗，仍舊當差者，聽之。」是名則令漢軍出旗也，其實欲裁撤漢軍久矣！

然此祇論京旗，未嘗辦及駐防也。至乾隆十九年，復降諭旨，令各省駐防漢軍，亦照此辦理。著總督喀爾吉善，會同福州將軍新柱，將該處漢軍人等，照京城漢軍之例，各聽其散處經營。所出之缺，即將京城滿洲兵派往頂補。以爲如是，則京城滿洲，得以稍爲疏通云。

是故粤省之有駐防，自康熙二十年始。其初奉派來粤之三千名，皆漢軍也。至乾隆七年，有准令京城漢軍出旗之例出，又至十九年，而有准令各省駐防漢軍一體出旗之例出。至乾隆二十一年，遂竟裁汰漢軍之半，另派京旗滿洲兵一千五百名挈眷來粤，頂補漢軍缺額焉。斯時爲廣州將軍者李侍堯，其辦理之棘手，今漢軍中猶存一大紀念也。是裁汰漢軍，不自今日始也。由乾隆十九年之事，則僅准令漢軍出旗，由二十一年之事，則直勒令漢軍出旗。昔所以有「飛鳥盡，良弓藏，走獸盡，獵狗烹」之諺也。夫漢軍既處此必有裁汰之一日，及今爲之，猶機會之美者。

夫漢軍之出旗而入粤籍，猶粤人之寄籍别省者耳，不足奇也。四川全省，經明季之亂，民族存者無幾，今四川之民，何莫非各省之寄籍者？廣州自昔爲瑶黎之地，今廣州之人，亦皆中原舊族也，商於粤宦於粤而家於粤者夥矣。而況今日之計口授地者，有官爲之經理也。從前漢軍之以出旗而致富者又夥矣，區區滿洲兵所餕餘之鷄肋，又烏足惜也？漢軍而果散處於省城乎，漢人與漢人居，其感情當加厚也。此漢軍可以安插於省城附近之説也。下缺。

〔連載於時事畫報丁未年第二十五、二十六期，署名謙益。第二十六期未找到。〕

聖裔不鬻道

孔僖字仲和，魯國魯人也。漢章帝元和二年春，東巡狩，還過魯，幸闕里，以太牢祠孔子及七十二弟子。作六代之樂，大會孔氏男子二十以上者六十三人。命儒者講論，僖因自陳謝。帝曰：「今日之會，寧〔一〕於卿宗有光榮乎？」對曰：「臣聞明王聖主，莫不尊師貴道。今陛下親屈萬乘，辱臨敝里，此乃崇禮先師，增輝聖德。至於光榮，非所敢承。」帝大笑曰：「非聖者子孫，焉有斯言乎？」遂拜僖郎中，賜褒成侯。

帝主之尊孔，帝王之術也。秦皇以焚書坑儒，招天下之謗。漢高之溺儒冠，比秦皇加厲也，而一得天下，即以太牢祠孔子，此狙公之智也。狙公養狙，將限狙之食。恐衆狙之不馴於己也，乃先誑之曰：「與若芧，若你，芧薯也。朝三而暮四。」衆狙皆怒。狙公曰：「然則朝四而暮三。」衆狙皆喜。夫名實未虧，而狙之喜怒頓易者，狙易欺也。帝王既有取天下之術，其智曾不及狙公也？自漢以來，此等政策，已陳皮矣，而狙喜如故，甚矣狙之馴也。孔僖乃道破之，曰「明王聖主，莫不尊師貴道」，個個然也。「今陛下親屈萬乘，辱臨敝里，此乃崇禮先師，增輝聖德」，聖指章帝。撐你面也。「至於尊榮，非所敢承」，勿拘也。孔僖能禦侮矣。莊子言，田成子殺齊君，盜齊國，並與其聖智之法而盜之。豈獨田成子哉！

〔載時事畫報丁未年第二十五期，署名謙。〕

〔一〕超按：此處，「寧」用缺筆法避道光帝旻寧諱。此下之「寧」字均同。

老父識民權

漢陰老父者，不知何許人也。漢桓帝延熹中，幸竟陵，過雲夢，臨沔水，百姓莫不觀者，有老父獨耕不輟。尚書郎南陽張温異之，使問曰：「人皆來觀，老父獨不輟，何耶？」老父笑而不對。温下道百步，自與言。老父曰：「我野人耳，不達斯語。請問天下亂而立天子耶，理而立天子耶？立天子以父天下耶，役天下以奉天子耶？昔聖王宰世，茅茨采椽，而萬人以寧。今子之君，勞人自縱，逸游無忌，吾爲子羞之，子何忍欲人觀之乎？」温大慚，問其姓名，不告而去。

我亦野人耳，未嘗見天子。幼時聞諸兒童言，曰皇帝係人皇，天子係金口，吾已疑之矣。曰武狀元要同皇帝倒尿壺，吾益疑之。疑天子果有如是之尊榮，而奴畜天下也。及長，讀西方民約書，始知伯理璽天德乃國民之公僕，係以天下役天子，不以天子役天下也。始信諸兒童言之謬。因憶吾中國書如范蔚宗之能排貴勢，重人權，其言或有可觀也。其逸民傳果有漢陰老父其人焉。以兹偉論，求之今日，蓋無人不能道，求之漢以後，猶空谷足音也。豈世人之醉飽於專制乎哉，毋亦作史者之過也歟？

〔載時事畫報丁未年第二十五期，署名益。〕

原頂

帽之有頂，非古也，胡俗耳。今人稱帽曰一頂，稱做官者曰戴頂，皆非古。帽之有頂，自元人始，遼時亦有之，中國無是也。中國古官秩，無有幾品頂戴者，蓋今制也。夫編髮垂辮，人多知爲今制，而頂子則忽諸，何也？輟耕録云：大德間元成宗年號。有回回巨商，賣紅剌石一塊於官，重一兩三錢，直中統鈔十四萬錠，用嵌帽頂上。累朝皇帝正旦及天壽節大朝賀則服用之。此帽頂之僅見於書傳者也。又言河南王卜憐吉歹嘗郊行，天暖欲易涼帽，左右捧笠侍，風吹墮石上，跌碎御賜玉頂，王不嗔責。所謂玉頂，猶今之晶頂、白石頂耳。凡此皆元人始有帽頂之據也。元史又言仁宗爲皇太子時，淮東宣慰使撒都蒙古人名。獻七寶帽頂，却之。是帽頂者，元人之所重也。此次學部奏定學生冠服程式，其講堂服節操場服節同。有有頂草帽，未知其制度若何。然云帽上安頂，以別於外國裝飾，兼以異於工匠、水手、雜役云，則不知中國帽制本無帽頂也。其禮服節亦云，有頂戴者，大帽用其應帶之頂，無頂戴者准帶頂座。夫無頂戴者，直不須戴頂可也，何貴乎頂座？是可見帽頂者，亦國朝之所重，與元世同也。元之前有以頂數稱帽者乎？厥惟遼。遼史重元傳，興宗賜重元四頂帽二色袍，則遼時之帽亦已有頂。然不論其爲元爲遼，總非中國之舊制，可斷然也。是一紀念，不可以不記。

〔載時事畫報丁未年第二十五期，署名錢。〕

說銅壺滴漏

中國人最富於愛國心者也。唯其富於愛國心，故凡物之出自中國，雖極拙鈍，必極口稱詡，以爲外國莫及焉。推是心，固寗戴秦政、楊廣以爲君，而不願威廉、華盛頓之操吾政柄也。可敬哉中國人之愛國心也。獨惜中國人徒有愛國之心，而無歷史之觀念。唯無歷史之觀念，故雖德之威廉、美之華盛頓，入中國既久，中國人必聖帝而明王之矣。廣州拱北樓之銅壺滴漏，其一也。

鐘表之輕便，夫人而知其勝於銅壺滴漏也。而粵人以銅壺滴漏爲中國之物，鐘表則來自外洋也，猶恒自稱詡，以爲鐘表不及銅壺滴漏焉。或有激之者曰：褲頭而佩銅壺滴漏，必以寗澤纜爲褲帶而後可也。粵人猶將藐然應之曰：然。嗚呼！中國人其真愛國哉，其所以重銅壺滴漏者，以爲是孔明之遺製也。中國無製造家，二千年來，有一孔明，三國演義曾表彰其木牛流馬，故中國人奉之如神明。有以外國技巧告之者，則必稽孔明以爲抵制之具。此猶野人言氏族，而遠引古先哲以爲光寵也。子貢曰：「紂之不善，不如是之甚。君子惡居下流，天下之惡皆歸焉。」吾亦曰：孔明之善，不如是之甚。君子幸居上流，天下之善皆歸焉。

夫今拱北樓之銅壺滴漏，果孔明所製乎，抑外國之物乎？粵人當嘗考究之也。壺漏爲中國所素有，周官已有挈壺氏焉，其制古矣。然拱北樓之壺漏，乃蒙古人所製，非孔明之物，亦非中國之物也。漏有四壺，其第一壺，四周皆有款識，字體雖糊模，細認之猶知爲當時官斯土者之銜名，而都元帥馬速忽等所捐辦於元延祐三年者也。至是而粵人索然矣，至是而粵人果聖帝明王於威廉、華盛頓矣。故曰中國人徒有愛國之心，而無歷史之觀念也。

元史順帝紀卷四十三末。言帝自製宮漏，高六七尺，廣半之，造木爲匱，藏壺其中，運水上下，匱腰立玉女，捧時刻籌，時至輒浮水而上，左右列二金甲神，一懸鐘，一懸鉦，夜則神人自能按更而擊，無分毫差。當鐘鉦之鳴，獅鳳在側者皆翔舞，匱之東西，有飛仙六人，遇子午時，自能耦進度仙橋，已而復退立如前云。所謂玉女金甲神飛仙者，皆史臣就漢文譯之，彼蒙古人未必如是云云也。是蒙古人之善製宮漏，不獨拱北樓一具也。曰神人自能按更而擊，曰擊時獅鳳皆翔舞，曰飛仙自能耦進度仙橋，其靈動機巧，與今之鐘表相去幾何，不過有大小之異耳。粵人好言老番笨，吾謂唯其笨，所以能據中國而有之也。愛國者尚祈於歷史加之意哉！

〔載時事畫報丁未年第二十五期，署名謙。〕

論利導國民

以五百萬之民族，馭四萬萬之民族，以三省之國土，統十八省之國土，歷二百餘年，而不至有顛覆之患者，雖其所馭之衆之愚之易於壓服乎，其殆深知國民之向背而善引導之也。是故國人窮於賊，則爲之討而遠之；國人忠於君，則爲之禮而葬之；國人篤於故國而不肯降我也，則開國史館以招徠之；國人炫於學而以自高也，則開鴻博之科以羅之；國人有勇武而無以自安也，則立勇健軍以綏之。其揣摩之也熟，其偵探之也確，其垂之餌也甘，其開之途也廣。如此則天下惡得而不我從，然後因時爲宜，或十年而一變，或百年而一變，國祚遂長保於乂安。

自革命之説，蔓延海内，而學生商人之受其鼓吹，崇其言議者，皆有仇視政府之心，一倡百和，舉國如狂，於是有轟炸大臣、刺殺巡撫之事。風潮不可壓，則避之；避之不可，則轉移之、利用之，而聯合滿漢以排外之説出矣。以爲明之亡，亡於不知排外，而祇知排内，今日時勢正同也，則移排滿者以排外。外人知其然也，故有「支那人排滿之感情，與排外之感情，大有分別，其政府必盡力導排滿之感情，變爲排外之感情，此最宜防者」之論。夫明之衹知排内而不知排外，其政見誠愚，而今日時勢，與昔日時勢固殊。昔所謂外者僅一國，今所謂外者不獨一國；昔所謂内者李自成，今所謂内者滿洲也。彼革命黨則以滿洲爲外，東京滿洲留學生組織之大同報則以滿洲爲内。故此排外不排滿問題，學者所當研究也。此其一。

傳曰：善則歸君，過則歸己。言忠愛者所當爾也。君主有無上之尊榮，神聖不可侵犯，宜有人受其責任也。受之任者何？官也。市人曰：一日都係官唔好，專欺騙大皇帝。斯言也，吾熟聞之，不獨於市人聞之，於報紙亦習聞之。曰中國官場腐敗也，中國官場腐敗也，罵之嘲之，以爲得意。夫中國官場之腐敗，誰致之，誰使之？日日謂做官者剷地皮，剷地皮者豈官也歟哉，攤派賠款如是其累累也，解京餉項如是其瑣瑣也。斧頭打釘釘打鐵，有爲之釘，必有爲之斧者也。乃至上至諭旨，下至俚語，無不責成於無權無勇之官，官亦人哉，烏得負此重任也。官不能負此重任，則人將歸罪於政府。歸罪政府，則革命之説，愈得而伸。故今日之官，寗受國人之重謗，而不敢稍卸其罪於政府，如是則政府安。此怨官不怨政府問題，學者又當研究者也。此其二。

有不罪官場而罪政府者矣。其罪政府者，不獨漢人，即滿人之留學外國，近主張所謂調和滿漢者，亦口口歸罪政府，言當改此君主專制政體爲君主立憲政體也。滿人不獨主張立憲，且主張革命。有政治的革命，有種族的革命，所主張者種族的革命乎？政治的革命焉矣。以爲今日中國政治之惡劣，由於沿前明之舊，非國朝有創之也。斯誠然，斯非前明然，秦漢以來皆然。中國人不欲享人生之幸福則已，欲享人生之幸福，則中國之政治，不可不革命。既爲政治的革命，則種族的革命，可以消滅於無有，而政府亦安。乃有持政府萬無可改革政治之理，所謂立憲者僞而已。吾無以知其然，則此政治革命與種族革命之問題，學者又當研究也。此其三。

外人之誚我中國也，曰中國人性如散沙，無團聚力。日人之誚中國者，亦曰支那人好動而無團體，始雖要結同盟，終必散涣。此可謂洞中我國人之隱情矣。以是原因，故人得以離間我、侮弄我。又兼以各省方言不一，一省有一省之語言，一府有一府之語言，一邑一堡亦各有一邑一堡之語言。即以吾粤論，有廣府人焉，有下府人焉。廣府中又有所謂南三人、東莞人、新寗人焉。推其所以各立名目，如是其異視者，皆此不齊一語言階之厲也。語言既殊，感情自薄。故省界一事，足以亡國而有餘。吾讀雍正七年十月上諭，有江浙人議山陝爲粗魯，山陝人亦誚江浙爲懦弱等語，吾毛爲之悚，而汗爲之下也。以爲此傷我江浙山陝人之感情實甚也。是故某部用一粤人，而粤東會館之謡起，某部用一某人，而某某飯碗之謡亦起。有如蟋蟀，一引草而撲鐮不已也，所以傾軋之者易易也。然不如是則不利於政府。此各省自相排擊問題，又學者所當研究者也。此其四。

嗚呼，一國之大，兆民之衆，苟非具大魄力，大經濟，又烏得將此萬里山河，玩諸掌上乎。夫固必有所挾持者矣，彼徒曰政府愚耳，政府愚耳，是烏知政府者。

〔載時事畫報丁未年第二十七期，署名錢。〕

十月十日之紀念

十月十日爲今皇太后萬壽日。諸生有問歷史中十月十日之紀念者，適得二事，可觀感焉。一爲唐文宗慶成節，一爲宋徽宗天寗節，蓋二宗均以十月十日生，而臣下即以此爲佳節也。

一、慶成節

實録：唐文宗以十月十日生長慶宮。太和七年，中書門下奏云：陛下馭三統之元，膺千年之運，當誕聖之日，爲河清之祥。夫四時成歲，百穀成實，必在首冬，用成神化，請以十月十日爲慶成節。是日於宮中奉迎太皇太后與昆弟諸王，盛陳宴樂，羣臣詣延英門奉觴上千歲萬壽，州府置宴一日云。此慶成節之所由來也。文宗於唐爲中主，今歷史中有所謂牛李黨者，即文宗朝之故事也。文宗時蕃將悉怛謀以維州來降，李德裕遣兵據其城，牛僧孺謂禦戎以信，宜還其城，於是兩人遂互相構怨。文宗嘗歎曰：「去河北賊易，去朝中黨難。」

謂此也。時不獨朝中有黨，彼宦官之横肆亦甚，今歷史中有仇士良其人者，即文宗時最有勢力之宦者也。李訓、鄭注等謀誅宦者，會稱左金吾廳後石榴夜有甘露，文宗命諸宦官往視，訓、注等因伏兵縱擊，謀洩，反被殺千六百餘人，諸部官吏舒元輿等，坐斬者千餘人。文宗乃語周墀曰：「昔周赧、漢獻受制强臣，朕受制家奴。方之赧、獻，殆不如也。」語間，爲之泣下。其後文宗疾甚，仇士良等果廢太子而立文宗之弟，是爲唐武宗。夫牛僧孺所謂禦戎以信者，與今勒借路款之所謂外交尤當以信者，相去幾何？

二、天寗節

異聞録：宋徽宗十月十日生，宰臣章惇等表曰：「詩紀生民，易稱出震，時惟陽月，瑞集樞星。肇開震夙之祥，永御光華之旦。離明繼照，敷同四海之懽；天德出寗，以祝萬年之壽。請以十月十日爲天寗節。」此天寗節之所由來也。徽宗即歷史中所謂道君皇帝者也。歷史中有元祐黨人碑，即徽宗朝所立者也。徽宗初年，向太后攝政，已詔復元祐哲宗年號。所貶官秩，章惇等悉罷。及向太后崩，蔡京等用事，乃復貶司馬光等秩，籍其黨百二十人，立奸黨碑於端禮門。石工有名安民者，曰：「民愚不知立碑之意。司馬相公，海内稱其正直，今謂之奸邪，民不忍刻也。乞免鐫安民二字於石末。」即此事也。施耐庵爲水滸傳，敍宋江等百有八人，橫行天下。所謂百有八人，不知果盡有其人否。然史稱宋江等三十六人寇東京，朝廷莫之能制，亦徽宗時事也。今歷史上有大標識，曰合金攻遼者，亦徽宗時事。金既滅遼，金主約以燕薊六州與宋，宋許金歲幣百萬，生民不堪，而徽宗父子不久又被虜矣，事別有徽欽陷虜記詳之。吾人讀此等歷史，其感情將何如？或謂道君皇帝之號，與老佛爺者同，則謬也。

案：癸辛雜識云：徽宗本五月五日生，以俗忌故，改作十月十日云。謙附識。

〔載時事畫報丁未年第二十七期，署名錢。〕

説劇

近串劇本，稍參以時事者，無不奪目。若戒煙新劇，則士夫方親身登場，爲之演習。吾知此舞臺不久爲這班人掃却也。演戲扮近事，昔亦有之。王阮亭香祖筆記言嚴東樓優人金鳳，於嚴氏敗後，即傅粉塗墨，扮東樓出，今鳴鳳記傳奇是也。夫金鳳扮東樓於嚴氏敗後，猶以爲莫奈之何。余澹心板橋雜志云：馬湘蘭負盛名，與王伯穀爲文字飲。鄭應尼落第來遊，湘頗不禮，應尼乃作白練裙雜劇，極其嘲謔，召湘蘭觀之。則並演其人，而即使其人觀之，較文士之以文字攻訐人者，其刻酷更甚。明史又言魏忠賢黨石三畏赴戚畹宴，既醉，誤令優人演劉瑾酗酒一劇，忠賢聞之大怒，遂削籍歸云。此則諺所謂「崩口人忌崩口碗」者，然亦可見當時演戲之多扮近事也。抑有可笑者，趙甌北簷曝雜記云：蔣心餘編修爲余言：李太虚者，南昌人，吳梅村座師，崇禎時爲列卿，國變不死。國朝定鼎後，乃脱歸。有舉人徐巨源者，其年家子，嘗非笑之。一日，視太虚疾，太虚自言病將不起。巨源曰：公壽正長，必不死。詰之，則曰甲申、乙酉不死，則更無死期，以是知公之壽未艾也。太虚怒甚，然無如何。巨源又撰一劇，演太虚及龔芝鹿，聞滿洲兵入，急逃而南。至杭州，爲追兵所躡，匿於岳墳鐵鑄秦檜夫人胯下。值夫人方月事，迨兵過而出，兩人頭皆血污。此劇已演於民間，稍稍聞於太虛。適芝鹿以上苑監謫官廣東，過南昌，亦聞此事，乃與太虛密召優人，夜半演而觀之。至兩人出胯下時，血淋漓滿頭，不覺相顧大哭，謂名節掃地至此，夫復何言。然爲孺子辱至此，必殺以洩憤。乃使人要巨源於逆旅刺殺之云。此則可令天下之至無耻者睹之亦耻也，恨不令洪承疇輩徧觀之。而煙人之於煙戲將何如？夫文字也，演説也，尚可以移易風俗，而況於劇？願諸演新劇之君子勉之。蓋劇之與著論者、演説者，其效果將不啻如孖舲艇之與輪舟也。

〔載時事畫報丁未年第二十七期，署名謙。〕

徐閎中女

徐氏，和州人，閎中女也。適同郡張弼。建炎三年，金人犯維揚，官軍望風奔潰，多肆虜掠。執徐，欲犯之。徐瞋目大罵曰：「朝廷蓄汝輩以備緩急，今敵犯行在，既不能赴難，又乘時爲盜，我恨一女子，不能引劍斷汝頭，以快衆憤，肯爲汝辱以苟活耶，第速殺我。」賊慚恚，以刃刺殺之，投江中而去。宋史卷四百六十列女傳。

吾聞之：中國之兵，排外則不足，而自戕其民則有餘。痛哉斯言！徐氏，女子耳，猶知此義。邇者防城之亂，民畏兵不畏匪。謂匪義耶，則政府胡爲剿之；謂匪不義，則民又胡以畏兵不畏匪。意者匪之舉動有以勝於兵耶，民將歡迎之矣。抑專制國之兵，其結果必至於是耶？是兵之不義，即兵之義也。吾無以謂之。

〔載時事畫報丁未年第二十七期，署名謙。〕

劉同子妻

劉同子妻林氏，福州福清人，其父公遇，知名士。宋既滅，同子爲福建招撫使，起義兵，事見林同傳。案當作林空齋傳，在宋史忠義傳中。同子亡命自經死，有司執其妻，具反狀。林叱曰：「林劉二族，世爲宋臣，欲以忠義報國。事不成，天也，何爲反乎？汝知去歲有以血書壁而死者乎，是吾兄也。即空齋。吾與兄忠義之心則一也，死且求治汝於地下，可生爲汝等凌辱耶！」遂遇害。同前。

世俗謂實行革命者爲作反。所謂反，與論語公山弗擾以費畔，佛肸以中牟畔，之畔同。與孟子燕人畔之畔亦同。吾獨怪革命果爲叛逆，何孔子繫易，乃稱湯武爲順也。如孔子言，既謂之逆，則不得謂之革命；既謂之革命，則不得謂之逆。奈何今日又有革命逆匪其名也？林氏之辨忠義，韙矣。蓋宋人之叛元，謂之復可，謂之反烏可？

〔載時事畫報丁未年第二十七期，署名益。〕

黨黨

史弼爲平原相時，詔書下舉鉤黨。郡國所奏，相連及者多至數百，唯弼獨無所上。詔書前後切責州郡，髡笞掾史，從事坐傳責曰：「詔書疾惡黨人，旨意懇惻。青州六郡，其五有黨。近國甘陵，亦考南北部。平原何理而得獨無？」弼曰：「先王疆理天下，畫界分境，水土異齊，風俗不同。他郡自有，平原自無，胡可相比。若承望詔書，誣陷良善，淫刑濫罰，以逞非理，則平原之人，户可爲黨。相有死而已，所不能也。」從事大怒，即收郡僚職送獄，遂舉奏弼。會黨禁中解，弼乃得免，濟活者千餘人。後漢書卷九十四。

承望詔書，誣陷良善，執政者之常情也。詔書既疾惡黨人，切責州郡矣；青州五郡，近國甘陵亦相率興大獄矣；平原何獨不仰承詔書，捕逮一二以塞責也？史弼可謂不近人情哉！觀其言，平原未必無黨也。有黨而史弼黨之也。乃卒以黨黨故而身入獄，史弼可謂愚矣。果愚乎哉？今京外大僚自奉九月十三日詔後，有不保則咎在蔽賢，保非其人，則咎在濫保之説。竟有某尚書謂現在人才不能不於留學界中物色，而留學生久居外國，難保無革命排滿之説，灌注腦中。倘一旦發覺，則舉者之身家性命且不能保，言念及此，不如不舉。然詔中又有至少須保一人等語，則此一人煞費躊躇云。是則不可謂愚哉，其與史弼黨黨事抑何相反也。語之曰：性命耳，身家耳。古之達者，而今安在？不過荒壠中一髑髏耳。

〔載時事畫報丁未年第二十九期，署名錢。〕

入獄

弼爲政，特挫抑强豪，其小民有罪，多所容貸。遷河東太守，被一切詔書，當舉孝廉。弼知多權貴請託，乃豫勅斷絶書屬。中常侍侯覽果遣諸生齎書請之，積日不得通。生乃説以他事謁弼，而因達覽書。弼乃大怒曰：「太守忝荷重任，當選士報國。爾何人，而僞詐無狀。」命左右引出，楚捶數百。府丞掾史十餘人皆諫於廷，弼不對，即日考殺之。侯覽大怒，遂詐作飛章下司隸，誣弼誹謗。檻車徵吏，人莫敢近者。唯前孝廉裴瑜，送到崤澠之間，大言於道旁曰：「明府摧折虐臣，選德報國，如其獲罪，足以垂名竹帛，願不憂不懼。」弼曰：「誰謂荼苦，其甘如薺。昔人刎頸，九死不恨。」及下廷尉詔獄，平原吏人奔走詣闕訟之。又前孝廉魏劭毁變形服，詐爲家僮，瞻護於弼。弼遂受誣，論輸左校。同前。

有一大保案出，則必有一番大鑽營，亦常事也。史弼獨持正不阿，誠不近人情哉，其受誣宜矣。裴孝廉何亦黨黨若是，遂使千載下言性善者，得以後漢風俗爲藉口也。吾最無良者，聞裴史言，亦不能無所動。嗚呼！誰謂荼苦，其甘如薺，昔人刎頸，九死不恨。如其獲罪，足以無愧，願不憂不懼。偉哉！余雖無良，聞斯言不能不有所動也。杭辛齋今又以拒款入獄矣。史之入獄爲第二次，杭之入獄亦第二次。年來國人之以國事入獄者屢起，革命者無論，如拒約，如拒款，近且相繼入獄。吾國不亡哉！往車雖折，來軫方遒，願不憂不懼。

〔載時事畫報丁未年第二十九期，署名錢。〕

論政府對於浙人之惡感

民氣不可長也。既具有專制之能力，則不可不養成一毒蛇猛虎之手段以摧敗一國之民氣。民氣盛，非專制福也。鄙諺曰：「無兩道工夫，不作鄉勇。」鄉勇且然，曾謂一啫大政府而無兩道工夫耶？吾知政府必有以對我國民者矣。

政府既挾其毒蛇猛虎之手段以對我國民矣，則必時有不測之雷霆，暴起於白日光天之下，以炫動我國民也。乃我國民不畏而撩之，撩之不已，雲合響應，羣起而與以難能。雷霆之威，可以施矣，施而無效，則人益輕量政府。故政府於此等劇烈之風潮，姑先嚇禁之。禁之不止，然後姑務爲寬大以柔之。柔之無不可止也。民氣一渙，聚者散，熱者冷，風平浪息之後，政府將爲所欲爲，無施不可也。於此而欲散者復聚，冷者復熱，不可得也。

政府之所以能操縱如是其裕如者，居之高也，與民之遠也，近則不能也。故京外各官，無論爲滿爲漢，如信勤，如梁鼎芬，其平日無事不取媚政府者，亦不敢不阿民請。是故梁鼎芬亦有不主借款之議，而新授浙撫馮汝騤，其銜命之始，亦政府黨也，一出京而言論變矣。如是則政府愈忌，故有責浙省大吏取悦士紳之電。

豈獨責浙省大吏而已，將以會黨之乘機竊發爲浙省官紳是問也。夫浙中官紳有何權力，能保兩省無會黨竊發之事。又加以政府之遏壓，民氣之憤張，革命黨固得以利用其鼓簧。而彼夙稱安分之農民，謹愿之學子，亦將投袂起矣。釀此禍者政府，當其咎者官紳，官紳險乎哉！

且拒款一事，不同於拒約也，亦不同於爭西江緝捕權也。他事含排外性質，不過請政府力爭耳。政府未嘗顯逆國民之請，民亦未嘗不曲諒政府之心也。至於借款，則政府既顯示國民以必借之諭，而爲欺壓國民取悦友邦之爲，則國民之有拒款會也，純乎含對待政府的性質，而無排外之思者也。政府烏得而不深恨主動諸人也。

且浙江何地？雍正間因吕留良之案，曾停浙江鄉試矣。浙江人懷入關屠戮之怨，父老相傳，視爲至痛。故他省之會黨，草竊爲多，而浙江則有學士大夫爲之拂揚，其民夙稱難治。近復有徐錫麟案起，於是政府之與浙江，遂成一大反對之物質矣。海外主張革命最有勢力之民報，亦浙人所主持也。則政府之嫉妬浙人，靡有艾也。

當風潮初起時，浙人無不歸罪於汪大燮。歸罪於汪大燮，則國民衹怨汪大燮，而不怨政府，政府猶幸得汪大燮諸人任其咎也。今民情已知此事非汪大燮諸人所能爲，其堅持之者實政府也，汪大燮特其傀儡矣。則政府既無任咎之人，其嫉妬必愈甚，無已，則袁世凱乎，此正效力政府時也。統一國之大怨，以一身代政府肩之，德何如也。然國民仍不信袁世凱一人能任之也，則此事始終怨政府，至有停納房捐之舉動，悍矣！

浙路總理何人乎？湯壽潛。湯壽潛固東南老宿，望重清流者也，與張謇、鄭孝胥等同。曩者曾有人指張鄭等爲黨魁矣，今政府怵於湯之稍負時名，或不敢有所發作，而其老羞成怒，又奚難倒行而逆施之也。

杭辛齋已復逮矣，雖出於無賴小人之爲，無關於政府之意旨。然政府既責成大吏，則程贊清可以媚大吏者，即大吏可以媚政府者也。程對杭言，有現在新任馮中丞宗旨主持借款，而閣下開會拒款，與之反對。既在兄弟境内，便難辭咎，尚須閣下體諒云云。逮人多矣，幾見有政府之須親身逮捕者。蓋無不假手於人者也。吾於是爲江浙士夫危。嗚呼！以今民氣之蓬蓬勃勃，政府誠無奈之何。然吾國民能百折不回否乎，幸無賣了諸父老也。

〔載時事畫報丁未年第二十九期，署名錢。〕

讀金正希先生集

「作死金聲」，亦吾國人普通社會所嘗聞之語耶。金聲何人？八比巨子也，明末八比巨子也。人第知金聲能作八比，故八比時代有「作死金聲」之諺。吾亦習聞斯言，故亦以無所謂之八比先生視金聲。夫金聲果醉生夢死於八比者哉？金聲不幸能作八比，故人稱金聲之八比；金聲又幸而能作八比，故人得以八比識金聲。不然，以吾國人之薄於歷史觀念，又烏知有金聲其人哉！金聲蓋明季忠義之士，而宏達君子也。豈猶溝猶瞀儒之猥瑣齷齪，而俔然無恥者哉！先生死事，散見於諸家紀載。如魏叔子、汪純翁、邵子湘、儲同人諸家。今不具述，述其起義時復周莫□書有云：「不孝弟自去歲已不復欲生，不謂時事又至今日。高皇帝養士三百年，不獲食一士之報。而南浙尤肇基之地，豈真望風瓦解乎？今不孝且力疾强起，與郡縣守土及闔郡紳衿人民，懸高皇帝畫像，申明大義，共以死守，無不感奮。所望台臺同志，明告貴鄉諸當事及士大夫，念國恩之深厚，存大義於天壤，不至淪陷一天下盡爲□□，使人類尚得傳種。此亦諸君子千萬劫一時也。」悲夫！一何言之沈痛若此。固知非猥瑣齷齪，偭然無恥者之所能託也。蓋先生湛於佛，於死生末節，淡然無動，故能有爲。嘗與長兄書云：「我家爲王事勤勞，死者死得其所，即流離散亡，亦流離散亡得其所。弟日内靜觀之，殊無大悽慘。」史外六居士傳五十二先生傳中，皆備引此語，而明史本傳無之。是可見先生平日學道之得力處也。近海内言種族者，亦提倡佛學，以爲優勝劣敗之見，既深中於人心，非不顧利害，蹈死如飴者，必不能以奮起。就起，亦不能持久。故治氣定心之術，當素養也。先生可謂真能排除生死，獨行自在者矣。吾於他書見先生所爲斷五欲説，一色，二食，三睡，四財，五名。其末云：「五欲既淨，皎如明月，唯生死關，最難開破。要之死生，亦係妄見。能徹自心，淨前五欲，死生關頭，亦當一例。是故智者直養此心一切不受身分遮障。現今生時，因緣會合，虚妄名生，我心無生，緣起非有。異日死時，因緣别離，虚妄名死，我心無死，緣滅非無。故智者無生可貪，無死可怖。此心光明，總不顛錯。可生則生，可死則死。緣盡强留，作意自盡，皆屬妄見，非真如法」云。觀此，則先生之勇猛無畏，不自就義時始矣。抑先生不獨湛於佛，其於他宗教，亦未嘗有所忤。明季天主教之入中國，徐光啓輩雖甚服膺其説，而士夫之以爲異端左道，囂然排擊之者，不少絶也。先生深有信乎其説之與吾中土大道不相背謬，故於城南葉氏四續譜序中曾一發之，曰：「作譜之意，諸家言之盡矣。而余適與泰西宿儒論學，頗相感觸其言。萬物最初一大父母，今四海之内，皆爲兄弟。是回念而愛其大父母，遂相推心以及此兄弟而相愛焉，則何爲戛戛於一姓之家譜是珍乎。」是先生開風氣於三百年前，使昔日士夫盡如先生，烏有鬧教之事乎哉？及今一孔之儒，猶有爭慕虚名，以異端相非毁，而不自知其國之不國者，以視先生之偉識何如也。先生豈真八比徒哉，先生之惡八比實甚。嘗曰：「人之生有能文不能文。能不能，亦各若其天也。使之或喜或怒，或狂或癡，奔命方命，得利得害，以醉夢於帖括中，而身無寗歲，歲無虚日，誰實作之祟耶。悲夫！才人不作，亂何至此。」見集中房書序。此先生以當日能作八比者之自命爲才人而深鄙之也。吾不知彼猥瑣齷齪偭然無恥者之何以自託於先生以張其軍也。

案：先生集，四庫不著録。近人李宗媢始重刻之，題爲「金忠節公集」，不合。先生於明謚文毅，當從明謚，題爲金文毅公集。並誌。

〔載時事畫報丁未年第二十九期，署名謙。〕

蒙古女節（一）

也先忽都，蒙古欽察氏，大寧路達魯花赤鐵木兒不花之妻。以夫恩封雲中郡君。夫坐事免官，居大寧。至正十八年，紅巾賊至，也先忽都走尼寺中，爲賊所得。令與衆婦縫衣，拒不肯爲。賊嚇以刃，也先忽都駡曰：「我達魯花赤妻也，汝曹賊也，我不能爲針工以從賊。」賊怒，殺之。元史卷二百一。

達魯花赤者，元世掌印官，皆蒙古人爲之，漢人不得與者也。紅巾賊者，元世革命黨徐壽輝也。令與衆婦縫衣者，令與諸兵士之婦縫衣也。徐壽輝，漢人也，爲宋復仇，故待蒙古氏以此。烏知漢既亡於蒙古，蒙古人之視漢人，奴耳。奴反主，故也先忽都以爲賊，義不受家奴辱也。也先忽都不愧一蒙古大國民哉！尚之信之通吳三桂也，既賜死於府學名宦祠，上諭曰：「尚之信雖經犯法，其妻子不可受卑賤小人凌辱，可著人護送來京。」所謂卑賤小人，藩下軍士也。藩下軍士皆漢軍，而之信之妻，滿女也。是則烏可受漢人凌辱哉？其意與蒙古女之不受漢人凌辱同，故並及之。

〔載時事畫報丁未年第三十期，署名謙。〕

蒙古女節(二)

觀音奴妻卜顔的斤，蒙古氏，宗王黑閭之女。大都被兵，卜顔的斤謂其夫曰：「我乃國族，且年少，必不容於人，豈惜一死以辱家國乎！」遂自縊而死。同前。

所謂國族，蒙古氏也。不容於人，不容於漢人也。卜顔的斤不過一女子耳，而知所謂辱及家國，抑何元世教育之普及耶！揚州十日記言：「北兵至，盡虜諸婦女。有一中年製衣婦，本府人，濃抹麗妝，鮮衣華飾，指揮言笑，欣然有得色。每遇好物，即向卒乞取，曲盡媚態。卒嘗謂人曰：我輩征高麗，擄婦女數萬人，無一失節者。何堂堂中國，無恥至此。」嗚呼！以視卜顔的斤，相去遠哉！近者杭州駐防有滿洲惠興女士，慨種族之危亡，思創辦八旗女學，曰：「他們且趕辦女學，咱們未之聞焉，可恥也。」後卒以志不成而死，滿人義之，爲之開追悼會。噫！是亦女子之知有家國者哉，可以風已。

〔載時事畫報丁未年第三十期，署名益。〕

書水滸傳

水滸傳，元世之革命黨雜誌也。士君子當國家大勢既去，一人不能有所建白，則望諸多人，一時不能有所奮發，則俟諸異日，務求有達目的之一日焉耳，不必身親爲之，身親見之也。施耐庵，宋季遺老也。痛故國之飄零，悲腥膻之逼人，揭竿起乎，則書生也。即非書生，而舉國夢夢，一人奮起，無有爲之後先奔走，疏附禦侮焉，無濟也。則必先有以醒斯民之酣夢，作斯民之模範，使一國之人，皆有是心有是人，而後可。是舍著書末由。然著書非易事也，過於急激，動輒得咎，徒生阻力，無補前途，一、全書告蒇，始出問世，日暮途遠，無人能讀，二、深文奥義，人多不解，三、憑空搆造，人多不信，四、耐庵乃與同志十六人，見本書叙。日以編輯水滸傳爲事。托於疏狂，則不虞得咎；淺文道俗，則無人不解；根據正史，則易於取信。水滸事見宋史徽宗紀、侯蒙傳、張叔夜傳，並散見於揮麈後録、宣和遺事、癸辛雜識諸書。陸次雲湖壖雜記云：六和塔下，舊有魯智深像。又江滸人掘地得石碣，題曰「武松之墓」云。創體章回，則每卷一出，人輒得觀。章回體實創於水滸，其辦法蓋如今旬報，故每卷末有且聽下回分解等語。於是大江南北，上之士夫搢紳，下之販夫走卒，無不各手一編，津津樂道。猶恐有並不識字之人，則又有祕密黨人，江湖遊士，隨地演講，如世尊説法，經師説經焉。今海幢寺城隍廟之講古者，其流風也。遂至普中國無不知有梁山泊也。愚者則以爲講古已，其根性稍敏者，則知所有事也。如是，則十人中得一二人焉，足以提携上舞臺而有餘也。全書既成，而張士誠、韓林兒、徐壽輝、陳友諒、陳理、明玉珍、明太祖諸英豪共起而掊擊胡元矣。所謂文字收功日，全球革命潮者，非耶！明太祖諸人皆水滸傳所製造來者也。偉哉施耐庵，其東方之德謨那歟？法蘭西人之鼓吹革命新聞記者。説者謂日本覆幕之舉，姚江之學與有力，水滸亦與有力。西鄉隆盛之徒，即武松、魯智深第二也。是未必然，然日本人固甚崇拜水滸傳。曲亭馬琴、高井蘭山、和田篤太郎、野村銀次郎，皆有編本。所以大清入關以後，即有禁水滸之條也。乾隆十八年七月諭。嗚呼！今人讀水滸者，徒以水滸作等閒小説觀耳，烏知作者有如是之苦心也耶？

後世能讀水滸者，莫若金聖嘆。而金聖嘆之批評，亦不易讀。蓋其屬詞命意，有大相反者，不可於字句求也。聖嘆謂施耐庵之作水滸，不同於史遷，史遷有感憤，而耐庵無感憤。此聖嘆之反言也。聖嘆言此，所以使水滸不招當世之忌，而讀者得以史記衡水滸也。聖嘆言童子十歲，即當與以水滸。奇哉斯言！蓋聖嘆爲明遺老，其境遇與耐庵同；其欲使中國無一人不受水滸教育，亦與耐庵同。今讀水滸一遍，而尚武之氣，忼愴之概，尚悠然生也。獨惜水滸多中州方言，與吾粵不甚吻合，而今傳本，又無句豆，故粵人讀三國演義者多，而讀水滸傳者少。其實三國不及水滸遠甚，不過三國皆文言，而有句豆耳。水滸雖用方言，苟有句豆，則閩粤人不難讀也。

抑有一事足爲水滸病。全書七十回，其王婆説風情一回，比他回卷帙厚至一半。令少年子弟，見之心蕩。斯何以故？則有妄人從他書增入故。蓋某某既割取水滸傳潘金蓮一節以演金瓶梅，其有所加增潤色，勢也。而妄人即以金瓶梅所割取水滸者，還割取金瓶梅，以增益水滸。取原書一按，其增入痕尚略可辨識也。

抑又有一事亦國人所當知者。水滸既大有造於宋人光復之事，而明季閹黨，即以水滸羅織清流。今所傳東林點將録者，乃王紹徽、韓敬等所造。以水滸一百八人混號，加諸東林諸賢之上，謂東林黨欲實行革命以傾覆國家也。其例有天魁星及時雨大學士葉向高，天罡星玉麒麟吏部尚書趙南星等詞。光怪陸離，小人之害君子，何所不至。而東林諸賢，遂受禍殆遍矣。噫！

〔載時事畫報丁未年第三十期，署名錢。〕

識東西得勝廟白雲庵

東西得勝廟、白雲庵，亡粵之一大紀念也。粵人，而忘兩王之克而粵乎？忘之久矣。東西得勝廟者，兩王入粵時前鋒拏卡處也。白雲庵者，兩王入粵時前鋒瞭望處也。兩王既克粵，乃於此兩處各建庵廟焉。庵廟皆有豐碑，高可一丈，濶逾三尺。攻粵諸將，自總兵許爾顯、班志富、徐成功、連得成以下胥二百有二人，咸列名於碑之陰。其白雲庵碑略云：順治七年二月六日，王師抵五羊城下，余營於白雲之東，靖藩營於白雲之西，與敵相拒，凡九閱月。迨復月之二日，乃克此城。壬辰春，既於舊營之巔各建武廟，又於山之陰更建白雲庵以祀大士云。所謂余者，平南王尚可喜自謂也。靖藩者靖南王耿繼茂也。兩王皆漢人，而明之世族。既佐大清以平定中原，而其子又叛大清以圖光復，史所稱逆藩者此也。粵人遊白雲者夥矣，於此等故事能言其大略歟？不能則詢之父老，都不能則徵諸金石。庵廟之壁既有碑文，而庵復有一大鐘，爲通判周憲章所製。周亦漢人也。鐘有銘，其銘亦足資考證也。奈遊白雲庵者，熟視而無覩何！

〔載時事畫報丁未年第三十期，無署名。〕

種族之界説

中國學説，素嚴種族之辨。春秋以後，宋世尤盛。自外族迭主中國，而種族之辨遂爲君臣之義所消滅。以爲君臣之位一定，則無論是何種族，戴之則爲順，逆之則爲叛也。雍正間刊大義覺迷録頒行天下，亦主張是説，故有謂明太祖爲元之叛民者焉。二百年來，釋然相忘久矣。邇者風潮澥湃，不知由何處吹入民族主義一名詞來，而學者又多一番議論。此議論分二派：甲、有所謂排漢排滿者。乙、有所謂調和滿漢者。二説不同，而同爲研究種族問題者也。自有此問題，而又生一種特别議論。此議論亦分二派：甲、因研究此問題，而於已結合之種族，亦欲析而别之。乙、因研究此問題，而於未結合之種族，亦欲混而同之。二説不同，而皆於實事上大相背謬，今爲疏别如下：

爲甲之説者曰：某某本匈奴之後，某某爲契丹之裔，某某出於瑶苗，某某出於回紇，非漢族也，冒漢姓耳。嗚呼！日日爭國權，爭領土，而乃日日割地焉，則惑也。夫言論必對於實事進行而無礙，然後可以墨守。若據單文隻義，謂客家之非漢族，據史、漢舊文，謂金氏之非漢姓，金日磾本匈奴，賜姓金。則中國民族之似此者多矣，烏從而一一辨之耶？就能辨之，又將何如，徒傷國人之感情耳！ 吾恐爲此言者，亦未識其果否出自漢族也。 是亦可以已也。 此之謂於已結合之種族而欲析而別之者也。

爲乙之說者曰： 史記稱匈奴之先曰淳維，蓋夏后氏之苗裔，以殷時北遷，逐水草，隨畜移徙，故中國謂之匈奴。 然則西北諸夷，皆吾同種也。 是說也，務爲諛詞，謂他人父，而不知人並未嘗認其爲子也。 是益不可以已也。 此而言同種，則衆生均同此大父母，四百萬億阿僧祇世界六趣四生，卵生、胎生、濕生、化生。 無足、二足、四足、多足，如是等凡在衆生數者，何莫非同種也？ 又何論於黃、白、黑、棕之儼然人類者乎？ 更何論蒙、回、衛、藏之同在一洲者乎？ 此之謂於未結合之種族而欲混而同之者也。

今欲辨種族之爲已結合與未，則有四例： 一語言文字，二姓氏，三國土，四所享之政治。 此四者研究近日東方種族之要例也。 若血統、宗教、風俗、生活，亦昔日言種族者必稽之公例，然於今日東方種族之現象不合。 蓋東方社會未大進化，因土地遼遠，交通不便故，遂有完全同一種族而風俗生活各不相侔者。 至於血統，則複雜而難據。 宗教，則信仰者自由，皆不足以爲定例。

是故語言文字姓氏國土與所享之政治同者，雖非漢族亦漢族； 語言文字姓氏國土與所享之政治不同者，雖漢族亦非漢族。

五胡北魏遼金元諸族之久居中國也，習漢俗，從漢姓，一切既無異於漢人矣，則劉淵、石勒、苻姚、慕容氏之子孫，後魏孝文所改一百十九大姓之子孫，魏書官氏志。女真猛安謀克之子孫，蒙古色目人之子孫，皆漢人矣。元和姓氏纂雖有漢姓虜姓之别，通志氏族略雖有代北複姓、關西複姓、諸方複姓之别，然自洪武、永樂以後，諸種人之去其複姓而改爲一字姓者殆遍，日知録二十三。又烏從而别其爲虜爲漢也耶！而况通婚之既久，其種族之結合已固者耶！姓氏既同，國土又同，語言間有不同，皆聲音之訛，而非特别一種稱謂也，則語言文字同，其對於今日政府，既同謂之漢人也，則所享之政治同。於此而欲妄加分别，非愚則誣也。抑有可笑者，今中原氏族，有以異姓爲嗣者乎。有一代以異姓爲嗣者，有不祗一代以異姓爲嗣者，其子若孫苟知某祖某宗爲異姓入繼者也，則將普告全族，自某代以下，均復其本姓乎？且將普告姻戚，凡有娶其某代以下之女者，當復其本姓乎，抑安之乎？此亦頗有滋味之疑問也，此非漢族亦漢族之説也。

若夫李陵之於匈奴，徐勣之於吐蕃，舊唐書吐蕃傳：貞元十七年，吐蕃寇鹽州，大掠居民，皆馬革梏手，毛繩縲頸。有一吐蕃，年少，赤髭大目，稱徐舍人，命僧延素等至前，乃解縛坐帳中，謂曰：師勿懼，余本漢人司空英國公五代孫也。屬武后斲喪王室，高祖建義中泯，子孫流播絶域，今三代矣。雖代居職位，世掌兵要，思本之心無涯，顧血族無由自拔耳。所謂英國公，徐勣也。箕子之於朝鮮，徐福之於日本，黎阮之於安南，合尊之於蒙古，袁忠徹紀瀛國公事實云：宋幼主北遷，元降封爲瀛國公，乞從釋號合尊太師，娶罕禄魯氏，生妥歡帖睦耳。見明文衡。所以羅倫爲大忠祠碑記，有合尊之子，卒嗣大統，陰易元祚，世主沙漠之語，謂此也。其爲漢人移住異域，至可根據。至今或數千年，數百年，其子孫何啻千億，然不得謂爲漢人也者，則亦以彼之祖宗雖漢人，而其語言文字姓氏國土及所享之政治，已與漢人異者久也。於此而認爲漢人，人將唾而罵之，以爲大不敬。此雖漢人不得爲漢人之説也。

至於滿漢相處數百年，而仍爲未結合之種族者，則以國朝於語言、文字、姓氏數者，既不欲同化於漢人，而亦不欲漢人之同化於滿洲故也。

天聰八年四月諭曰：朕聞國家承天創業，各有制度，不相沿襲。未有棄其國語，反襲他國之語者。棄國語而效他國，其國未有長久者也。今我國官名，俱因漢文，從其舊號，朕雖未成大業，時未入關，故有是語。亦豈可改我國之制，而聽命他國。嗣後我國官名及城邑名，俱當譯以滿語，毋得仍襲漢語舊名。此國朝之祖訓，深恐語言文字之同化於我者也。乾隆二十年諭曰：向來滿洲名氏，惟取清話之與漢字對音者書寫，不得依附漢姓，故意牽混。從前屢次曉諭，乃今日兵部進呈本内，有喀爾吉善提調都司之何督一員，朕初意其爲漢人。及閱該員履歷，則係鑲黄旗滿洲人。伊既係滿洲出身，或和或赫，何字不可書寫，乃必牽混漢姓，此種陋習，斷不可長。著再通行曉諭，嗣後倘有仍前混寫者，必當重懲其罪。此亦國朝之祖訓，深恐姓氏之同化於我者也。乾隆四十二年六月諭曰：東三省爲滿洲根本地方，諸宜恪守滿洲純樸舊俗,並力挽漸染漢人習氣。近見吉林風氣,亦似盛京,日趨於下,而流民日見加增,致失滿洲舊俗。此皆該將軍等平日不善於整頓之故。若不亟爲整頓,則黑龍江亦必漸染漢人習氣,所關甚鉅。二十九年十一月諭曰:一統志自纂修竣事以來,其中記載體例,諸多未協。其尤甚者,順天人物一門内,竟將國朝諸王載入,於事理更屬紕繆。諸王事跡,自載八旗通志,原不得與隸籍京圻者同日而道。況八旗大臣等,功紀太常者,則應見昭忠、賢良諸祠。其在直省宣猷著績者,又有各省名宦可入。今乃授親藩以淆地籍,實爲擬不於倫,義甚無謂。此則國朝祖訓之明示龍興之地,不同於漢人地籍者也。至於政治,則滿漢之不同者尤多。國之大政,莫若選舉刑罰,而滿漢之制不同也。乾隆九年八月諭曰:滿洲原有進身之路,弓馬技藝,何者不可見長,何必勉强文場,以思僥倖於萬一。二十五年十月又諭曰:武科一項,不過舊制相沿,因仍不廢。若論我國家用兵,自開創以來,暨近日平準夷,蕩回部,皆我滿洲及索倫勇將健卒,緑營兵尚無所用,更何嘗恃武科出身之人耶?此選舉之不同者也。雍正四年十月諭曰:滿洲營生之道,與漢人迥異。其滿洲有犯軍流罪者,可暫停議遣,仍舊照例枷責究詰。倘仍罔知感化,即與漢軍漢人一例充發。五年九月又諭曰:八旗一應獲罪人犯,俱送刑部監禁。監内人多,氣味穢惡,一感時氣,多成災病。旗人與民人不同。民人犯法完結之日,即回原籍,無所用處;若旗人罪案完結之後，仍供各項差役，並非棄置不用之人也。著八旗各於該處將入官房屋修築高牆，分别監禁，既可減災病，亦無擾亂等事。此刑罰之不同者也。其他體制，滿漢歧異者，尚更僕難終。是故政府同也，而所享之政治不平焉。彼爲混合之言者，則曰滿人何嘗不能漢語？夫滿人之能漢語，亦猶吾國人之久居外國者，操外國語也。不得以吾國人之經商於美者爲美人，留學於英者爲英人也。此不欲同化於漢人之説也。

而或者以爲滿人不欲同化於漢，將以漢人同化於滿也。是又不然。國朝祖制，並不欲漢人同化於滿俗也。夫稱臣稱奴才，細事耳，而乾隆三十八年，因御史天保、馬人龍摺内書銜，天保在前，概稱奴才，上亦諭之曰：向來奏摺，滿洲率稱奴才，漢官率稱臣，不過相沿舊例。初非稱奴才即爲親近而盡敬，稱臣即爲自疏而失禮也。今天保、馬人龍之摺如此，朕所不取。若不即爲指斥，恐此後轉相效尤，而無知之徒，或因爲獻媚，不可不防其漸。此區區一奴才，不與漢人之從滿俗者也。乾隆十三年，因皇后大事，直省大吏有奏請來京叩皇后梓宫者，上又諭之曰：此不過隨衆陳請，並非出於中心之誠，實可不必。外省大臣中，如駐防之將軍、都統等，與督撫本不相同。即均一督撫，而旗員之與漢員，亦不相同。蓋旗員地分親近，自屬情理之當然，若漢大臣則視此有間，原可不必奏請。此則國家大制，亦未嘗責漢人以效滿人者也。乾隆十三年，因陝西供應大兵車馬不力，上諭曰：陝撫陳宏謀，原係漢人，於經理此等事件，本非所優。又曰：陳宏謀雖有過，但係漢人，本不必責以急公。此則國家大計，亦未嘗以責滿人者責漢人者也。其他一代典制，亦多襲前明之舊，而未嘗以滿洲制度，强漢人以必從。彼謂薙髮易服爲滿人强漢人同化之證者，謬也。夫薙髮易服，形式耳，所以令漢人必從者，示服從之意云爾。禮，奴婢有爲家主服者，不能以其同此孝服，遂謂爲主人之子若弟也。奴婢之爲家主服，亦示服從之意云爾。令漢人薙髮，與此何異？而遂謂國朝欲令漢人同化乎！此不欲漢人同化於滿俗之説也。

夫國朝不欲漢人同化於滿洲者如此，其不欲滿洲同化於漢人者又如彼，此所以相處數百年而迄未成一結合之種族也。夫滿洲之所以爲滿洲者，以能保守其種族主義耳。若如調和者言，則必廢滿語而用漢語，廢滿姓而用漢姓，散滿人於中原，統則例於畫一，而後可。然國朝肯棄滿洲舊習而改從我們漢人歟?! 天柱可折，地維可裂，滿洲舊俗斷不能如漢制也。祖訓所昭垂不斷，非後世子孫敢有所更易也。

〔連載於時事畫報丁未年第三十、三十一期，署名錢。〕

宏光宮女（一）

宏光宮娥葉子眉，廣陵人。南都之陷，爲兵掠去。道經淇水，夜宿宜溝，乃題詩於壁。自叙云：「妾祖籍廣陵，從事宮中曾不二載，俄遭大變。剪却霓裳，弓袖革鞾，抱琵琶北。道靈壁，覩虞姬石碣，感且愧，書此以誌。促裝心亂，語不成章。時乙酉七夕也。」詩云：「剪却霓裳別樣妝，青驄有分斷河梁。文章漫説誇機女，羞見虞姬舞袖長。風送塵飛到鬢邊，傷心從此別江天。勸君莫問宮中事，楊柳回頭起暮煙。」甲申小紀。亦見婦人集，小異。

宏光者何？福王年號也。福王何人？崇禎之兄也。崇禎既以十七年三月十九縊死，福王即以五月十五即位於南京。其明年，大清豫王南下，趙之龍、錢謙益等率衆迎降，拘宏光於江寗，與太后一妃同處。九月北去。葉之被掠，即此時歟？觀其詞，蓋所謂亡國之音也。彼虞姬何獨非亡國，然不過一姓之興亡耳！此豈獨一姓之興亡已乎！果屬一姓之興亡，胡至羞見虞姬之舞袖長乎！蓋不獨亡國也矣！余哀之，故存之。

（載時事畫報丁未年第三十一期，署名錢。）

宏光宮女(二)

宋蕙湘亦宏光宮女。年方妙舞,家本秦淮。留都既摧,同爲游騎所虜。三秋毳幙,月葬花魂,千里嗚笳,風彫玉骨。其過衛州旅舍亦有詩云:「風動空江羯鼓催,降旗飄颭鳳城開。將軍戰死君王繫,薄命紅顔馬上來。廣陌黄塵暗鬢鴉,北風吹面落鉛華。可憐夜月箜篌引,幾度闗山作暮笳。春花如醉綺如煙,良夜知心畫閣眠。今日相思渾似夢,算來可恨是蒼天。盈盈十五破瓜初,已作明妃别故廬。誰散千金同孟德,鑲黄旗下贖文姝。」末云:「被難而來,野店露宿。即欲效新嘉故事,稍留翰跡以告君子,不可得也。偶居邸舍,輒題四章,以期萬一之遇。命薄如此,恐亦無望矣」云。同上,亦見明季南略。

詩所謂文姝者,蔡文姬也。蔡文姬吾國人無不識,蓋蔡邕之女,爲胡騎所獲而曹孟德贖之回者也。夫孟德之所以能贖文姬者,以文姬之陷虜,因中國喪亂,流落異邦耳,非所謂國亡被掠也。不然,孟德雖與蔡邕善,又烏有勢力贖之耶?宋蕙湘之世與文姬大殊,而乃希冀如文姬之歸漢,抑亦難矣。然當時如宋蕙湘者,豈少人哉!蕙湘以詩傳耳。一般女士,其亦知亡國之恨也乎?

〔載時事畫報丁未年第三十一期,署名錢。〕

秦檜害岳飛辨

秦檜害死岳飛三父子，斯言也，吾夙聞之矣。吾聞之，吾疑之，以爲秦檜雖奸，何至不愛其國，而害死彼關係種族存亡之人也。且秦檜之當國未久，而高宗又甚專制，又烏有勢力以害死岳飛也。稍長讀龔定庵京師樂籍説，而信帝王有陰鷙之術；讀韓非、老子書，而知帝王陰鷙之術所自出；讀勾踐、漢高待功臣歷史，而嘆帝王陰鷙之術無所不至。嗚呼！漢高、明太之戮功臣，人皆知之，己亦未嘗諱之，固不失爲任直之人哉。宋高宗之戮岳飛，乃直假手於秦檜也，毋亦曰爾們臣子害臣子耳，朕未嘗手刃之也。嗚呼，宋高宗誠中國罪人哉。父母宗族，均爲金人所虜辱，而猶妬功忌能如此，妬功忌能之不已，而盡委其罪於他人。險哉高宗，彼秦檜乃爲之傀儡，愚矣。後人信之，益愚矣。在南宋諸儒，奉高宗爲天子，其不敢直斥高宗之害岳飛，勢也；後之人乃不問是非，不問本末，不錯綜稽覈當時之事實，猥和之曰秦檜害死岳飛三父子，愚矣。後之人亦知高宗不害韓世忠、劉光世、楊存中諸將，而獨害岳飛之旨乎？韓世忠、劉光世、楊存中，將耳，岳飛，國士也！何謂國士，以一身繫種族之存亡，知有國不知有家也。「匈奴未滅，何以家爲」，非岳飛口頭禪乎！此所謂國士也。此其所以取忌於高宗也。高宗寗贈其國與父母之仇，而決不使家奴得志也。岳飛有不臣之心乎？岳飛有愛國保種之心，而無不臣之心。其不臣之心，高宗慮之。高宗胡以慮之？高宗有鑒乎宋太祖之得國而慮之。夫秦漢以來，天下久以此國爲天子一家之物矣。以此國爲天子一家之物，則得失，天子家事也。食其禄者盡其力，盡其力非爲一國，爲天子一家耳，爲己一人之功名富貴耳。是非無良也，蓋明哲保身之道當如是也。故功成，則醇酒婦人可矣；否，則爲五湖之遊、赤松之侶，可矣！否，則戮矣！稍閲三國演義者，亦知劉備聞雷失箸之前，鋤草灌園，爲故示曹操以無大志之意，則知岳飛之所以殺矣。夫宋高宗殘敗之餘生耳，而當時諸將，有韓家軍、岳家軍、張家軍之號，已不能無忌；又況張俊、楊存中等，皆治第臨安，貪財殖産，而韓世忠亦家於杭，多營田宅，岳飛獨持「匈奴未滅，何以家爲」之義，不治生産，不爲子孫長久之計，高宗之愈忌之，宜也。是故韓世忠之欲營新淦田也，高宗即專勑以賜之，劉光世之請以淮東私田易淮西田也，高宗即明詔以許之。未知高宗以此結諸將之心乎，抑諸將以此保其身乎？後之人乃以飛之死之罪歸罪於秦檜，夫高宗不有意，秦檜烏得而害之。以耳爲目，毋亦中帝者之計也歟！

〔載時事畫報丁未年第三十一期，署名錢。〕

更論宋高宗忌岳飛之原因

余爲秦檜害岳飛辨，正其罪於高宗，非爲秦檜訟冤也。秦檜甘爲高宗傀儡，必有所利而爲之。利其利而任其咎，當也，夫何容爲秦檜惜。然不正高宗之罪，則無以表示專制君主之寗覔其國於父母之仇而不任國人窺伺之志，高宗之父徽宗、兄欽宗，皆爲金人所虜，其母韋妃，且爲金靈州同知蓋天大王所妻。並無以見天下是非之不足據有如此也。而或以爲是文士翻新之論，則非所敢知矣！

夫專制君主，未有欲官之不愛錢者也。官之愛錢，則惡名在官耳，於朝家無與也，而況又有籍没即抄家。之一法，固樂得而假手之也耶！是故宋人野史言，紹興中有以功臣財産爲言者，高宗曰：「南渡之初，州縣皆盜賊所據，命將征討，但期克服地土，而賊之子女玉帛，惟諸將所欲爲也。」然則愛錢者，高宗所深許也。岳飛破賊最多，而愛錢最少，當籍没時，僅鎖鎧兜鍪、銅弩鑌刀、弓劍鞍轡等物，及金玉帶數條，布絹三千疋，粟麥五千餘斛，錢十餘萬，書數千卷耳。孝宗時追復官爵，令給還原資，主者具當時没入之數，亦不過九千緡耳。不愛錢，不惜死，誠岳飛之所能實行者矣，然此固大違高宗之旨也，是取忌之道也。

閱者亦知高宗時諸將之富豪乎！ 富豪何自來，自愛錢來也。 趙甌北嘗引宋人玉照新志、夷堅志、駕幸張府紀略諸書，言張俊歲收租六十萬斛，偶遊後圃，見一老兵晝卧，詢知其能貿易，即以百萬付之，其人果往海外，大獲而歸。 高宗嘗駕幸其第，俊所進服玩珠玉錦繡，皆值鉅萬，自宰相以下，俱有贈遺。 延及其孫鎡，園池聲伎甲天下，每宴，十妓爲一隊，隊各異其衣服，凡十易始罷。 客去時，姬侍百餘人送客，燭花香霧，如遊仙窟。 此張俊之富豪也。 楊和王建第洪福橋，欲以西湖水環其居，奏於上，上令密速爲之，恐外廷有言者，遂督濠兵連夕濬成。 有故人自北來投者，楊遣人押就常州本府莊内，支一百貫與之，密遣人偕往代郡，爲之置田千畝，謂之曰，當今兵革不用，無可立功名，和王遣來代辦生事耳。 其女適向子豐於湖州，以妾所生子祕爲己子，報王，王即撥崑山良田千畝，爲粥米資。 偶閒居郊行，遇相字者，楊以拄杖於地上一畫，令相之。 相者曰，土上一畫，王也。 楊喜，即判五百萬，令詣司帑取錢。 司帑靳之，謂楊曰，王已開王社，何用復相，恐滋物議。 楊益喜，即以五百萬與司帑者。 此楊存中之富豪也。 韓忠武偶遊湖上，遇李晦叔改秩來京，而失舉牘，坐冷泉亭嘆息，王詢之，具以告世忠蘄王。 王乃問其姓名階位，明日使吏填一舉牘送之，仍助錢三百千。 至王之子孫，遷於蘇者，買滄浪亭價百萬，其他可知。 此韓世忠之富豪也。 夫張俊、楊存中不論，韓世忠，世所謂賢者也，而亦富豪若是，使不愛錢，烏得有是？ 是故秦檜嘗諷言官誣劾韓世忠矣，帝格其議不下也，見韓本傳。此愛錢之效也。

而岳飛一則曰不愛錢，再則曰何以家爲，其能免乎。所以万俟卨治岳飛獄，有謂飛自言己與太祖皆三十歲建節，爲有不臣之心也，而高宗之必死岳飛決矣。小説家猶謂歲暮獄未成，檜因其妻縛虎縱虎之語，以片紙付獄吏，即斃岳飛於獄，一似高宗之不知也者，罔哉！諺曰：「蛇無頭不行」，秦檜蛇耳，高宗乃頭也。烏有一專制大君主大梟雄而任奸臣之擅作威福乎？然則秦檜者高宗之忠臣也，執筆者乃大書特書曰，檜下岳飛於獄，檜殺故少保岳飛，是烏得爲知言也哉！是故當時之諂事檜者，不少人也，如王次翁、勾龍如淵輩，皆以高宗不喜故，而特斥退之，檜不能違也。俱見本傳。誰謂檜有勢力哉？檜之勢力，皆高宗之勢力也。高宗不欲，檜何由動也。專制國之歷史似此者多矣，豈獨此事乎哉！特以此事爲吾國人所共悉，故不憚數言之。

〔載時事畫報丁未年第三十二期，署名錢。〕

聞大成

聞大成，字子上，湖廣羅田人，以事走湖南。湖南陷，大成於酃縣山中招義旅將起，□兵至，被執，與李興瑋同縶衡州獄。大成因獄卒沽酒與興瑋飲，醉則悲歌慷慨相唱和。無紙，皆裂襟裳巾襪布書之。多佚不傳，唯題獄壁一首，好事者爲誦傳之云：「讀書懷古道，服官素所期。論文慚太傅，無劍學要離。忠孝千古事，死生旦夕之。不共戴天日，從容就義時。」亢志不鬀髮，與興瑋同日遇害。臨刑，從容引頸就刃，見者皆爲垂涕。大成顧揮手謝曰：「無勞諸君以淚送我。諸君悲我死，抑知我之悲諸君生乎？」永歷實録。

國亡以一死塞責，未爲盡乃公事也。是故有被虜者，有未嘗被虜者。被虜不能死，誠無事可辦矣。未嘗被虜，則當爲之事尚多也。今送大成者，其已被虜者乎，抑國人之蚩蚩者乎？誠被虜而不死，非人矣。不死而又不能有所爲，則涕泣亦無當矣。雖然，以吾國昔日教育之未嘗普及，而求全國人皆知死，皆知所有事，難矣。使吾國人昔日皆知所有事，則何至有今日耶？使吾國人皆知死，則又烏能有今日耶？四百兆之子孫，皆當時聞大成之所悲爲不能死者之子孫也。得其知涕泣，已足嘉矣。他日楊柳堤邊，漁磯石上，能口述國亡時事者，非此也耶？

〔載時事畫報丁未年第三十二期，署名謙。〕

吳學

吳學，湖廣湘鄉人，以材勇雄於閭里。將軍何騰蛟開府長沙，使學召募千餘人爲親軍，守湘陰，轉戰平江、袁甯間，擢副總兵。永歷元年，長沙陷，學收部卒屯湘邵間，返攻湘鄉。格鬭四五月，兵敗被執，械至武昌，繫獄。令鬀髮，不聽。□總督羅繡錦會文武吏鞫之。學至庭，植立呼曰：「大明驅□□，愛養天下，垂三百年，爾等皆中土人，骨血從誰豢養，父母埋誰土宇？乃改頭換面，倨坐堂上，而械忠義士於階下耶？天地能容爾身，必不能容爾子孫。豈不聞洪武初，盡謫□□官吏妻女□□□乎？」因大叫呼天，目眥盡裂，引頸觸柱，血流被面，遂驅赴黃鵠磯遇害。武昌居民，罷市往觀。皆嗚咽流涕，禁之不能止。同前。

是編也胡多空格耶？其著書人所爲乎，抑刻書人所爲乎？著書者王夫之，刻書者曾國藩。王夫之於國亡時帶髮匿跡於湘西之石船山，不知所卒也。彼能筆之，未必空之。其刻書人所爲乎？然亦烏知其誰實爲之。即今所空者，亦孰能定其所空者何詞也？前輩謂學者須讀無字書，此殆無字書之類也耶！抑吾聞之，明人曾以元世田、劉、張三姓功臣之裔爲娼也。吳學所言，未必指此。

（載時事畫報丁未年第三十二期，署名益。）

對於二十二十一兩日諭旨之輿論

自蘇浙拒款事起，而粵中爭捕權一事繼之。集議者數十處，電爭者數十起。内而各省，外而僑商，雲合響應，無不以政府爲詰問之目的物。是豈國民之放棄其責任而倚賴政府乎？以爲此事由政府肇之，當由政府任之，庶政既未公諸輿論，則有事不得不問政府也。政府雖不能副國人之責任，又不肯以此責任分任諸國民也，又以爲國民無當此責任之程度也，則有事問政府宜。政府又欲行所欲行，不予國民聞之也。豈惟不予國民聞之，且並有所謂不可告人之隱也。是故有責成蘇浙代表曲體朝廷苦心之語。夫政府所行之事，無關於國民也可；所行之事而於國民有切膚之痛，則國民而木石也可；國民而稍有知識，身受痛苦，不能無所呼號，勢也。是以今日所電爭者，所集議者，皆國民身受痛苦，不能無所呼號者也。今日之電爭，之集議，非干預政權也。正其平日之不干預政權，而盡授其權於政府，故政府有此舉動也。然政府烏能受此詰問耶？烏能受此平日絶不干預政權，並夙所視爲絶無知識之國民之詰問耶？吾知政府之初接一電也，必以爲怪事，互相傳觀。繼接一電，則不懌矣。復接多電，則且憤且駡，並不展閲矣。接電不已，國中嚣然，其欲以兵力壓之之心，誠不能免矣。兵力不可施，則唯有責成該省督撫也。如是則有二十、二十一日之諭旨。國民之對此諭旨，其謂之何？

於是有以從前預備立憲之諭以衡此諭者，以爲此旨與前旨相矛盾也。夫政府做事，何計其矛盾。即有矛盾，又豈國民之所得言乎？夫立憲與不立憲，權操諸政府也。無論無所謂立憲，即立憲矣，又將何如？豈此便可任意要求耶？豈立憲即立憲耶？有人曰：非立憲不足以維繫人心，則姑以立憲應之矣。立憲者，名詞耳。名變而實存，雖百立憲何害。爾國民既歡迎之，則即以國民所歡迎者與國民。大人者，言不必信，行不必果，唯義所在也。是烏足以預備立憲之諭難此旨也。

於是又有以各國憲法衡此旨者，曰各國無此憲法也。夫各國自各國，焉能舉此以相難。即所云採取各國憲法者，亦採取其合於吾國之用者用之，不能盡效法他國也。夫我國數百年相傳之良法美意，足以治其民而有餘，何待取諸各國者。爾國民曰取之，則亦姑取之。不取則已，取則治民之術必有進。大地之大，何法蔑有，不得諸此，將得諸彼，固可以明示國民曰：此條出於某國，此條出於某國也。如是則法律家又將援口舌以爭乎。一二明達者口舌不可爭，而億萬愚蒙者可一手掩也。此長治久安之策也。然則以各國憲法相衡者，罔也。

於是乃有以此諭旨爲一二人所私擬者，曰此諭某某擬稿進呈者也。吁，諭旨何一非擬自臣下者？一國之大事，豈一二臣下所能操者耶？然則何者爲擬旨，何者非擬旨也耶？即果爲某某所擬者矣，而既出自特旨，又誰敢不遵也耶？又誰敢以爲此乃一二人之私意，而藐抗之耶？敢藐抗之，則是此旨失信用也，是此旨無效果也，政府又何必多此一具文也。夫政府者，與國民對待之名詞也。以此少數人之政府，對待此多數人之國民，其團體如何固結，宗旨如何吻合，可想也。其有不合，皆有所爲也。夫果不合，則投袂去矣。其不去者，必宗旨同者也。則此諭旨非一二人所專擅，可斷然也。

有不爲右此之論者，其對於此旨，則亦必詫爲長篇大論非常有之諭，是又不足奇也。夫禁民人集會，及不準學生干預政權之政策，早已行之數百年，何待今日發明之也。蓋亦本前篇之意以立言，而丁寗反覆之耳。卧碑第七條曰：軍民一切利病，不許生員上書陳言。如有一言建白，以違制論，黜革治罪。其末條即第八條。曰：生員不許糾黨多人，立盟結社，把持官府，武斷鄉曲。所作文字，不許妄行刊刻，違者聽提調官治罪。即此卧碑兩條，已足括盡今日諭旨之大意也，而謂爲新定之律可乎？夫卧碑者，大清既平定中原，開科取士，以順治九年頒行於直省儒學明倫堂者也。他人不之見，曾入明倫堂者無不見也。然今日之諭旨，不謂學生不守卧碑，而謂學生不遵奏定學章者。學務綱要，原有不准學生妄干國政一條云：孔子曰：不在其位，不謀其政。又曰：君子思不出其位。位者，本分之謂也。恪守學規，專精學業，此學生之本分也。近來士習浮囂，或騰爲謬説，妄行干預國政云云。以人情好新，不欲以卧碑之舊文繩之也。其實此旨皆以卧碑爲綱領，而演繹之者也。則孰是可詫之事耶？輿論可以釋然矣！

〔載時事畫報丁未年第三十二期，署名謙益。〕

論今年學務之進步

談者相聚而言，鮮不曰今年學務冷落也。應之曰：非是，學務之冷落者其形式，其實際固不獨不退化，且日見其進步也。夫所謂學務冷落者，亦以銅鼓喇叭之視昔年爲冷落耶，抑以學堂學生之人數，視昔年爲少耶？夫銅鼓喇叭之冷落，非學務之冷落也；學堂學生人數之少，非讀書者人數之少也。區區銅鼓喇叭，不得便以爲學務；區區一學堂，亦不得遂以爲學務也。亦視其所以爲學者之知識何如耳。吾見近日學生皆無往者叫囂之習之甚，以是覘學生知識之進步，而教者之得法也。

甲、學生之對於家庭：吾國昔日之教育未嘗普及也，故國人不盡讀書。即讀書矣，亦不求深造。父母之資格如是矣，是故子弟之入學堂者，則囂然傲慢其父母，甚至有倡家庭革命之議，一若身爲學生，則不知其幾開通也。是故有破神權而辱及家人所崇奉之所謂菩薩者，亦有鄙纏足而日强聒家人之放足者。夫神權纏足，孰不知其無用，而以家人平日所崇拜，積習者千年，家中老輩，尚有不能開通之者，而況於其所輕視之童子，一入學堂三數日，而可使之服從也耶？其鑿枘必矣。故學生對於此等舊俗，實力思所以導之之術可矣，斷非囂然謬然所能有濟也。日人秋山四郎所著修身範本，其對家一節有云：人子在童幼時，無論何事，務當巽順於親母。或拂逆，或違棄親命，放縱任意，雖有百善，亦謂不順之子。況親之閱歷既久，經驗必多，不問有無學識，要其練斷老成，斷非少年可及。故父母之言是從，非但子職當然，抑有裨於其身者多矣云。此誠今日學生所視爲處家庭莫妙法門也。孔子曰：信而後諫，未信則以爲謗己。言之善者如此，況少年所爲，有不盡見信於其親者乎？而近日學生亦有漸知此道者，此學務之進步一也。

乙、學生之對於社會：社會，統名耳，其間種種色色人無不有，凡學生日日所接觸者皆是也。社會之於學生，爲如何之批評，亦學生所知者也。且社會之於我爲何人乎？非所稱爲四萬萬之同胞乎？既曰同胞，則其賢者固當尊而親之，其所不賢而下賤者，亦吾同胞之羞也。吾當如何矜憐之，而忍鄙而賤之乎？吾聞學生滑語，動曰下流社會。夫下流社會胡自來，則未知吾之祖若父爲下流爲上流，又未知吾之子若孫爲上流爲下流也。尤有謬者，則輒曰學界學界，旁若無人焉。嗚呼！社會者，今與吾同處舞臺，他日與我同致力中原者也。鄙之賤之，至於如是，則他日與誰人致力中原也耶？是故一二年間學生之氣燄，直有「走馬踏殺人，街吏不敢詰」之概，可畏也已。此學生爲將來主人翁一語誤之，學生爲最尊貴之人格一語又誤之。根器薄弱，不足以栽培也。夫學生者，未成器之名詞耳，人人可爲，亦人人必經之途，而不可以終老者也。學生爲主人，未必盡社會爲奴隸。學生至尊貴，未必盡社會是卑賤。其不可以學生二字傲人也，明矣。而況此衣食父兄之衣食，而不知稼穡艱難之少年乎？其不能不受社會之詬病，宜也。而今年學生此等氣象少殺，是未始非教育家之力也。此學務之進步者二也。

丙、學生之對於塾師：塾師，吾國五年前全國人才所由之陶鎔者也。其人數之在社會，似爲小部分，而其勢力，乃足以操縱全國之人才，與今學堂無少異。今人所以敢侮辱塾師者，以八比爲世所詬病，而昔日之塾師，盡八比先生耳。然亦知昔之時，八比既爲全國代議士之所自出，吾國人既無力以排去之，而又不從事於此，則吾漢人尚有些須之政權耶？其能稍分滿人政治上之勢力，恃八比一途耳。使並此而無之，則何異黑人之於白種也。是故痛恨八比之累人可，痛恨由八比出身之人，烏可？假令不廢八比，則莘莘學子，其孰不埋首於此也耶？此不足爲昔日之塾師病，亦不足爲昔日之塾師諱。而學生一入學堂，習聞一二醜詆八比之言，遂以昔日塾師爲莫大之頑固物而鄙夷之。此塾師者又老於當世之途，託於聖人之道，普通社會之信仰此人者尚衆也。故鄉中毀學之風潮，大半實此類塾師主之。學堂而有無父無君之謠，亦大抵此類塾師造之。關於生計問題，則學堂既盡奪昔日塾師之食，而學生之傲然自大，又復傷昔日塾師之感情，其與學堂不兩立，情也。又況塾師之所以爲八比者，非其聰明學力有不逮今之人也，特以出世早數十年耳。則吾人正當厚自殷幸，而深憐塾師出世之先，烏得而侮辱之也。而今年學生於此等知識，亦略爲發達，其見昔日塾師也，亦循循執弟子禮焉。此學務之進步者三也。

於此而猶謂學務之不進步，非吾所敢知也。吾願吾國學生對於此數者加之意焉，不徒率意孤行，以爲莫予毒也，則庶幾矣。彼銅鼓喇叭之鬧熱，蓋淺焉者矣。

〔載時事畫報丁未年第三十三期，署名錢。〕

撮録元史刑法志

滿漢刑法之不平，稍讀律令者能言之。抑知元世蒙漢刑律之不平，固亦若是。是不足奇也，亡國者胥如是矣。今將元史刑法志撮録如下。

衛禁：諸漢人南人投充宿衛士，總宿衛官輒收納之，並坐罪。宿衛士，禁兵也。非我族類，其心必異，故元人防之也。

職制：諸蒙古人居官犯法，論罪既定，必擇蒙古官斷之，行杖亦如之。諸四怯薛，及諸王駙馬，蒙古色目之人，犯姦盜詐僞，從大宗正府治之。諸有司事關蒙古軍者，與管軍官約會問。諸管軍官、奥魯官，及鹽運司、打捕鷹坊軍匠，各投下管諸色人等，但犯强竊盜賊，僞造寶鈔，略賣人口，發塚放火犯奸，及諸死罪，並從有司歸問。其鬬訟婚田良賤錢債財産，宗從繼絶，及科差不公，自相告言者，從本管理問。若事關民户者，從有司約會歸問，並從有司追逮。三約不至者，有司就便歸斷。諸審囚官强愎自用，輒將蒙古人刺字者，杖七十七，除名，將已刺字去之。諸流遠囚徒，惟女直、高麗二族流湖廣，餘並流奴兒干及取海青之地。

征服的民族，不能受被征服的民族之節制，情也。是故今外人之居留中國者，犯罪則歸其國之領事官理之。旗人犯罪，亦有旗官理之。有交涉案則會審之。

戶婚：諸漢人南人，父没，子收其庶母，兄没，弟收其嫂者，禁之。

然則蒙古人不禁也。是可見當時漢人亦有染蒙古俗者。列女傳云：脱脱尼，雍吉剌氏，有色。年二十六，夫哈剌不花卒。前妻有二子，皆壯無婦，欲以本族制收繼之。脱脱尼以死自誓，二子復百計求遂。脱脱尼恚且駡曰：「汝禽獸行，欲妻母耶？若死，何面目見汝父地下。」二子慚懼，乃析業而居。觀此，則當時蒙古人亦有染漢俗者。

食貨：諸蒙古漢軍輙醖造私酒醋麴者，依常法。

然則不依常法者多也。此獨依常法者，新定之制也。

姦非：諸蠻夷官擅以籍没婦人為妻者，杖八十七，罷職記過，婦人笞四十七。

然則諸蒙古官爲此者不禁也。獨不知該籍没婦人既被姦污矣，而猶笞四十七，何也？

盜賊：諸盜賊初犯刺左臂，再犯刺右臂，三犯刺項。其蒙古人有犯，及婦人犯者，不在刺字例。諸女直人為盜，刺斷同漢人。諸色目人犯盜，免刺科斷，發本管官司設法拘檢。限内改過者，除其籍。無本管官司發付者，從有司收充景跡人。景跡人者，猶今作綫人也。

蒙古人何以免刺，女直人何以同於漢人，皆亡國者所當研究也。

鬭毆：諸蒙古人與漢人爭，毆漢人，漢人勿還報，許訴於有司。　諸蒙古人斫傷他人奴，知罪願休和者聽。　禁漢人聚衆與蒙古人鬭毆。此條從世祖紀補入。

奇哉！有此等律條。彼謂蒙古人之據中國，猶酆沛濠泗人之主中國也。則未知漢、明之世，有特異之條以待酆沛濠泗子弟否耶？

殺傷：諸蒙古人因爭及乘醉毆死漢人者，斷罰出征，並全徵燒埋銀。

所謂燒埋銀者，猶今止淚銀也。全徵之數五十兩，見世祖紀。漢人之命，賤至如此。崇禎謂長公主曰：「若何爲生我家？」然則又何怪今洋人之蹂躪我也。

禁令：諸漢人持兵器者禁之。　諸色目僧尼女冠輒入民家强行抄化者，禁之。

元世漢人持兵器之禁，於本紀中凡十餘見，亦一代絕大之禁令也。蓋當時光復軍屢起，不得不以此爲首務也。

雜犯：諸無賴軍人輒受財毆人，因奪取錢物者，杖八十七。　紅泥粉壁，識過其門，免徒。

是可見當時漢人之多有藉蒙古人以殘同種者也。吾獨奇其犯者，乃如今日釁門也。此其大略耳。其散見於紀傳及他書者，猶不勝條舉，當有專書詳之。邇聞法部某司員，有重刊元典章之議。是書久佚，四庫僅存其目，某司員從日本肆中得之。此議若成，則治掌故者又多一資料也。

〔載時事畫報丁未年第三十三期，署名謙。〕

揚州節婦

揚州既陷，一部將掠張氏至金陵，以珠玉錦繡羅飾於前。張氏弗顧，悲泣不已。既而部將隨豫王北上，張氏從之。出觀音門，將渡江，密以白綾二方，可二尺許，楷書絶命詞五首於上。乘隙投江，屍浮於高子港，爲守汛者所獲，其詩跋云：「廣陵張氏題。有黄金二兩，作葬身之費。」遍體索之，無有也。已而於鞋内得之，蓋密縫於中者。衆以此金易銀葬焉。康熙四年乙巳六月七日，余編此書者計六奇自謂也，下同。在六合，得閲其書，並其事如此。其詩曰：深閨日綉鸞凰，忽被干戈出畫堂，弱質難禁罹虎口，祇餘魂夢繞家鄉。綉鞋脱却换鞴靴，女扮男裝實可嗟，跨上玉鞍愁不穩，淚痕多似馬蹄沙。江山更局聽蒼天，粉黛無辜實可憐，薄命紅顔千載恨，一身何惜悮芳年。翠翹驚趺久塵埋，車騎轔轔野塹來，離却故鄉身死後，花枝移向對園栽。吩咐河神仔細收，碎環祝髮付東流，已將薄命拚流水，身伴豺狼不自由。明季南略。

元人爲宋史列女傳，能述漢人婦女抗元之事。明人爲元史列女傳，亦能述蒙古婦女抗明之事。略見前報。而明史列女傳，自謂所著録者視前史殆倍，而一百二十八人中，竟無一人死節於大清者，亦可異也。當時史臣，尤譏前史多取患難顛沛、殺身殉節之事，忽庸行而尚奇激云。

其殆有所受之也歟，益可異矣。猶憶幼時入塾，師示以明史曰：「明史體裁甚佳，事亦最近，當先讀之。」余不爾也。余讀野史，所得多矣，求諸明史，皆不可得，以是知明史之不足信也。嗟乎！皮之不存，毛將安附？余又何難焉。

〔載時事畫報丁未年第三十三期，署名錢。〕

湖南貞女

女郎不知何氏，大約湖南閨秀也。順治十一年甲午秋，兵旋被擄。女郎抗志不辱，行至鸚鵡洲，伺間投江死。浮屍於黃鶴渚，有司憐而瘞之，乃於衣裾間得絶命詩云：征帆已説過雙姑，眼淚聲聲泣夜烏，葬入江湖波底没，不留青冢在單于。厭聽行間帶笑歌，幾回腸斷已無多，青鸞有意隨王母，空費人間設網羅。遮身只是舊羅衣，夢到湘江恐未歸，冥冥風濤又誰伴，聲聲遥祝兩靈妃。少小伶仃畫閣時，詩書曾拜母兄師，濤聲夜夜催何急，猶記挑燈讀楚詞。影照江干不暇悲，永辭鸞鏡斂雙眉，朱門曾識諧秦晉，死後相逢總未知。生來弱質未簪笄，身没狂瀾嘆不齊，河伯有靈憐薄命，東流直繞洞庭西。當時閨閣惜如金，何事牽裾逐水濱，寄語雙親休眷戀，入江猶是女兒身。國史當年强記親，殺身自古以成仁，簪纓雖愧奇男子，猶勝王朝共事臣。順治辛丑仲秋十日，余始得此，惜乎失其氏里。明季南略。

余見絶命詞多矣，然都是男兒的，女兒的不概見也。是詩又比前篇爲勝矣！抑又有奇者，近日詩文詞，男兒的多拔劍狂歌等字，女兒的多薄命紅顏等字，學生的多二十世紀、波蘭猶太、競爭劇烈等字。某君謂此類名詞，其消場與石筆石盤幾相埒，可鑄就活字發售云。此亦謂無真感慨者耳，苟出於摯情，用亦何害？况邇者東洋劍遍市，惡在其非真拔劍也耶？至於薄命紅顏，則又不能自立者之真實話耳。彼簪纓奇男子又何如？

〔載時事畫報丁未年第三十三期，署名錢。〕

調和滿漢(一)

三經保,滿洲正紅旗人。乾隆二十四年隨父來廣駐防,補正紅旗下甲喇驍騎校。時旗民同城,市中往往有爭鬬之事,旗員即護庇己兵。三經保曰:「此非八旗之福也。吾儕寄居於此,結怨既深,後患必大,且非兵以衛民之意也。」乃嚴緝衆兵以法,撫綏衆民以禮,兵民咸大敬服。駐粵八旗志卷十八。

旗民之不睦,不自今日始也。旗與民云者,猶滿與漢云爾。滿漢問題之在今日,孰不知爲最難解決之問題。而三經保乃發明於百五十年前也,不可謂非先知也乎!

〔載時事畫報戊申年(光緒三十四年,一九〇八年)第四期,署名錢。〕

調和滿漢(二)

布庫,亦滿洲正紅旗人,原在天津官本旗甲喇章京。乾隆二十一年,裁廣州漢軍兵之半,調京旗滿洲兵千五百名補之。布庫到廣最後,任正黃正紅旗協領。以滿漢八旗新舊相參,屢生嫌隙也,乃諭其下曰:「漢軍本關東舊部,入關後,南收吳楚,北定晉秦,其功甚鉅,故列聖於滿蒙漢旗僕,一視同仁,切不可自生矛盾也。」衆服其教,由是互相親愛。同上卷十六。

滿漢之不睦,不獨旗與民然也,即滿洲與漢軍,其滿漢之見猶是也。故今日不獨調和旗與民而已,凡有滿漢之名詞者,皆當加之意也。是則維繫漢軍人心之政策尚矣。

〔載時事畫報戊申年第四期,署名筒。〕

國民與政府

有所謂國民，有所謂政府。國民與政府，名斯異矣，其果同一物否耶？其果有密切之關係否耶？國民其猶四體，政府其猶頭目耶？國民其族中之子弟，政府其族中之紳耆耶？無政府則一族之規矩無以定，無政府則一族之裁判無所主，無政府則一族之外交無以爲代表焉。然則無政府主義之在今日，不過哲學上一名詞耳。無國民不可以爲國，無政府亦不可以爲國，等也。是故對於內，則國民不得輕藐其政府，政府不得輕藐其國民；對於外，則有輕藐吾政府者，即輕藐吾國民，有輕藐吾國民者，即輕藐吾政府。政府與國民，其關係有如此。

雖然，此特常理矣。專制政府與異族政府，烏能有此效果也。

專制政府之視其國，以爲君主一人之私物，其國民亦以爲是皆無與於吾民者也。故史所稱亂世，大抵皆一世興亡之事也。傳曰：「天地閉，賢人隱。」亂胡爲隱？一姓之興亡，無與於國民之大計，則誠人人做皇帝都如是納税云爾。則道服黄冠，優游卒世可也。於此而求一國存與存，國亡與亡之士，不可得也。難者曰：是未必然。吾見歷代易姓之際，有粉身碎骨以殉者矣。應之曰：斯誠然，斯未知其所以然。斯殆持受國厚恩之義者歟，則家奴畜犬之報其私也，非國民愛國之道也。難者又曰：宋明末造，士君子之殉國者，豈盡關一姓之私乎哉，毋亦有茹種族之痛，如某某其人者。曰：斯誠然。斯真專制君主之所以寧贈其國於他人，而決不使家奴得志之志也。是何也，蓋專制國舍外侮之憑陵，無有能爲激發國民之具者也。政府與國民相去遠也。

異族政府益無論。異族政府更未有不專制者。其所恃以籠絡人心者言論已矣。異族政府而不專制，則何貴據有人國哉！自昔之征服人國者，無以平等國民待征服國人者也。滅國者胥如是，奚足以專制詬異族政府耶？求異族政府之不專制，猶之異族政府求國民之愛國也。是可以已也。是故愛國，美名也。然專制政府以國爲一人之私物，且無人愛其國，而況乎異族政府哉！蓋國之既亡，雖然愛之，無從而愛之。毋惑乎言教育者之有所不解也。日人某君之言曰：養成愛國心之方，有施於此國而效，施於彼國而不效者，可異也。則未知國體之異也。又曰：忠孝可以養成愛國心，然有日日言忠孝，而其國人卒無些須愛國心者，可異也。則亦未知國體之有異也。夫政府既與國民異趣矣，則有利政府者，必無利國民者也。有利於國民者，必無利於政府者也。曰君民聯爲一體，上下聯爲一氣，僞也。君自君，民自民也。

〔載時事畫報戊申年第四期，署名謙益。〕

抵制（一）

孔子順爲魏相，魏王使子順連和於趙。趙王燕子順曰：「寡人欲求北狄，不知其所以然。」答曰：「誘之以其所利而與之通市，則自至矣。」王曰：「寡人欲因而弱之，若與交市，分我國散於夷狄，是强之也，可乎？」答曰：「夫與之市者，將以我無用之貨，取其有用之物，是故所以弱之之術也。」王曰：「何謂我之無用，彼之有用？」答曰：「衣服之物，則有珠玉五綵；飲食之物，則有酒醪五熟。此即我之所有，而彼之所利者也。夷狄之貨，唯牛馬旃裘弓矢之器，是其所饒，而輕以與人者也。以吾所有易彼所饒，如斯不已，則夷狄之用，將麋於衣食矣。殆可舉棰而驅之，豈徒弱之而已乎！」趙王曰：「敬受教。」孔叢子第十四。

貨之入人國，誠足以弱人國也。雖然，抵制名詞之在今日，不過一口頭熟語耳。夫國而抵制，不幾如往者之鎖國主義耶？且抵制云者，必有所要求者也。工約不廢，以抵制而要求其廢，事之可行者也。此而不行，則無可行者矣。奈何近日又有言抵制者，其殆以前恥爲未足，而欲重吾國之恥也耶！

〔載時事畫報戊申年第五期，署名錢。〕

抵制(二)

漢昭帝始元六年，有詔書使丞相御史與所舉賢良文學語問民間所疾苦。文學曰：「古者尚力務本而種樹繁，躬耕趣時而衣食足。衣食者民之本，稼穡者民之務也。二者修則國富而民安也。草萊不闢，田疇不治，雖擅山海之財，通百味之利，猶不能贍也。」文學之意重農而輕商。大夫曰：「賢聖富國非一道，使養生必於農，則舜不甄陶，而伊尹不爲庖。故善爲國者，天下之下我高，天下之輕我重，以末易其本，以虛蕩其實。今山澤之財，均輸之藏，所以御輕重而役諸侯也。汝漢之金，纖微之貢，所以誘外國而釣羌胡之寶也。夫中國一端之縵，得匈奴累金之物，而損敵國之用，是則外國之物內流，而利不外泄也。異物內流則國用饒，利不外泄則民用給矣。」鹽鐵論第二。

通商無害於國也。所害於國者，出口貨少而入口貨多也，如是則工藝尚焉。振興工藝與抵制，二者雖均爲常談，而振興工藝則非抵制比也，蓋可以推行而無礙也。然今之言自治者何日不言工藝。言工藝，大利所在也，獨恐爲棍徒利用之耳。噫！

〔載時事畫報戊申年第五期，署名筒。〕

元世廣東亂民志

亂民何足志？鑑於時事而志也。胡獨志乎蒙元？蒙元以外族入主中國，與國朝同也。外族之入主中國者不獨元矣，若後魏、若遼、若金，皆不及廣東，惟元與國朝能及廣東。元之世，廣東人受厓門之影響，亂民獨多。國朝得國二百六十年，其間揭竿起事者，亦以洪秀全爲獨烈，洪固廣東人也。近所稱爲革命黨首領，懸金購募達二十萬者，曰孫文，孫亦廣東人也。年來粤省亂事未嘗稍息，雖屢起屢蹶，無足措意乎？然最近之佈告，則又謂有大幫革命黨人入京，廣東人復佔多數也。吁！廣東其亂民藪哉。事有類於蒙元，故志元世廣東亂民。

所謂亂民，自元人言之也。帝昺未亡以前，中原豪傑之抵抗蒙元者，史既稱之爲忠臣義士矣。茲編斷自帝昺既亡以後，凡粤人稱兵之見於元史紀傳及廣東志乘者，悉録之。

至元十六年二月，宋帝昺死於厓門。

五月潭州行省上言：瓊州宣慰馬旺已招降海外四州。尋有土寇黄威遠等四人爲亂，今已擒獲。詔置之極刑。世祖紀。

十七年正月，廣西廉州海賊霍公明、鄭仲龍等伏誅。同前。

按廉州今隸廣東省。

十八年，南海民李梓兵起，稱宋年號。遣萬户王守信佩虎符戍廣州，自南安發兵取葛岸洞崖石砦，殲李梓。黄志。

德慶州瀧水瑶作亂。黄志。

二十年三月，廣州新會縣林桂芳、趙良鈐等聚衆，僞號羅平國，稱延康年號。官軍擒之，伏誅，餘黨悉平。世祖紀。

九月，廣東盗起，遣兵萬人討之。同前。

張玉傳云：廣東盗起，遏絶占城糧運。二十一年，張玉率兵討平之。

元文類云：南海民歐南喜自稱宋將軍，與新會民黎德聚衆十萬，殺居民，陷城邑。增城縣蔡大老、鍾大老、唐大老皆應之，據平康下里東團村等處，改元，各稱王，署置丞相、招討等官，嶺海騷動。詔遣張玉率兵萬人會江西行省討之。官軍與戰，屢為所敗。

合刺普華傳云：歐南喜僭王號，偽署丞相招討，衆號十萬，合刺普華圖上其山川形勢，及攻取之策三十餘條。遂與都元帥課兒伯海牙、宣慰都元帥白佐、萬户王守信等分兵搤之。未幾，右丞索多征占城、交趾，屬合刺普華護餉道，比至東莞、博羅二界中，遇劇賊區鐘等橫絶石灣，其鋒鋭甚。普華身先士卒，且戰且行，矢竭馬創，徒步鬬殺數十人，以衆寡不敵，爲所執，遂遇害。

舊志：南喜自王於清遠，遣其將馬帥、陸帥、徐相襲廣州。王守信出兵擊三人，斬之，馘其軍千人，平十數壁。南喜乃走如新會，合黎德。

又云：時蔡大老等據平康下里東團村等處，江西行省兵擊破之。梁起莘附於王守信，遁歸馮村，衆憤甚。於是黎德集船七千艘，衆號二十萬。其將吴林以八百艘圍馮村。先是，守信抽工於軍，伐材於山，造戰艦三百五十，以烏船五十載之。比與林戰，出所載船直衝之。林衆大潰，沉海死。

二十一年十一月，江西行省參知政事雲丹密實擒獲海盗黎德，及招降餘黨百三十三人，即其地誅黎德以狥。以德弟浩及僞招討吴興等檻送京師。世祖紀。

舊志云：南喜走藍瀵營，官軍追燒之。或誘至一男子曰：此歐王也。並所署都督丞相馬鈐轄二十四人即其地磔之。然南喜實逾嶺，久之乃死。

按阮志，黎德本新會人。元史以爲江西盗者，因當時廣、惠、韶、潮、南雄、德慶、肇慶諸路皆隸江西行省也。

二十二年二月，廣東宣慰使雲丹密實討惠、潮二州盗郭逢貴等，四十五寨皆平，降民萬餘户，軍三千六百一十人。世祖紀。

七月，廣東宣慰使雲丹密實入覲，以所降渠率郭逢貴等至京師，言山寨降者百五十餘所。帝問：「戰而降耶？招之即降耶？」對曰：「其首拒敵者，臣已磔之矣，是皆招降者也。」同前。

東莞民張疆聚衆二萬餘，以復宋爲名。王守信還自京師，出奇兵擊敗其三千餘人，首功三百。歸所掠人畜甚衆。舊志。

二十四年十一月，以江西行省平章忽都帖木兒督捕廣東等處盜賊。世祖紀。

劉國傑傳云：廣東盜起，寇肇慶。其魁鄧大獠居前寨，劉大獠居後寨，相依以為固。劉國傑趨擣後寨，破之，遂拔前寨，擒斬二人。捕民結盜者，皆杖殺之。

〔載時事畫報戊申年第五期，署名錢。〕

張仲景像題詞

建安末，南陽大疫，傳染者三分之二。先生感宗族之淪喪，傷横夭之莫救，乃博採衆方，著傷寒卒病論。二千年來吾國之言醫者竟莫能出其外也。顧先生言行不概見，范蔚宗爲後漢方術傳既不著録，至明李濂著醫史始爲先生補傳焉。然讀先生傷寒論自叙，亦足見先生志意之所存也。叙曰：「怪當今居世之士曾不留神醫藥以保身長全以養其生。」（一）「患及禍至乃欽望巫祝，窮告歸天。」（二）「賫百年之壽命，持至貴之重器，悉付凡醫，恣其所措。」（三）則凡不知衛生，有事而祈冥福，委性命於庸醫者，皆先生所深痛也。又曰：「觀今之醫，不念思求經旨以演所知，各承家技，終始順舊，夫欲視死别生，實爲難矣。」則凡墨守舊法而不求新知者，又先生所深鄙也。世之師法先生者衆矣，亦嘗念此旨乎哉！戊申六月陳援庵。

〔載廣州醫學衛生報第一期，光緒三十四年（一九〇八）七月出版。扉頁有張仲景肖像，此題詞即在像兩旁。原文無題。〕

説診脈

醫生之招牌曰方脈，曰大方脈，曰大小方脈。有病求醫者則曰請醫生診脈，粤語則謂之睇脈。嗚呼！舍脈外遂無診脈之法耶？抑以爲脈遂能盡生人之病耶？尋常診病亦知有所謂望聞問切，今徒以切脈爲能知病，豈知脈固不足以知病耶？

且也世人之診病，有以醫生之詰問爲無學術，而强醫生以由脈知病者。醫生亦因有此等求診之人，遂固以不詰問而示其學術之精，縱病者告以所苦，亦以爲我可由脈知出，而不必病人之告者。此等風氣，其總因均由於國人無普通生理之知識也。

夫診病非不當切脈，而切脈特診病法之一端。必從他診法診得病源，然後可以切脈知其心力之强弱，以判症之安危，定用藥之輕重。然則脈固非不要也，特其要者在此，而不在乎脈之能知病也。王勳臣曰診脈斷死生易，知病難。諒哉。

世人亦知脈之何自來乎？脈來自心耳。脈猶水喉，心猶水泵。水之能行由於水泵之壓力，血之能行由於心之縮力。水泵一具能令水灌注全宅，人心一具能令血灌注全身。所異者水行於水喉不覺其跳動，而血行於脈則覺有跳動之力焉。是何以故？則以水喉本身無縮漲力，而脈自有縮漲力故。脈之一縮一漲，醫學上謂之至數。脈之至數每分鐘七十五至八十爲常，仍視人之老少强弱，動静饑飽而少異。

或者曰：水泵之水有去路有來源，其來源井也；若心之逼血如水泵之泵水，則心之大不過如人之拳，能載血幾何而日流不息乎？此血不知何自來也？曰：心誠不能多載血，心所載之血約六兩。而血能由全身復入心，心所以有循環器之名也。世人不厭求詳，請言明血脈循環之理。

心有四格，約如田字，分爲左右之上下四房。血由心左下房出總脈管，由總脈管上截分支於頭及手，由總脈管下截分支於臟腑及足。愈分愈細，其細至極，乃至如網。復由此網愈合愈大，而成回血管。回血管者，血養全身之後由此回心之路也。頭及手之血由上總回管復入心右上房，臟腑及足之血則由下總回管復入心右上房。夫是之謂循環。約言之，則血由心左下房出，由右上房入。

雖然，此大循環耳，有小循環。何謂小循環？前既言心之房約如田字，其由左下房出，由右上房入，謂之大循環者，其所經之路遠也。唯仍有一理甚爲有味。蓋血既養全身，則其血已如水喉水之曾洗濯衣服，穢濁必矣，何由而使之復淨？使之復淨，非心之所司，乃肺之所司也。肺者沙溜耳，濁血既皆入右上房，則由右下房有管通過肺，由肺將濁血中之濁氣化學名曰炭强。呼出，而吸入新鮮之空氣，與血化合而復成清血。此化合之理乃化學理，他日言明之。則又有管由肺復入心左上房，以過心左下房，是之謂小循環，其所經之地小也。

世人明吾言乎？未明則吾又有一譬。適所言水泵之水喉，脈管也。水喉之水既以洗濯衣物矣，洗濯衣物後則入溝渠沁井中，經地質之濾隔而復入於井。此溝渠沁井即回血管也，此地質之濾隔即肺中之濾隔也。所以人身之回血管比脈管多數倍，亦猶水喉之數無幾，而水沁入井之路甚多也。

世之人曾見過脈管否？脈管不可見，因深藏也。雖不可見而可因其跳動之力，以知其爲脈管。今尋常診脈多在手腕者，以此處脈淺而便於按捉耳，豈獨手腕有脈，凡人身脈管之可覺其跳動者，所在皆是。亦猶水泵之發力，不獨一喉有水，各喉均有水也。

回管則不然，無跳動之力。雖無跳動之力，而世人之曾見回血管者尤多，何也？則凡俗之所謂青筋藍筋者皆回血管也。回血管有淺深，深者與脈並行，其淺者則僅在皮下也。所以世人言小兒生癪則謂其腹多藍筋，謂人勞力則頭筋現，此皆未明生理學而遂有以爲筋之誤也。

嗚呼！自有此等誤認而世之所謂挑痧者，每因挑出其血瘀色，遂以爲其血有毒之證。而不知其所挑者即回血管，其血經養育身體而復回心者，焉得而不瘀？是非病也，尋常人無不然也。此蓋猶水喉水之既洗濯衣物而沁入地者，其水焉得而不濁也。

既明此血運循環之理皆繫於心，則診脈果不足以知病乎！診脈豈獨不可以知他臟腑之病，即心病亦非盡靠脈而可知其病之如何也。蓋心既有四房，既如田字，則上下房之間必有間隔。其間隔也，有所謂心門扇。心門扇者，猶水泵之有拍也。拍者，所以止水之回流也。心門扇常有壞，心體亦常有脹大，此等心病，脈之形雖有變，而究係何病，則非聽心聲不可。心聲有二，醫學上稱爲心第一聲，第二聲。其聲約如鐘錶之擺動，即心之縮縱，使心門扇開合之聲也。聽此聲者於心尖處爲明。心尖處即在左乳下，瘦者露胸則見其略有跳動，世所謂氣口者即此也。

然則尚有寸關尺分屬臟腑之理否乎？既無所謂寸關尺，則古人何爲而有此論也？蓋在解剖學未明之世，憑個人之理想，於無可知病之處而姑作一求病之方，其用意亦良苦矣。非古人之學識有不逮，時勢爲之也。此理之發明不過三百餘年耳。

然則診脈之積習可改革否乎？曰難矣。因此權不操諸醫生而操諸病者。病者只靠醫生睇脈，而醫生乃於睇脈之外別有所求，其不爲病者所嗤以爲無學問，幾希矣！是故業醫者無不知診脈之不足以知病也，特以數千年之積習，大半社會之所趨向，姑爲是應酹然耳。

陳修園曰：病之名有萬而脈之象不過數十種，且一病而數十種之脈無不可見，何能診脈而即知爲何病耶？切脈欺人，最不可聽。修園此言可爲一般之醫生訴冤也。抑更有可笑者，如處子、如新婦，其有病延醫也，手在圍幔之外，而身處圍幔之内，一若以醫生爲最輕薄之人也者。如是是亦足以知病乎？其爲處子新婦尋常之病猶可，其果有别症則激死醫生矣。不獨激死醫生，即病者亦每因此而誤命也。則甚矣國民之宜有普通生理知識也。

〔載醫學衛生報第一期，署名陳援庵。〕

王勛臣像題詞

吾國解剖學最古，靈樞經水篇已有「八尺之士皮肉在此，外可度量切循而得之，其死可解剖而視之」之言。是以内經言解剖者甚夥。時在初民，有所錯誤，無可爲諱。岐黃而降，只有方論，於人身構造之理反闕而不詳。秦越人、皇甫謐諸人亦皆演述經文，無復實驗。以視東西各國醫事制度之以解剖生理等學爲前期醫學，内外諸科爲後期醫學者，僅得其半矣。蓋先儒持論，以戮屍爲虐政，雖帝者猶有罪及枯骨之誡。醫術昔又儕於賤技，其不能如岐黃之剖視死者，有由然也。勛臣王先生生古人後，慨古書之錯誤，其言曰「業醫診病，當先明臟腑。嘗閱古人臟腑論及所繪之圖，處處矛盾。」乃發憤著書，求叢冢露臟之小兒，觀菜市刑剮之逆犯，爲醫林改錯二卷。雖所論列，比諸古人，有楚則失矣齊亦未爲得也之慨，然以先生局處于數千年學説之下，而能爲是反古之言，譬之於儒，則黃梨洲之儔也。至其改錯中之仍有錯誤，而必待後人之精察增補者，先生已自言之。原書小叙。使吾國醫林盡效先生乎，則吾國醫學何至不競如是？戊申陳援庵。

〔載醫學衛生報第二期。〕

説腎

語曰「心肝脾肺賢，日日賺幾錢。」是腎也，胡至誤爲賢？意者古醫學説於心肝脾肺皆不至大謬，而獨至於腎則其謬有似於誤腎爲賢者耶？嗚呼！誤腎爲賢，猶是字義之謬耳，未足爲奇也。

腎，濾尿器也。世人乃以爲精窟，其可笑又豈只以腎爲賢耶？

自有精窟之説出，而腎虧、補腎、滋腎等名詞遍市矣。精神不足則以爲腎虧，夜不安睡又以爲腎虧，記性不好又以爲腎虧，雖至眼矇耳聾，腰痠脚軟，無不以爲腎虧。其内腎耶？其外腎耶？以言内腎，則所謂濾尿器也，非世人所謂腎虧之意也。以言外腎，則俗所謂卵子，金鑑所謂睾丸也。睾丸誠所以生精，而古書所謂腎，大抵指内腎爲多，未有指睾丸者。世人之所謂腎虧，亦未有指睾丸者也。

如世人言，内腎生精矣。内腎生精，精如何而出，世人能一一指明其路乎？不能一一指明其路而妄爲是人云亦云之言，妄爲是憑空想像之言。夫醫實學也，非哲學也。世人不宗師岐黄則已，宗師岐黄則不可不從事於解剖學，解剖學固發明於岐黄者也。靈樞經水。解剖學未明，不足以言醫理也。

然則以内腎爲濾尿器，其根據於解剖學乎？古人之説有合者乎？古書云腎有兩枚，非皆腎也。左爲腎，右爲命門。男以藏精，女以繫胞。難經説。未有以爲濾尿器者也。古書言膀胱爲化尿器則有之。素問曰：膀胱者，津液藏焉，氣化則能出矣。是也。靈蘭祕典論。

然膀胱雖能出尿，尿何由而入膀胱，亦有路焉，不由氣化也。氣化云者，古人解剖屍體時尋尿入膀胱之路不得，故以爲氣化。其實腎有一脘通入膀胱，此脘日人名爲輸尿脘，在吾國近譯之書體功學。名爲腎胱脘，以其脘由腎至胱也。是故東西各國統名腎及腎胱脘、膀胱等爲泌尿器，未有以腎爲藏精者。此蓋實驗諸解剖學者也。

腎胱脘爲何如形乎？世人未見腎胱脘，則其形十足蓮梗之有蓮蓬也，特其徑約如鵝翎，未有蓮梗之大耳。其蓮蓬形者有似漏斗，在腎内接尿入脘者也。

腎胱脘長有十五、六英寸，古人解剖時胡獨不見之？曰：是不足奇。人身雖小，機器甚多。岐黄去今四千年，不過爲解剖學之導師，其不能有今日解剖學之精確者，勢也。況解剖時血跡模糊，則有所不見亦常也。豈獨腎胱脘，人身機器古人所未言而經近百年始考出者甚多也。不然，則何以謂世界日進文明乎？

且也，古人亦未嘗不見有腎胱脘，特不識此脘之功用耳。銅人經云：腎有系二條，醫貫作各有帶二條。上條系於心包，下條過屏翳穴，即會陰穴。後趨脊骨。所謂上條系於心包者，即總脈管之入腎者也。所謂下條過屏翳穴後趨脊骨者，即腎胱管之由腎至膀胱者也。然腎系實三條，不祇二條。蓋血由總脈管入腎濾尿後，其尿由腎胱管至膀胱，其血復由腎回管出至總回管。銅人經所見不盡謬也。

證諸醫學入門，所説亦同。曰：心系通脊著腎，自腎而之於膀胱，與膀胱絡膜並行而之溲尿處，乃極下部分也。所謂心系通脊著腎者，即總脈管之分支入腎者也。所謂自腎而之膀胱，與膀胱絡膜並行而之溲尿處者，則指腎胱管更無疑義矣。是數書均於腎胱管見之甚明，徒以知有是物而不知其物之用，遂竟不能於舊説之外有所發明也。

古人之所見如此，今人之實驗又如此，世人信腎爲濾尿之器乎？抑猶以爲生精之具乎？信腎爲濾尿之器矣，未知其濾尿之理也。

吾於第一期言血由心左下房出總脈管，由總脈管下截分支於臟腑及足。所謂臟腑，則腎佔其一份矣。血既入腎，則濾爲尿。取譬於沙溜可乎？未隔之水，猶腎脈也，既隔之水，猶腎回血也，水中之污物，猶尿也。雖然，沙溜之污物不出沙溜而留於沙溜中，尿則不留於腎而輸於腎外，故沙溜有一入口，只有一出口，而腎則入管有一，出管有二。是沙溜之譬未爲當也。

必欲於世人習見之物求一近似之器以爲比方，其爲櫃穀之風櫃乎？風櫃所謂入口一而出口二者也。是故血之入腎，猶米與糠之入風櫃也。米糠既入風櫃，則糠由一路出，米又由一路出。其米猶之回血，其糠則尿也。此譬似較沙溜爲近似，未識閱者能於文字中一一明白否也？非圖不可。超按：圖略。

觀此則世人當無不明也。如是尚有腎虧、滋腎、補腎之説乎？以言滋腎，則猶之利小水耳。以尿爲精，誠天下之奇事哉。甚矣，人之不可不有普通生理知識也。

抑腎之有腎胱脂，銅人經、醫學入門能言之，腎之濾尿，古人何獨不能言之？曰：亦有倖中者。腎藏精一語，内經文也。然内經又云：腎者水臟。既言藏精，又言水臟，故世人滋水、補水及腎水不足等語，與滋腎、補腎、腎虧諸説相混，不知其是二是一也。水臟者，内經談言之微中者也，不得以此爲能知腎濾尿之理。亦猶靈樞本輸篇有腎合膀胱之説，不能以是爲知有腎胱脂也。唯王勳臣能知腎不藏精，其言曰：腎體堅實，内無孔竅，絶不能藏精。勳臣此言，識力實在古人上。然所謂腎無孔竅者，人眼然耳。示以顯微鏡，則腎之孔竅多矣。睪丸生精，世人公認。苟以睪丸示王勳臣，勳臣不亦以爲絶無孔竅耶。夫腎之濾尿，乃由無數微脂而匯入一集合脂，由無數集合脂而匯入一小漏斗，由無數小漏斗而匯入一大漏斗，乃入腎胱脂以至膀胱。此漏斗，或譯爲腎盞，或譯爲腎盂，或譯爲腎漏，無非漏斗之意。即吾前文所謂如蓮梗之有蓮蓬者是也。是焉得謂絶無孔竅哉？然則勳臣腎不藏精一言，未嘗不是；而以爲腎無孔竅，則其陋不足諱也。此亦所謂談言微中，而非真知灼見者歟？凡百學問，皆古疏今密，豈獨醫學哉！

〔載醫學衛生報第二期，署名陳援庵。〕

孔子之衛生學

孔子一教育家耳，非醫博士也。孔子雖非醫博士，其於衛生之道遂茫然罔覺耶？吾人最崇信者孔子，他書或不讀，孔子弟子所記之論語，蓋無有不讀者也。顧論語距今二千年，其所記孔子起居飲食有與今所發明衛生之公理若合符節者，奇也。請觀左方。

伯牛有疾，子問之，自牖執其手。

伯牛之疾，或以爲癩，或以爲麻瘋，其實痘瘡耳。痘瘡不知起於何國，據東西疾病史所記，則耶穌降世前一千年；泰西各國皆以耶穌紀年，耶穌降生於漢平帝元始元年。此病已流行於中央亞細亞。其時未有種痘術，則罹痘病而死者皆是也。痘瘡爲傳染病之一，各國法律所以有遮斷此病者之家及其近鄰之家之交通之條。孔子不入伯牛之宅，而自牖執其手，其深知衛生者。

子疾病，子路請禱。子曰：丘之禱久矣。

世界古代之醫學皆神祇時之醫學也。今中國猶有神方之求。孔子去古未遠，其不能與世違也，然已心知其謬矣。

食不厭精，膾不厭細。

食饐而餲，魚餒而肉敗不食，色惡不食，臭味也。惡不食，失飪不食，不時不食。

割不正不食。

割不正不食，其真件件四方耶，則聖人者一遷佬耳。是未知所謂正者，如牛肉之有横直紋，切不得其法則咀嚼消化皆有不便，非衛生之道也。

不得其醬不食。

世人多以配藥爲調味劑耳，烏知配菜得宜，有大助於消化耶？

肉雖多，不使勝食氣。

生理學説於食物之化學質分爲五類：曰蛋白類，曰脂肪類，曰小粉類，曰水，曰礬鹽類。前三者爲生物質，後二者爲土質。生物質中又以蛋白類、脂肪類爲動物質，小粉類爲植物質。人之食物需依日中之所耗以補之，少則資養料不足，多則有礙於消化。據德人法伊獨氏及日人田原氏所檢定中等勞動家每日食量之比較表如下：

	法伊獨氏	田原氏
蛋白類	三兩	二兩五錢
脂肪類	一兩四錢	五錢二分
小粉類	十三兩	十一兩八錢

二說之分量不盡同也，而皆小粉類多而蛋白、脂肪類少。此即「肉雖多，不使勝食氣」之說也。食即小粉類，肉即蛋白、脂肪類也。

唯酒無量，不及亂。

酒不及亂，人多以爲恐失儀注耳。豈獨失儀注，酒之爲物，固大有害於腦部與胃部也。

沽酒市脯不食。

此條在今日不以爲不近人情耶？豈知在昔日，販賣食物，取締監督也。之道，講求尚疏，記稱孔子相魯，市不飲羊，亦取締食物之一。飲者，吹水也。知衛生者放心不下也。今日各國衛生行政法於飲食，若酒、若肉、若牛乳、若飲食用之器具種種，無不定爲賞罰規則，日常調查而實行之也。則吾人飲食可無虞矣。

祭於公不宿肉，祭肉不出三日，出三日不食之矣。

晚市豬肉有以爲不潔者矣，况隔夜耶？ 食物之可以隔夜者，恃冰雪耳。 他人於冰雪營業尚嚴爲取締，况無冰雪所藏之食物耶。

不撤薑食，不多食。

薑桂芥辣等，日人謂爲香竄物，蓋行血助胃劑也。 惟多食則激惹胃腸太甚，非衛生所宜。 少食則未嘗無益。 此五味架所以必設也。

康子饋藥，曰：丘未達，不敢嘗。

生理之教育未普及，國民之知衛生者少，一旦有事，則親友之進方藥者沓至。 其意非不甚美也，然雜劑亂投則多有不死於病而死於藥者。 孔子其庶幾免此哉！

〔載醫學衛生報第二期，署名陳援庵。〕

答讀者

本報發行後，遠近之貽書獎勵者絡繹不絶。足見注重衛生，人有同情，且愧且感。惟書中有商榷義例者，不敢緘默以負雅意。今後特開問答一門，凡有問難，悉歸此類裁答，略如難經例焉。尋常通問者，恕不一一。

前略。唯貴報既以文義顯淺，務求通俗爲宗旨，則學理欄中之虎列拉何不徑用霍亂，而必爲是人所不解之言？竊以爲學理不厭求新，名詞不妨從俗，未識貴記者以爲當否也？求益子。

敝報組織之頃，適疴嘔盛行之時。尋常傳染病如痘瘡之類，世人尚有諸般代名以爲忌諱，況虎列拉非常急遽，使聞者時生畏怖，亦甚非預防之道。見原篇助補原因第五條。故敝報即以日本書中習見之名代之，非有意求新也。敝報方維舊之不足，何敢以新號於人。意以爲不閲本篇則已，閲之未有不知虎列拉爲疴嘔者，以篇首即已釋明此義也。且虎列拉之名，雖本諸日譯，而虎列拉之音與霍亂甚近。或謂西人從中國北音霍亂二字譯爲Cholerine，由Cholerine輾轉而爲Cholera，即虎列拉，日本土語稱爲過落利。不過尾音之變。蓋此病起始於亞細亞，前漢書嚴助傳已有「夏日暑時歐洩霍亂之病相隨屬」等語。理或然也。

惟今日日人之所謂霍亂，乃指腸胃發炎之吐瀉言另稱爲特發性虎列拉。其單稱虎列拉者，方指爲菌病。以霍亂症爲中國古醫書所有，如肘後方、千金方等。而虎列拉菌則近日始發明者也。

由前之説，則虎列拉即霍亂，字異而音同。由後之説，則虎列拉爲一種菌毒病，霍亂爲一種胃腸發炎病，古混而今異。故日人所譯著各内科書，虎列拉通歸傳染病類，霍亂通歸消化器病類，無有相混者。此亦敝報不用霍亂而用虎列拉之一原因也。

嗚呼！今日言疾病史者，均公認虎列拉於千八百十七年起於印度，千八百三十一年傳於歐羅巴之説矣。烏知吾漢書嚴助傳、肘後方等之霍亂非即今所發明之虎列拉菌耶？徒以吾先民無顯微鏡學之察驗，遂竟爲所擱置不道耳。安得邦人諸友共起而謀之。

又虎列拉一篇不及治法，則卒遇此症無從措手，雖有醫者，亦恐延之不及，似亦未善。同前。

敝報深鑒世人輕信方藥之弊，一旦有事，不論何症何藥，甲以爲某方經驗則服之，乙以爲某方經驗又服之，竟不知以藥治病之理，而爲此以病試藥之舉，非衛生者所宜出此也。且虎列拉一病，備方甚多。有服此效而服彼不效者，有服彼效而服此不效者，均視其人之體質病勢如何。苟未經醫生之診斷，方藥雜投，或有不效，則以疑方藥故疑及學理，更爲不可。

故敝報所能辦到者，只有事前弭病之法，事後調養之道。其處方用藥，則醫者之事，局外人不便分其責也。

況但論病源，不載方藥，自素問、難經已然。後世如巢氏諸病源候論之屬，猶用其例。蓋恐有妄言方藥，如徐靈胎所謂涉獵醫書足以誤人者矣。

〔載醫學衛生報第二期，署名陳援庵，標題爲編者所加。〕

論江督考試醫生

戊申五月，江督端方有考試醫生之舉。事見前期。或論之曰：中國不能考試醫生也，考試醫生則有干涉醫生之事，中國之醫生不應受法律所干涉也。是何以故，則以國家平日未嘗有以養成醫師人才故。以平日未有以養之教之者，一旦而取締之，非慢令致期則不教而殺也，是烏乎可？

且也各國何以有考試之舉？其所以考試醫生者，欲爲一般人民作保證也。一人之智識有限，醫師之賢否一人不能知也，則國家爲之干涉之。若是，則國家之知識必有過乎個人而後可。未知今之考試醫生者，其知識若何。若猶是墨守數千年之學說也，則必未能得醫師人才也。

夫醫師者爲國家治療人民之分子，與平常之職業不同。人民有疾病不能回復其康健，則國家失一分子之效力。治療之當否，人民之强弱所繫，亦國家之盛衰所繫。職業既重，吾不知昔日何以絕無干涉之、養成之也。

以無干涉，故無養成，故一任醫師之自生自滅，墨守舊説，迷途冥索，殺人者踵市，愚民以爲命也。孔叢子曰：死病無良醫。執節篇。蘇竟曰：良醫不能救亡命。後漢書。病未必死，死則委之於命，民命甚於草芥也。

則有信巫不信醫者。史記扁鵲傳。非信巫也，信醫師不如其信巫也。則有有病不治恒得中醫者。漢書藝文志。非有病可不治也，治不如不治也。則又有三折肱知爲良醫者。左傳定十三。非折肱乃爲良醫也，特以非折肱無以知其爲良醫也。則又有醫不三世不食其藥者。曲禮。未知其三世以前，醫師何以爲食？又未知信其三世者，信其練習，其二世以前何以爲練習也？凡此不通之論，出於聖哲之口，皆國家不能代人民保證醫生之良否而聽人民之自擇故也。

黄帝問於岐伯曰：余子萬民養百姓而收租税。余哀其不給。而屬有疾病，余欲勿使被毒藥，無用砭石。靈樞九鍼十二原。又曰：余聞方士或以腦髓爲藏，或以腸胃爲藏，或以爲府，敢問更相反皆自謂是，不知其道，願聞其説。素問五藏别論。聖人之於民，抑何其愛之甚而思有以療之。聖人之於方士，抑何其不信之甚而思有以正之。

周禮：醫師掌醫之政令。凡邦之有疾病者、疕瘍者造焉，則使醫分而治之。歲終則稽其醫事以制其食。十全爲上，十失一次之，十失二次之，十失三次之，十失四爲下。又疾醫掌養萬民之疾病，凡民之有疾病者分而治之，死終則各書其所以而入於醫師。冢宰。嗚呼！聖人之於民，抑何其無微之不至？其與今世界醫藥行政之取締醫療事業者，若合符節也。蓋深知人民爲國家之分子，醫療失其法，則不特害個人之健康，而害國家之福利甚鉅也。

降及後世，民命日輕，醫術日賤。秦皇焚書，亦莫干預，其放任可知也。是故殺人者死，傷人及盜者抵罪，醫者殺人無論焉。然則謂帝者欲假手於醫以毒其民，不是過也。獨太倉公以醫獲罪，曾詔問「方技所長，及所爲治病有其書無有？皆安受學？受學幾何？歲嘗有所驗？何縣里人也？何病醫藥已其病之狀皆如何？具悉以對。」史記倉公傳。則三代後帝者臨軒策問醫生之創舉也。然此特偶一爲之，未嘗著爲律令，不足爲典要也。

宋文帝元嘉二十年，太醫令秦承祖奏置醫學，以醫生教授。是爲吾國有醫事制度之始，晉以前未嘗有也。隋煬帝大業六年，巢元方奉勅撰病源候論五十卷。是爲吾國公撰醫書之始，隋以前未嘗有也。

自是而後，唐太宗貞觀三年置醫藥博士及學生，置諸州醫學。高宗顯慶二年右監門蘇敬以陶弘景所撰本草輒多舛誤，奏請删除。四年正月書成，詔藏祕府，是爲唐新本草。玄宗開元元年改醫藥博士爲醫學博士，置諸州助教。十一年置諸州醫學博士，又詔寫本草及百一集驗方，與經史同置諸州。若是乎唐世之注重醫學也。然宋林億等校上内經已有「惜乎唐令列之醫學，付之執技之流，薦紳先生罕言之」之語，又有「奈何以至精至微之道，傳之以至下至淺之人，其不廢絶爲已幸矣」等語，則唐世之所謂注重醫學，其制可知也。

宋世稱爲崇尚醫學。宋太宗太平興國五年即詔醫官院獻經驗方，輯太平聖惠方百卷。仁宗嘉祐二年又置編修院校正醫書局，於古來經方脈論皆命高保衡、林億等校刊頒行，至爲留意。然考宋史，醫學初隸太常寺，元豐間始置提舉判局，設三科以教之。常以春試學生，願與者聽。崇寧間又改隸國子監，分上舍、内舍、外舍，命題考試，中格高等者爲尚藥局醫師以下職。乾道中又罷局而存御醫諸科，後更不置局，僅存醫學科。淳熙中又稍變其制。迄今所存太醫局程文，在醫學叢書中。即宋時考試醫學之制。然此所謂太醫局，乃紹熙二年後所置，較舊制又爲稍異。四庫提要。則有宋一代，雖稱崇尚醫學，考試醫生，而迄無定制，未見大收其效。所謂太醫御醫，亦皆爲皇室之醫，未嘗爲國民謀康健之幸福。則今世亦有太醫院，有院使一人，左右院判各一人，掌醫之政令。亦有御醫、有醫士、有醫員、有教習、有業醫人、有考試，大清會典。特悉爲給事内庭而設，與民事無關。亦猶周官食醫掌和王之食飲膳羞，未必有取締飲食之制度也。

元世最奇。至元二十二年設各路醫學教授、學正，訓誨醫生，以十三科題目，每月習課醫義一道，年終置簿申覆尚醫監較優劣。行醫之家，每月朔望集本學三皇廟前焚香，各説所行科業，講究受病根由，用過藥餌是否合宜。又令各人自寫曾醫愈何人，治法藥方，具教授考校，備申擢用。見元典章。此真前古所未有，不期於元世得之也。此歷代醫事制度之大略也。

近世提倡考試醫學者自徐大椿始。其言曰：後世醫者大概皆讀書不就，商賈無資，不得已而爲衣食之計。或偶涉獵肆中勦集醫書，或託名近地時醫門下。始則欲以欺人，久之亦自以爲醫術不過如此。其誤相仍，其害無盡。若欲斟酌古今考試之法，必訪求世之實有師承，學問淵博，品行端方之醫，如宋之教授，令其嚴考諸醫，方許掛牌行道。既行之後，並復每月嚴課。或有學問荒疏，治法謬誤者，小則撤牌讀書，大則飭使改業。醫學源流論。今江督之考試醫生，即此意也。

然不能無疑焉。凡百科學均隨世界之進步。醫學爲人生切用之學，其進步尤速。所有從前之療法已漸失其勢力者，非依日進日新之醫術，萬不能達完全治療之目的。使猶以昔日之學説考之乎，則所取皆陳腐影響之談，其上者亦僅能多引古書，篤守家法耳，未必有裨於民用也。若遽試以新世界之醫學，則國家於醫師之教育，悉視爲民間事業，未嘗爲之代謀。以個人之私，又焉能置此貴重之儀器，完備之醫院以相研究也？則考試之説誠有所難也。

雖各國醫師教育不盡相同，然未有以爲民間事業，國家絶不爲之設法者。國家既任爲公共事業，又准各個人之自謀其私則有之。他國制度未之及，若日本，則亦醫學進步之國，其制度可考也。

日本醫師之養成，國家既任爲公共事業，又准各個人之自謀其私者也。今試舉其關於養成醫師公私之教育機關如左：

一、帝國大學醫科大學。

二、高等學校醫學部。

三、官立府縣立醫學校。

四、私立醫學校。

醫科大學醫學部之學科課程分爲四學年。其科目：一、解剖學，二、生理學，三、醫化學，四、病理學，五、藥物學，六、内科學，七、婦人科學，八、小兒科學，九、外科學，十、眼科學，十一、皮膚病學，十二、精神病學，十三、衛生學，十四、法醫學，十五、藥學。又設置附屬醫院以爲學術實驗及臨床講義之用。

高等學校醫學部之學科課程亦分爲四學年。大抵皮膚統於外科，而精神病及兒科統於内科。其他各種之醫學校則概分爲尋常科及簡易科兩種。尋常醫學科修業限以四年，簡易醫學科修業限以三年。尋常醫學科必延有醫學士三名，簡易醫學科必延有醫學士一名。尋常醫學科之科目大約視高等醫學校須加習物理、化學、動植物諸學，簡易醫學科之科目大約視尋常科縮短動植物諸學而缺法醫學。此兩種學校不問其官立私立，必以法規制定其組織並教科。不適合者不許之設立也。

國家有此教育，則國家可以有權干涉醫師之開業。開業云者，即江南考試新章所謂准其懸牌行醫也。故醫生雖卒業於學校，行學校之試驗，仍以得開業免狀爲榮幸。得開業免狀之規則有如左方：

一、醫師受醫術開業試驗後，由内務卿給與開業免狀。

二、欲得開業免狀者，當以試驗及第證書經由地方官而願出於内務省。

三、有官立及公立醫學校並文部大臣所指定醫學專門各學校卒業證書者，以其證書請求開業免狀。内務卿可不行試驗，授以免狀。

四、在外國大學醫學部或醫學校卒業者，或有外國之醫術開業免狀者，以其卒業證書或開業證書請求開業免狀。内務卿查審其證書後，可不試驗，授以免狀。

五、乏醫師之地，有府知事、縣令具狀者，雖未經開業試驗之醫師，内務卿亦得審其履歷，授以假開業免狀。

六、得開業免狀者之氏名本籍，應登録於内務之醫籍，隨時公告。

七、醫師關於其業而犯罪，或有不正之行爲者，經中央衛生會之審議，内務卿得停止其業或禁止之。

有第三、第四條履歷者以外，欲不行試驗而得開業免狀者，必具左之準備：

一、有三名以上之學醫士充教授者。

二、應生徒之員數而置有助教者。

三、學期達四年以上，其教則及試驗法均完全無缺者。

四、爲生徒之實地演習而設有病院者。

五、器械標本具備者。

有此五者之準備，則可以蒐集其校則、教則及教員履歷書、生徒員數，其他關於學校之一切書類，禀於内務省，聽内務省之審查，亦可不行試驗而得開業免狀。

此等資格，吾國曾夢見否乎？；則今日欲考試醫生，不猶之爲無米之炊乎？　據江南考試章程，則未知考試之心得者也。　江南考試章程有一條云：　各醫生所報專科，如外科、内科、女科、幼科之類，以及産科、痘科、眼科、牙科等，於某科之中專擇一事者，亦可聽其擇報。凡報一科或兼數科者皆聽云。其不合於今世界醫術開業試驗之通則者有三：

開業試驗之通則，分爲前期試驗，後期試驗。前期試驗之科目：一、物理學，二、化學，三、解剖學，四、生理學。後期試驗之科目：一、外科學，二、内科學，三、藥物學，四、眼科學，五、産科學，六、臨床實驗。據江南原章，則祇有後期醫學無前期醫學也。前期醫學者，稱爲基礎醫學。焉有基礎未立而可與言建築者，其不合一。

且也，醫術開業試驗，不得同時受前後二期之試驗。欲受前期試驗者，其願書須添修學之履歷書；欲受後期試驗者，其願書須副以履歷書及前期及第之證書。又試驗落第者非經半年不得再請試驗。今江南原章於數日間分場考試，去取憑一時之鑒定，其不合二。

且也，任報專科一節，各國無之。惟齒科及産婆有專試之條。徐大椿猶主醫藥兼行、内外並通之説。今既任分報，則醫不識藥，外不識内，何以療人？其不合三。

猶憶咸豐時合信氏著醫書五種，爲西醫書入中國之始。其第一種爲博物新編，第二種爲全體新論，第三種爲西醫略論，即外科，第四種爲内科新説，藥物附之，第五種爲婦嬰新説。區區五種，且著於五十年前，已於前後期醫學略備。而吾人之讀合信氏書者，皆以博物新編爲無關醫學，多棄置之。全體新論亦以爲不急之説，不之注意。及今舊坊肆中，博物新編之散種單行者倍夥，他無有焉，皆吾人以爲無關醫學而棄之者也。吾國人醫學之程度不亦可笑哉。夫博物新編者，即尋常醫學校之物理、化學、動植物學也。全體新論者，即解剖生理學也。於此不卒業，不足以讀内外諸科也。

吾國醫學則異是。歷代分科，均無所謂物理、解剖學。唐六典，七科曰：體療、少小、耳目、口齒、角法、按摩、咒禁。宋選舉志，三科曰：方脈科、鍼科、瘍科。元典章，十三科曰：大方脈、雜醫科、小方脈科、風科、産科兼婦人雜病科、眼科、口齒兼咽喉科、正骨兼金鏃科、瘡腫科、鍼灸科、祝由科。明會典，十一科曰：大方脈科、傷寒科、小方脈科、婦人科、口齒科、咽喉科、外科、正骨科、痘診科、眼科、鍼灸科。大清會典，十一科，仍明之舊，改外科爲瘡瘍科。科目雖多，皆無本之學，吾國醫學焉得而不失敗也？

爲今之計，欲考試醫學，不可不先擴充醫師教育。五年之後，下可以應也。迫不及待，則惟假開業一法。雖假開業，亦必經簡易之試驗，而後授以假開業免狀。試驗之法，假以年月，先一年半年爲之布達規則焉，則受驗者得所預備也。又先指定所考試之科目焉，則受驗者知有必習之科學也。又先指實所考試各書焉，則受驗者知有應讀之書也。略仿前期後期之分試焉，有前期試驗及格證書者方許受後期試驗也，則受驗者得補習前期試驗諸科學說，不致荒謬也。後期試驗去前期試驗至少須半年焉，則受驗者可無憂兼顧也。前後期試驗均及格然後授以假開業免狀焉，將來科學有進步，可以引換正式開業免狀也。夫吾國醫學之所以不見進步者，以醫師之厚自封蔀耳。今以壓力强使就軌，則經此次之考試多讀許多新書，多識許多新理，至此時，有好學者雖欲禁之不改良不可得也。則未始非振興中國醫學之一大關鍵也。若仍試以舊説，則非所敢知矣。是在有考試醫生之勢力者。

〔連載於醫學衛生報第三、四期，署名陳援庵。〕

長命術

駐美京中國欽使伍廷芳曾向人謂，近得有新方法，可以令人有二百年之生命。如有欲得此延壽之方者，定必詳告等語。某埠西人特函詢之，得其覆述方法如下：

一、每日不食早餐，只用午晚兩膳。二、概不食肉，所食者飯。或赴友人席，只啖麵飽菜菓。三、不飲酒，不飲茶以及架啡、芝古列，凡肥膩之品概謝絶之。四、不食鹽，因知鹽能令人骨節緊硬，難以運動。五、所食之物小心啄爛然後吞。六、當食時概不飲水。食竣約一點鐘後方飲水。七、習練吸氣之方法。八、每日須運動體操一時之久云。此等方法與通天曉等書所載之攝生法略同，但比通天曉諸書爲較有新理。世人多好聞此等議論，特録之以供譚助，並爲駢枝語如左：

㈠吾人每日所飲食之物若與每日所耗相等。如今日所飲食入身之茶水飯肉等五斤，則今日所出之汗溺糞便及呼出之氣亦五斤。若少出一斤則身加重一斤。不爲大便結者言也。然吾人生長至大定之年，則不能再有生大。此時所食，足補消耗便可，多食則反勞其臟腑矣。昔日之信札範本輒叫父母强飯加餐者，不亦混漲耶？

㊁ 肉食雖能增人肌力，然於壽命無關，猶火船之煤耳。食肉多似乎辦事精神，體魄雄壯，實與火船燒煤多則快捷等，未必其機器不較易壞也。故非事務紛繁者何用肉食，修齋和尚不食狗肉，豈盡無所見耶？

㊂ 酒、茶、加啡、芝古列等，皆提神勞腦之品，肥膩又爲難化滯胃之物，講衛生者誠不可不節。温咁拘人飲酒者，不亦太過無道理耶？

㊃ 英人愛凡司曰：人之變老乃由體質之變硬。體質之變硬乃由飲食中所含之土質結聚體內，年復一年，漸積漸多，則體內各經失其軟滑之功用而老態漸成。故欲延年必須少食含有土質之品。鹽於食物中雖能調和食味以助消化，胃汁本含有鹽强酸以消化食物。然鹽之化學名爲鹼緑，純屬土質，多食鹽亦令骨節變硬之一大原因也。世人以食多人幾擔鹽爲派，平讀。果足派耶？

㊄ 衛生家常云每食至少亦嚼三十次方可吞下。蓋細嚼非獨食物糜爛，令胃易於消化，且嚼時口中之津液亦多出。口津之功所以消化米漿類者也。食飯好似唔得切者，不亦太淋擒耶？

㊅ 食時飲水有沖淡胃中汁液之弊，至令其消化食物之力反爲薄弱。縱然不食，俾茶淘者不亦謬耶？

㈦人在空氣中如魚在水中。人可數日不食，不能一息不吸氣也。故村居海居之兒童，其所食未必勝富家，然其體質獨比富兒爲强壯，得天然之空氣以養之也。亞娘仔成日匿埋個房不出者，又何怪其削削耶？

㈧人過勞則傷，然過逸亦傷。華元化曰：人體欲得勞動，但不當使極耳。動搖則穀氣得消，血脈流通，病不能生，譬猶户樞終不朽也。是故運動與體操，衛生之妙法也。彼不准細佬哥反之先生，又豈公道耶？

或者曰：長生福壽，人所樂聞也。但語云「寸金難買寸光陰」，又云「有錢難買命」，則長生福壽者，有錢且不可得，何況於窮鬼？雖然，照右方所云云則並不用錢，衹俾日子捱可矣。果能堅持到底，則不死必有二百歲命也。但必須多約數人行之，不然，縱使得一人有二百歲，又誰爲之作證哉？欲做頭躺父老者勉之。

〔載醫學衛生報第三期，署名陳援庵。〕

日本德川季世之醫事教育

吾國素無醫事教育，故外人得操吾國醫事教育權，可恥也。近上海汪氏捐鉅金創中國自新醫院，附設醫學堂，可爲吾國人醫學自立之先聲矣。東京留學生某乃大加誹謗，見醫藥學報第八期。甚至摭拾一二條例、一二名詞以相攻詰。是何異寒村子弟驟睹他人富貴而即呰其鄉人之貧乏也。夫學説與辦事，性質不同。學説可一蹴而承襲最新最後出之説，辦事則有時不能不循世界之趨向。某留學日本，豈日本醫史曾未之見耶？日本醫學與我同耳，特以謀革新者較早，故進步較速。其實彼過渡時教育何嘗完備？新宫涼庭、廣瀨元恭輩，門徒滿江户，其科學曾不及嘉約翰所譯者之衆。然今日日本言醫學革新者，無不推尊諸人也。迄今風氣所趨，醫學研究社、醫學講習所遍内地，識者猶思贊成之，以冀吾國醫學或可因此而改革，況汪氏之皇然者也。一檢日本德川季世之醫事教育，當吾乾隆末至同治初。可釋然矣。

躋壽館　醫學館

寬政二年乾隆五十四年。十月，幕府創立醫學館，以多紀元德司之，教育官醫子弟併考試之。先是，多紀元孝所創立躋壽館罹火災，元孝再捐資財作校舍。其子元德嗣業，從事教育。幕府美之，至是命爲官學，擴張其規模。文化三年嘉慶十一年。遇舍校燒亡，新築於下谷新橋通。至天保十四年道光二十三年。更建寄宿寮。此時陪臣醫師及町醫師亦來聽講，名之别會。其教料依躋壽館例。由四書、五經、素問、靈樞、難經、傷寒論、金匱要略至外科、外科正宗。眼科、審視瑶函。鍼科、鍼灸資生經十四經發揮。兒科、少小嬰孺方。本草科，本草綱目。但口齒科不之置。

講師有辻元崧庵、田中俊哲諸家，並由京師聘池田瑞仙、痘科。小野蘭山、本草。福井立助本道。各講專門學。又有儒家田澤宗伯等講經書仍舊例。

醫學館督事，累世以多紀氏任之。當此時多紀元德、多紀元簡等相嗣承其業。醫學館教諭五名，助教初三名，後增五名，共爲公選醫學。私者不任用。

醫學館有藥品會，有圖書館，有臨床實驗之制。至安政年間立大小試驗法。小試春秋二回，大試五年一回，決定施行。

諸藩醫學校

諸藩學校各藩地皆有，其中有併教醫學者。兹舉其著：

秋田藩明德館：寛政元年創立，初名明道館，内有醫學部名養壽局。别本科、外科、眼科、啞科、産科、鍼科、金瘡科教授，經考試附與符驗卒業證書。此藩醫官以修得十四經、大成論、格致餘論、原病式、運氣論、溯源集、本草序列爲限制。醫學所教科準之。又此藩享和八年嘉慶十三年。下令新醫業必經醫學館試驗後乃許可之。

德島藩寺島學問所：寬政三年創立。初教授漢學，至後加醫學、洋學等。其醫師學問所係寬政十年創立，至安政四年咸豐七年。本校醫生傍講蘭書。翌年校内別設洋方醫學教授一局，主講洋方。

金澤藩明倫堂：寬政四年創立，有醫學科目。壯猶館，安政元年創立，有西洋醫學科目。

和歌山藩醫學館：寬政四年創立，所以教藩内市鄉醫士之子弟及其門生。其學科診候、經俞、本草、運氣、外傷、内傷、婦人、小兒、瘡瘍、醫案十科。其講習有産物會、挨穴會、醫案會。

米澤藩好生堂：寬政四年創立。初醫生所講爲本草學，至文政十二年道光九年。移興讓館醫生所教授而教以蘭學。

佐倉藩成德書院：寬政四年創立，有醫學所。天保年中聘佐藤泰然採用蘭法，漢蘭兩醫方併行。

福井藩濟生館：文政二年嘉慶二十四年。藩侍醫共立，由藩主補助其費。至安政二年除痘館併之。該藩之子弟由十三歲入濟生館修醫學，由小學、四書、五經至傷寒論、金匱要略已卒讀，名萌生，初納之。次素問、靈樞、難經、千金方、外臺祕要方、瘟疫論、外科正宗及内科選要、熱病論、病因精義、醫療正始等書，修得者名進業生。由此入臨床實驗。考試優等者爲成業生。

水户藩弘道館：天保九年道光十八年。創立。中有醫學部，其中有本草、蘭學、調藥、製藥四局。療病所、養牛場、藥園等附之。

山口藩醫學校：天保十一年藩醫賀屋恭安、能美洞庵所設立。至安政年間爲明倫館所轄。其學科爲本道、産科、小兒科、鍼治科、口中科、眼科、外科等諸科。至元治元年同治元年。增爲解剖、生理、原病、治法、藥性、本草諸科。

福山藩誠之館：安政元年創立，有醫學科。始亦修漢方，漸改用蘭方。後設洋學所於館中。

順正書院　廣瀨私塾

西洋醫學在江户有大規、宇田川、坪井諸大家各開私塾。然立有醫學順序之階級者，以京都之新宫涼庭爲第一。

新宫涼庭，名碩，號鬼國山人，又號驅豎齋，丹後由良人。年二十一，讀宇田川玄隨内科撰要，感其理論明晳，始志於和蘭醫學。乃西赴長崎，從吉雄如淵修蘭醫方，出入蘭館，親炙蘭醫苛爾結。既大有所得，文政元年年三十二，去長崎，來京師開業，其術大行。會當時名醫高階枳園、川越衡山等論難漢醫之迂僻，大恢弘西洋醫方。安政元年正月歿，年六十八。所著有泰西疫論、解體則、窮理外科則、婦人科書、人身分離則、外藥則、療治瑣言、西遊日記、詩文鈔等。

其言曰：「西洋之爲醫方，雖傳我日尚淺，而在彼則百年以來，學術大開，各國設醫學校研究磨練。」又曰：「支那國者，堯舜以來已經三千年云。醫和扁鵲而後，仲景等接踵而出，其術愈精。然而古之方書多不傳，醫學校之設甚稀。」極言學校教育與醫學之開展大有關係，乃擲私財一萬金建順正書院於東山南禪寺畔，藏和、漢、蘭之醫書及儒書，就生徒閱讀。又每月三次迎儒家以講經學文章等。他自講翻繹書或傷寒論，宮本阮甫講蘭書。其講習西洋方以生象學、病理學、外科書、内科書、博物學、化學、藥性學別爲八科。教科書用自家撰述之解體則、生理則等書。參考書指定羅設人身究理、貌律面拔苦人身究理、勇斯兒生理書、布斂吉解剖書、昆良實病理書、護爾篤兒内科理、斯篤兒苦内科書、公私貌律屈内科袖珍、蒲爾華歇萬病治準、扶歇蘭度經驗遺訓、護爾篤兒外科書、布斂吉外科書、平私的兒外科書、依百乙藥性論、布斂吉化學書、布斂吉婦人科書、布斂吉小兒科書等。

同時有廣瀨元恭，設七科軌範以教導生徒。其七科，一曰究理，二曰解體，三曰生理，四曰病理，五曰藥性，六曰舍密，七曰古賢經驗。諸生次叙從游，必講習此七科。

種痘所　西洋醫學所　適適塾

安政四年八月，伊東玄樸、户塚靜海、竹内玄同、箕作阮甫、大槻俊齋、三宅艮齋、林洞海、坪井信良等，當時以蘭醫方張門户於都下者八十餘名，協力設立種痘所於神田玉池，定種痘司診察鑑定等以分任之。每四日諸醫相會一次。五年種痘所罹火災，六年移於下谷和泉橋通。萬延元年咸豐十年。十月納之於官，舉大槻俊齋爲之長。翌年文久元年咸豐十一年。十月改稱爲西洋醫學所，分教授、解剖、種痘三科，所講習皆西洋醫方。二年命伊東玄朴、林洞海爲取締，次以竹内玄同、林洞海代取締。此歲遇大槻俊齋病殁，徵緒方洪庵由大阪來江户爲西洋醫學所頭取，設科立則，醫學教育之業漸就其緒。

緒方洪庵名章，字公裁，備中足守人。年十五，從父往大阪，親炙中天游，學西洋醫方。年二十二出江户，入坪井誠軒之門，又就宇田川榛齋修蘭學凡六年，更至長崎親炙蘭醫修醫方三年，歸大阪開業。由是聲名籍甚，生徒如雲集，乞治病者滿門。木下侯召見，給俸八口，使爲侍醫。文久二年遂來江户，舉侍醫法眼。居未久，遽病殁，時文久三年六月。洪庵又於大阪開適適塾，大誘掖後進，門徒一千餘人，成家者甚多。所著有病理通論、扶氏經驗遺訓、虎狼痢治準。

文久三年二月，去西洋二字，單稱醫學所，其事業益益進步。緒方洪庵殁後，松本良順代爲頭取，以伊東貫齋爲取締。定醫學七科，於每周講義之後行試驗，以進退生徒之階級。其規模大加革新，實今東京大學之濫觴也。

養生所　精得館

安政四年，幕府醫生松本良甫之子良順，赴長崎就蘭醫朋百傳習西洋醫術。長崎奉行岡部駿州大斡旋其間，建小島病院，倣西洋之法，稱爲養生所。朋百就此院日日開講筵，又診療病者，以誘掖醫學之生徒。當時江户雖有種痘所同講習西洋學，惟聘西洋之教師，設科立則以講醫學，則當以長崎之養生所爲嚆矢。

朋百爲和蘭之貴族，海軍醫官。安政三年八月來長崎。伊東方成、佐籐尚中、司馬凌海、八木稱平、太田雄寧、佐佐木東洋、原桂仙等諸家皆出其門。所著有重學、化學、解剖科、繃帶則、原生學、原病學、內科則、藥性論、外科誌、外科手術等。細胞病理學之傳日本，實自斯人始。

先是文政年間，詩波路脩者雖以西洋醫方傳日本醫學，而不及設科立則。至長崎養生所教師朋百，乃云：「夫學醫之所要，莫切於預備、照考二學。而日本醫流於斯二學皆瞶瞶，是無異故，以其國所以教導後進之具尚有未盡，而不能通我土醫籍也。予既來此，因欲爲其不解算數點竄測量等，及讀西籍，徒費心力，不能全領其旨者，著一小册子，庶其不失入學之門，向道之方」云。遂講説數學、理學、化學等預備科，又别編簡易之書，指示醫學之次序。西洋醫方之講習始有規律。文久元年，改養生所爲精得館。二年，朋百歸國，蘭醫波多煙代之。其後華剌答麻應聘來朝，又爲化學教師建化學局於精得館之傍，專教授化學。

〔載醫學衛生報第四期，與何叔均合撰，署名陳援庵。〕

黄綽卿像題詞

先生生平具見余女士所爲先生行述。計先生留學西洋習醫術，尚在慈谿舒氏之先。舒氏於同治初習醫術於米洲，歸國後曾爲上海製造局譯內科理法、臨陣傷科捷要等書，知者猶衆。先生歸粤，雖嘗爲博濟醫學教授，而歷年不久，早卒，無著述，知者極少。吾之識先生名，僅在西藥略釋莆田林氏叙中，不以爲意也。聞禰翩雲、梁慎餘二君言，始知先生爲我國洋醫前輩。五十年前，凡歐米人之居留廣州者，有疾無不歸先生治療。所有兵艦，亦概以先生爲醫官。先生在，雖有歐米醫，莫之任也。以故聲名藉甚，起家至鉅富，是宜有傳。奈何卒後纔三十歲，僅得留姓氏於藥物學書之首，亦吾人薄於歷史觀念之過也。余女士爲先生之甥，知先生家世甚悉，乃求先生遺像及其言行於女士家。女士能文章，有所言，可以備他日史家之採矣。抑吾聞之，先生之留學歐洲，不獨爲我邦醫人之始，並且先於日本。日本文久二年乃有伊東玄伯、林研海等赴和蘭習醫術，當我同治元年也。而先生已於咸豐六年卒業歸國矣。吾國革新事業類多先於人，而進步則不免在人後，皆後起者之無以繼先民哉！戊申十月陳援庵。

〔載醫學衛生報第五期。該期扉頁登黄寬（綽卿）像，在傳記欄中載黄寬外甥女余學玲所作中國人始留學歐洲習醫術者黄公綽卿行述。〕

醫事批評

廣東軍醫學堂奏咨立案

日前軍醫學堂開辦施診所，以便軍民就診，並俾軍醫學員，得以實地練習，各情均紀報端。昨張督特將該堂所開辦情形，附片奏陳。其片稿照録如下：再陸軍重要之學有二：戰術所以操致勝之權，醫術所以存傷痍之衆。是以練兵處奏定陸軍營制餉章、衛生制略，於醫局醫院辦法，備載詳明，亟應次第籌辦。前督臣岑春萱有見於此，曾於光緒三十一年八月，飭行籌設廣東隨營軍醫學堂，並附設病院，電請出使日本大臣代聘東洋醫科畢業學士山本三樹等來粤充當教習，遴委員司，招選生徒，就省城北較場舊有模範營房，修理開辦，並設軍醫局，儲備藥品，以資應用。維時事屬創始，規模簡略，辦理多未完備。周馥抵任，另行詳訂章程，將隨營軍醫學堂改名新軍軍醫學堂，隸於督練公所統轄，挑留在堂程度合格學生三十七名，學習東醫。另在外招考諳習英文新生三十名，學習英醫，分爲甲乙兩組，延長學期。更訂東醫三年畢業，西醫四年畢業。並添聘留學美國醫科大學畢業生、醫科舉人、考取内閣中書鄭豪等充當英醫總教習。仍以日醫山本三樹充當東醫總教習。選購中外精美醫書圖籍，儲置堂中，分科教授。光緒三十三年四月，接續開辦。原有軍醫局當即裁撤。並將附設之醫院，按照陸軍章制，改爲軍醫局，另派員司經理，以免牽混。臣到任後，查核該學堂所訂章程，尚屬周妥，當飭在事員司，妥慎經理。計自該堂改辦以來，中外教員，均尚能悉心教授，學生亦各勤求向學。現復擇地開設施診所，以便軍民來醫就診，亦便堂中員生按日分科臨症，得以實地練習，藉資試驗。一俟畢業期滿，再行核實考驗。如果均能合格，學有成效，應請照章給予出身獎勵，以資鼓舞。至歷年所需經費，開辦之初，均由善後局支銷。改章以後，現由陸軍糧餉局撥用。兹據廣東新軍軍醫學堂總辦補用道黄榜書，會同兼理兵備處總辦河南補用道傅文通，詳情奏咨前來。除將章程送咨陸軍部查照立案外，謹附片具陳，伏乞聖鑑訓示，謹奏。

粵中軍醫學堂，開辦數年，至今年始咨部立案矣，今日始附片具奏矣。片中有東醫、英醫、西醫之名，外間多疑東西醫有不同處。不知今日世界醫學，其間學制療法，雖間有小殊，然大體無不同趨於一致。不比我國醫學與世界獨殊也。日本醫學革新後，英人近亦加入醫學同盟國中。所謂東醫西醫，或就其教習言，及所用之文字言，非東西醫有異也。質言之，粵中軍醫學堂分兩班，一爲東文班，一爲英文班。東醫非朝鮮人許浚所著東醫寶鑑之東醫也。

又有用擔竿壓斃孖胎者

劉子威君函云：貴報第三期所刊之請認孖胎一則，當以爲鄉間始有此野蠻舉動，不期省中亦有之。即日有人到請羅女醫生接生，係高第街禮拜堂附近之某宅，其主婦因産後胎盤未出，所雇之穩婆，亦用一擔竿壓之。殆壓出一手，始知孖胎，乃急到請醫生。及醫生至時，用法取出，其胎兒已被壓斃矣。此等穩婆營業，有保民之責者，理當嚴行干涉之。請登貴報，幸勿以重出見遺云。

按他國法律，産婆非試驗及格登録産婆名簿者，不得營産婆之業。非修習産婆學術一年以上者，不得受産婆試驗。欲受産婆試驗者，須有産婆學校及産婆養成所等之卒業證書，或修業證書，或有産婆及醫師二名證明之修業履歴書。試驗之科目，分爲學説試驗及實地試驗。非學説試驗及格者不得受實地試驗。雖登録産婆名簿得營産婆之業，然對於姙婦、産婦、褥婦或胎兒、生兒，除剪臍帶、施灌腸、行消毒之類之外，仍不得行外科治術，用産科器械及投與藥品。倘見有異常之處，應延醫師診治，産婆不得自爲處置。産婆關於其職業而犯罪，地方長官得禁止其産婆之營業。産婆之業既被禁止後，而仍爲産婆之業務，與未經登録産婆名簿而爲産婆業務者，處以五十圓之罰金。嗚呼！抑何人視産婆之業之重，而我乃委諸龍鍾潦倒之愚嫗也，亦可慨已。幸吾粤施贈接生事業日多，聞鄧君紹初等所辦之羊城醫院，亦擬添延女醫開辦，差可慰耳。

局壞

安雅報云：港商陳某納一妾，居於西關沙基横街。室中僱一傭婦，無別人。陳妾已育一子，猶在哺乳。昨因偶與傭婦並鄰婦同作葉子戲，時兒已熟睡，乃置之榻上，以棉被覆之。既而牌罷各散，入房視兒，則已氣絶，蓋爲被悶壓所致也。第未審厥後若何。

按陳子之是否因被局壞不可知。然吾見街上抱過之嬰兒，則多有連頭連面包之者，近日冷天尤甚也。嗚呼！以此爲矜貴耶，作賤之甚矣。粤人以不見天者爲阿瓜。尋常植物，尚須打霧。阿瓜而不見天，其又焉能長大耶？夫人身之血，所以常用而常鮮者，恃有空氣中之養氣耳。莊子曰：吐故納新。所謂新，即養氣；所謂故，即由肺吐出之炭氣也。千金方亦曰：凡吐者出故氣，亦名死氣；納者取新氣，亦名生氣。所謂死，所謂生，即炭與養之謂。以被覆首，則新不得納，所納者惟先所吐之炭。血既缺養，人焉得不死，死後且全身俱瘀也。此非絶氣，乃絶養氣耳。應璩詩曰：昔有行路人，陌上見三叟。年各百餘歲，問何得此壽？下叟前致詞，夜卧不覆首。不覆首者百歲，則覆首者必不够百那可知也。粤人以兒生百日爲百那。

光明眼藥

河南龍溪新街黄某，因病延醫診治。其病少愈，後患眼痛，遍起紅筋，服藥十餘日不效。某醫謂其起膜也，擬一方，云得自祕傳，内皆金石藥品，如琥珀、珠末、石決明、石蟹之類。更有磁器粉，即粵俗所謂金鷄瓦者。藥凡十餘味，共研爲細末摻之。黄某照用後，其痛更甚。醫曰：此藥所以去膜也。連搽數日，病愈甚。延别醫視之，其一明角罩已穿，不治。其一急用藥水洗去，治之月餘，雖幸而愈，然已不如常矣。

石類藥品，吾國醫方本罕用，而眼科則反多用之，奇也。誰人不知眼爲嫩滑不可磨擦之器，而偏以顆粒形之固體物磨擦之，奇也。磁器粉未必人人用，而珠末則吾見用之者多矣，且以是爲聖藥也，奇也。尋常風吹細砂入眼，眼猶覺痛，珠末爲水所不能溶解之物，而世人以是摻眼，又奇也。或曰：此庸醫耳，他醫未必如是。曰：是誠然。吾見審視瑶函坊肆或名眼科大全。稱其「點藥惟用氣而不用質，去翳雖不神速，決無後患。其製藥誠非世俗所得知也。但藥得於家傳，兼以苦心思索有年，幸而得其妙」云。蓋深於閱歷，而能獨出新意者乎？抑吾尤有一言，眼之解剖及生理，亦醫眼者所當知也。爲器機師而不知器機之如何構造，如何掣動，又豈能勝器機師之任耶？

在公地唾涎者真要罰矣

第三期報三州府擬禁在路唾涎，聞已實行，出有華文告示如下：欽命三州府輔政司養爲曉諭事：照得凡在公衆地方，亂吐痰涎，能令人傳染肺癆内傷吐瀉等症，爲此皇家特設新例一章，以保衞生。此例定於西一千九百零九年，正月一號，即華人戊申年十二月初十日舉行。既行之後，無論諸色人等，若在各衙署學堂，廟宇街市，即吧索公園戲館、酒樓飯店、碼頭路頭、各公路之騎樓、及兩傍之小路、以及一切公衆聚集、遊玩耍樂之地方，敢吐痰涎落地者，或在領牌出税之車輛、或電車火車、敢吐痰涎於車内者，一經告發，均可罰銀二十五元，絶不寬貸。先此諭知，各宜凛遵，毋違，特示。大英一千九百零八年十月五號，華歷戊申年九月十一日示云。又香港潔淨局，於西十一月九號，亦提議此事。因前三月三十一號，潔局會議時，已定議禁止唾涎一事，再延六個月然後提議。又請華民政務司擬定一禁止唾涎告示稿，至是日下午再將此項則例研究。堪富利士提議云：將來此等控案諒必甚多，凡有犯此例者，須判罰。可以阻止其在公衆地，或半屬公衆之地，免致有污地方。又必須如劉君鑄伯所言：須遍貼告示，又多設唾壺。劉鑄伯云：自從我之寫字樓黏貼告白，及多設唾壺之後，則無此等弊端。若周圍依此辦法，可以不用行此則例。華民政務司云：將來每日此等控案當有數百宗。至捕差與府署，將來必額外增添多無限工夫。但此事曾經研究透澈否？雖則此處寫字樓貼有告白，但妨有等新到港之人，不知此禁例。堪富利士曰：華民政務司既云由内地來港出洋之客，不知例禁，可用華文繕就告示張貼。劉鑄伯曰：此等華人多半不識字，奈何！堪君曰：吾意並非在街亦不准唾沫，不過公衆屋宇，及半屬公衆屋宇而已。曉活君曰：吾望政府照英屬加拿大之哥林堡省之法辦理：凡在道旁人行之小路，及公衆屋宇唾沫者，即須照例議罰。惟先必從輕施行。馬主席曰：華人到港貿易，多以例簡爲便。若此例行，不明白者將相告不可到港。吾意以爲教以衛生及禮儀，則更有用。哈巴君曰：石叻現已通貼告示，不准人在女人多行之小路唾沫。然在街上與小路不同。可否請華民政務司通貼禁人唾沫告示。現將問題再擱起兩禮拜，以覘其效驗。曉君曰：不意主席與劉君俱欲整理本港潔淨之人，竟不贊成此議。吾欲請政府照哥林堡省之例，立例頒行於香港。若本會無人和議，吾將親謁督憲，研究此例。皮醫生遂和議。主席曰：現在研究之問題，係應否罰銀耳。遂投筒定奪。以爲應罰者，爲曉君及皮醫生二員，抗者主席暨劉鑄伯二位。其餘哈巴及堪富利士在兩可之間。從違各半，主席加一籌，遂作罷論。

唾口水，習慣耳，非必有不得不唾之實也。真有痰涕，不得不唾，少數之少數耳。夫無病而亂唾口水，不獨無益於人，並且無益於己。人亦知口水之可貴乎？口水核有三：在舌底曰舌下腺，在耳下者曰耳下腺，在頷下者曰頷下腺，皆所以生口水者也。口水無用，人何爲具此三對口水核也。口水何用？所以溶和食物者也。煮米沙粥之理，人所共知。必先將米用磨磨碎，然後用水攪之。用磨磨碎，猶口之齒牙作用也；用水攪之，猶口之口水作用也。齒牙作用，學理上稱爲器械的作用；口水作用，學理上稱爲化學的作用。胃之蠕動力，胃之器械作用也；胃有胃汁，胃之化學作用也。腸亦如之。但胃汁屬酸類，口水屬鹼類，稍爲不同耳。故食物不嚼者，失齒牙之作用也。嚼而不久嚼者，失口水之功用也。今人見口乾乾，就不舒服，猶煮米沙粥之不下水也。口水之大用如此，奈何有口水唾之？唾之有癮，則不唾不得。不知不覺，無所謂，又聞咳聲矣。皆不知口水之大用者也。孫思邈曰：津宜常嚥。豈無故哉！今三州府既實行罰之，香港又重擬禁之，吾恐此事必有辦到之一日。謂三州府之罰款太重則可，謂有此禁例則人將相戒不到港，則大不然。何也？利之所在，雖至羞極辱，人猶將拼命而進，況僅僅禁唾口水已乎！觀諸各埠之華工，其必不捨得因此而不到港也。

鍼灸術保存會

上海報云：上海醫學研究所各董，以鍼灸一科爲醫學各科之冠。其治各病及疫痧等症，尤爲神速。近世醫家都不講究，恐其失傳，因議先在會中輪流演講取穴之法。再行延訪專家，聘爲教習，優送束脩，每逢三六九日下午七時至九時，在寶安里醫會講習。一俟願習者多，即行開辦，卒業後當續設推廣傳習所云。

近日風氣，好言國粹，一反前八九年之侈言革新焉。是未知國人知識之進步乎，退步乎？駸駸乎風氣又及於醫學矣。夫中國醫學，未嘗如前八九年之多人侈言革新也，今亦惟恐其亡，謀所以捍衛之，我國人其知我醫術將有淪胥之痛哉！日本鍼灸術，傳自中國耳，其名家則視吾國倍多。康熙二十年，幕府亦曾令振興鍼術，命杉三和一等設館，率諸生講習。江户近郊及諸國鍼治講習所至五十餘所，可謂盛矣。咸豐間鍼師石坂宗哲等，更能傍採蘭說，去内經迂迴無用之法，著鍼灸説約、鍼灸知要等，至今日則僅有岡本、奥村、久木諸說耳，固已如魯靈光殿之巍然獨存矣。吾國學術不主開新，惟主持循，動輒以失傳爲詬誶，亦醫學之幸也，特未證鍼灸術於治療上之價值何如耳。

貴人之信西醫

北京報云：倫貝子因患血疾，延北洋醫學堂總辦屈桂庭醫治不癒，因函召醫科進士、學部主事謝衞臣入都調治。謝現在上海某藥房設診，聞召後已即束裝就道。又云：尚書戴鴻慈因病迭次請假，病仍未癒，聞爲其門生某所薦之西醫誤治，至脚腫不能行動。近延得東洋某女醫士，用蒸法調治，數日即全癒，舉動已如常云。

徐靈胎嘗著有病家論，數病家十誤，中有云：病家戚友偶閱醫書，自以爲醫理頗通，每見立方，必妄生議論，私改藥味。善則歸己，過則歸人。又或各薦一醫，互相毀謗，遂成黨援。甚至各立門户，如不從己，反幸災樂禍，以期必勝，不顧病者之死生。又或病勢方轉，未收全功，病者正疑見效太遲，忽而讒言鋒起，中道變更，又換他醫，遂至危篤，反咎前人。其他飲食起居，寒煖勞逸，喜怒語言，不時不節。小病猶可，若大病則有一不合，皆足以傷生云云。又嘗著醫誤人無罪論，有云：旁人互生議論，病人自改方藥，醫者欲其術之行，何難曲從病家之意。病者深喜其和順，偶然或愈，醫者則矜其功，如其或死，醫者不任其咎。故醫者之曲從病家，乃遷功避罪之良法也，云云。亦可謂參透病家之狀況矣。後漢書方術傳稱郭玉精醫術，而醫療貴人時或不癒。帝召玉問故，對曰：貴者處尊高，其爲療也，有四難焉。自用意而不任臣，一難也。將身不謹，二難也。骨節不强，不能使藥，三難也。好逸惡勞，四難也。此其所爲不癒也。帝善其對。是貴人之病，尤比他人之病爲難治也。又況不至危篤，不用西醫。雖用西醫，服食起居，仍不守衞生之法。徐靈胎所謂不時不節，郭玉所謂將身不謹，則雖百西醫，亦將奈之何。扁鵲曰：越人非能生死人也。此自當生者，越人能使之起耳。可知病非徒恃醫可能爲，必其天然之力可以拒病，而衞生之法又足以免病，然後醫者用術助之，乃可癒病耳。不然則忽癒忽病，不足爲憂喜也。頃者大行皇帝亦嘗令屈永秋、關竹朋等用西法調治。大行太皇太后亦嘗召西醫診視。慶親王云患咯血暈倒，亦令西醫救醒。均見各報。可見朝家未嘗不信用西法，而卒至兩宮同時棄各臣民而去，此則薄海所同痛哭者也。

青島又有醫科專門學校

德國政府現擬在青島設立大學，籌定開辦經費三十五萬馬克，常年經費七萬五千馬克，定名爲青島特別高等專門學堂。大致分爲法政、礦務、工科、醫科四科，附設預科，並議由中國協籌開辦經費四萬馬克，常年經費四萬馬克云。德一馬克約值華銀半元。

按各國之在我國伸教育權者，美爲最，英次之，法次之，德又次之。日本則其教育權雖能及於我國人，而不能得意於内地。近日本報紙已大聲疾呼鼓吹其政府謀我内地教育權矣。意以爲獨讓美人先步爲不察也，恨其政府力有不逮耳。德國工藝醫學爲地球享大名之國，其政治又近爲吾政府所注意取法，去歲末已辦德文醫學堂於上海，今又謀高等專門學校於青島，兼有醫科，吾國人真不憂無求學地哉！

〔載醫學衛生報第五期，署名陳援庵。〕

跋阮元引痘詩

此詩揅經室集未收，南海縣續志、廣州府志採之，次句作「禁之仍恐禁未全」，與此小異。阮公以道光二年督粵時適申鴉片之禁，故云。意以鴉片、牛痘均來自外洋，鴉片害人而牛痘益人，可相補也。其實鴉片乃藥品，我國人始以爲嗜好品耳。然則鴉片害人，抑人害鴉片哉？戊申十二月陳援庵跋。

〔載醫學衛生報第六期〕

牛痘入中國考略

中國古有種痘術，然不得發明者主名。治痘十全言：宋真宗時娥眉山有神人，爲丞相王旦之子種痘而癒，其法遂傳於世。則神話歷史耳。新法非世俗所樂聞，故重之以丞相，託之以神人耶？有功德於民則祀，今有大德而不居其名，可不謂神哉。醫宗金鑑言：種痘之法，大别爲四。有取痘粒之漿而種之者曰漿苗，有服痘兒之衣而種之者曰衣苗，有以痘痂屑乾吹入鼻中種之者曰旱苗，有以痘痂屑濕納入鼻孔種之者曰水苗。四者之中，水苗爲上，旱苗次之，痘衣不應驗，痘漿太殘忍。古法獨用水苗，近世始用旱苗云。此吾國固有之種痘歷史也。然此法印度、阿非理加、西域，古時皆有之。康熙五十六年，英國駐土爾其公使之夫人詎塔故，得土爾其國醫種痘術種於其子，隨傳其術於英國，而廣佈於歐洲。同治間，英人德貞爲京師同文館生理教授，嘗著牛痘考，刊中西聞見録中。第十三十四期。謂土爾其種痘法大抵由中國傳至西域者也。日本種痘術亦傳自中國，始於杭州之李仁山。李仁山以乾隆十年到長崎施種，日人多紀桂山醫賸云：聞斯邦房州濱海一村，有自數百年前行種痘法，多用乾苗，乃先於彼土而知用此，彼土謂中國。亦奇矣。則此等「人工免疫法」，固人類思想所同到，不必盡倚他邦傳入者也。

顧此法雖傳於歐洲、日本，然究屬初步，害多效少。有時痘毒即從種痘之醫師互相傳染，患者反衆，後卒爲歐洲各國所禁。一千七百七十年乾隆三十五年。至一千七百八十年乾隆四十五年。之間，英人占那氏者出，乃發明牛痘之法。初得之於村婦，云染牛痘者不出天花，乃遍訪諸蓄牛之家，均同此說，於是立意研究此事。又越十有六年，至一千七百九十六年，即嘉慶元年。有女子因取牝牛之乳，曾染牛痘於其手。占那氏乃假其痘漿種於他嬰兒臂上。西歷五月十四，即初種人工牛痘紀元日也。不數年間遍傳大陸矣。

一千八百零五年即嘉慶十年。四月，英商哆啉吱携牛痘種由小吕宋赴碑道嘮唷，船至澳門，南海邱浩川先試種之，遂習其術。據南海縣續志卷二十六。則言乾隆間英領事曾傳牛痘至中國。或者當占那研究牛痘之日，彼間報紙必盛傳之，英領見吾國人猶用鼻苗，或以彼中新法告吾人未定。其說不盡無據。然中國人之習此術，則斷自嘉慶十年始。邱氏家傳云：由夷醫跛臣授之。跛臣者，印度洋商公司之醫生。邱氏既以其術行之家人戚友，無有不驗。時曾賓谷先生開藩吾粵，先請邱氏爲其公子接種，於是邱氏之術行矣。廣東通志卷三百三十一。爲識其事於雜録云：廣中近時有邱氏熺引痘方，其效甚捷，其法來自西洋。於嬰兒臂上挑損之，見膜而止。繼取牛痘漿傳之，不數日即出數顆，如期奏功，永不再出。以人傳人，如火之傳薪。少司馬順德温公汝适云：本草綱目有稀痘方，用白牛蝨撲緣牛身，食飽自墜，用之能稀痘。蓋取其中有牛血也。牛蝨尚能稀痘，則用牛痘以種人，宜獲十全之效。是中國人已獲其端，外洋人遂觸類引伸之耳。通志此説，蓋採温氏引痘略叙文。按本草綱目卷四十。牛蝨條下，時珍曰：牛蝨古方未見用者，近世預解痘毒方，時或用之。譚野翁方，用白水牛蝨一歲一枚，和米粉作餅，與兒空腹食之，取下惡糞，終身可免痘瘡之患。高仲武痘診管見曰：世俗用牛蝨治痘，本草不載。竊恐牛蝨啖血，例比䖟蟲，終非痘家所宜，而毒亦未必能解。據此，則牛痘之法，雖不可謂發端於中國人，而中國人之早有見及，則典籍具在，不可得而誣也。所謂「人工免疫法」爲人類思想所同到，不必盡倚他邦傳入者也。中國古法之痘從鼻入，占那氏之牛痘從破口入，牛蝨之法從口入，其意均同。特牛蝨法有效有不效者，則視乎牛蝨所噬之牛是否痘牛耳。

南海縣志卷四十四。據謝蘭生常惺惺齋詩注云：英商哆咻吱既携牛痘種來，洋行商人鄭崇謙翻譯爲種痘奇書，募人習之。當時同習者有梁輝、邱熹、譚國、張堯等四人。時粵人不甚信。迨嘉慶十五年，蕃商剌佛再由小吕宋載小兒至，洋行商人盧觀恒、伍敦元、潘有度等始集資數千金，於洋行會館設局，延邱譚二人施種。通志獨言邱氏，謬也。廣州府志卷一百六十三。更詳著梁輝爲番禺人，譚國、邱熹爲南海人，張堯爲香山人。又言厥後梁歸黃埔，張歸翠微，邱、譚二人遂擅其技。可見當時習者果不祇邱氏一人，今日惟邱享大名，未始不因著有引痘略也。引痘略刻於嘉慶二十二年，爲中國翻譯西洋醫學説之始。雖其間或羼以舊説，然過而存之，其洋説原文尚略可辨識。邱氏此書實本鄭崇謙所譯之種痘奇書。鄭氏書，余未之見，其原叙則見諸引痘略中。日人吳秀三富士川游痘志云：種痘奇法，乃英國人哆啉吋所著，同國人嘶噹喠翻譯爲華文。此書既流至我邦，謂日本。天保十二年道光二十一年。尾張人伊藤圭介爲之訓默校刊云。則此書日本人見之矣。哆啉吋，即南海縣志所謂英商携牛痘來者也。德貞牛痘考則謂當時將牛痘法紀録爲小册者，乃英醫畢爾順。畢爾順即邱氏家傳所謂跛臣。二説當以德貞説爲確。德貞所據者，必得之於西籍。痘志所據，則漢文之種痘奇法耳。嘶噹喠者，牛痘考作斯丹敦，英使臣伯爵也。痘志、牛痘考均謂種痘奇法爲此人所譯，南海縣志則謂洋行商人鄭崇謙所譯，意者斯丹敦與鄭氏同譯者乎？然今人寡知有鄭氏書者，則以邱氏書有當時士大夫爲之攸揚也。吾獨奇通志先以此事隷雜録，廣州府志而下率因之。甚至尋常跌打諸醫如□□□等，南海縣志且爲之立傳，而牛痘一事，則皆附卷末，未聞有以邱氏隸方技傳，而以鄭、譚、張、梁附傳者，亦關於士大夫之史識也。

阮文達贈邱氏詩有云：「若把此丹傳各省，稍將兒壽補人年。」牛痘之傳各省，雖不能盡悉其年月，然據引痘略各叙猶可略知其梗概，亦有歷史觀念者所欲聞也。粵之乳源與湖南宜章相比鄰。先是，乳源有廖鳳池者，得牛痘術，以道光七年輸入宜章。是爲牛痘由粵傳各省之第一次。明年香山曾望顔以牛痘種至京師，郭尚先叙之曰：歲己卯，余典廣東鄉試。聞牛痘説，疑之。既博詢之而信。則又怪遠夷能於九萬里外傳之中國，而粵人不能數千里傳之都下也。曾卓如編修乃爲設一局於米市胡同南海會館，索牛痘種於粵。道光八年三月十九日，牛痘種寄至，是爲牛痘種傳各省之第二次。道光間，南海顔叙功宦閩中，聞粵有牛痘種，乃以多金聘痘師陳碧山僱募乳婦襁負痘童，沿途遞種。道光十一年正月十六日至閩，是爲牛痘種傳各省之第三次。道光甲午，江南大痘，京江醫者包祥麟乃赴楚購牛痘苗，道光十六年四月至揚州，並分種於蕪湖，是爲牛痘種傳各省之第四次。道光二十年，江西痘師劉子堃由新昌挾其術至省之奉新，是爲牛痘種傳各省之第五次。凡此皆記載所及，其他年月無考及記載闕如者，無由叙述也。然邱氏書之至京師，京師之貴人達官無不詫爲奇術，以故好事者翻刻殆遍。迄今可知者，道光己丑九。黄子傑刊於豫南，辛卯十一。凝瑞堂刊於山左，丙申十六。陶福恒刊於南昌。丁酉十七。蜀人陳煦僑寓揚州，聞其術好之，思傳其術於蜀，命弟北崖習之，則牛痘之入蜀亦在此數年間也。

日本牛痘種雖非傳自中國，然漢文種痘奇法及邱氏引痘略之入日本，則在和蘭醫傳牛痘種於日本之先。日本人之知有牛痘法，係我國所介紹，日本人不諱也。然則今日我國全國痘苗多購自日本，在日本人爲報德，在我國人不已愧赧甚耶？

雖然，牛痘之入中國，譽之者有如上所述，毁之者亦實繁有徒。新法之不理於人，自昔然也。讀湘人周純熙及吴氏餗之説，不能不服二人之偉識，而歎世俗之難與更始。周氏洋痘釋疑曰：天下事以習見者爲常，罕見者爲怪，人情類然，洋痘爲尤甚。洋痘之術，自古蔑有，生斯世者雖博學通儒，不惟目所未睹，抑且耳所未聞。前叙云傳自歐羅巴洲。考歐羅巴爲海外五大部洲之一，其人尚文學，極精巧。國王廣設學校，有大學、中學、小學。大學分四科：一醫科，一治科，一教科，一道科，四科外又有度數之學。國王取士以醫科、歷家爲最。按此大抵本南懷仁坤輿圖記。歷家姑弗詳，詳其醫。其科無内外大小之分，著有臟圖、腑圖、脈圖、筋圖、骸圖、經絡營衛圖，凡人身之關節奥窔，披圖了然。而其臨症則有視色、視毫毛、聽聲、寫形諸法。診脈則有六度九候五氣之分。此非海外之神異而爲中國所未聞者歟？洋痘者醫之餘技也，今持是説以與天下爭，而信者十之一，不信者十之九，此亦囿於一隅之見耳。請即其易曉者言之。如歷法、律吕二家，中國有之，究不若外國之精且簡。銅壺滴漏，仙器也，洋人則有時辰鐘、時辰鏢之異製。鐘鼓琴瑟，樂器也，洋人則有銅絲琴、指環鐘之巧音。又況小呢羽毛之類，其出自外洋者，皆爲珍於中國。此固人所共見共聞者也。兹乃於其有資日用者，相率以爲常，於其有利嬰孩者，遂驚疑以爲怪。甚至洋煙一事，其貽害於人者匪淺，且羣然呼之吸之，而於洋痘則忌之譏之，嗚呼！何其愚之甚也！總之，四海之外，六合之内，何所不有。凡語言、風教、物産、技術，其因地而異者，書亦不能盡誌，要在審其有利而無害者信之而已。洋痘之術，爲法便而收功捷，常也，非怪也，人奈何而不爲此？吳氏洋痘可信説曰：天下絶無而忽有之事，不獨聞之者不信，即親見之者猶不信，如洋痘一事是已。然即痘言之，三代無痘症，自漢馬援征武溪蠻，軍中始染此症，傳之中國。則出痘亦絶無而忽有之事也。按吾國醫籍言痘瘡之起始，諸説不同。曰得自馬援定交趾，此一説也。曰得自張騫使西域，又一説也。據外臺祕要方所引肘後方則言，建武中於南陽擊虜所得，仍呼爲虜瘡。建武云者，或曰東漢之建武，或曰東晉之建武。然晉以前醫籍無言痘瘡者，言痘瘡當自肘後方始，則起於東晉之説近是。及至宋王旦，因諸兒痘亡求神而得鼻苗法，則鼻苗亦絶無而忽有之事也。洋痘之法亦猶是耳。然忌此法者多爲亂言以惑衆聽。余謂馬伏波以苗蠻之痘入中國災小兒，今英吉利以鬼子之法入中國救小兒，皆自然之理，無足怪者。歐羅巴人尚文學，精巧思。自明末利瑪竇入中國，爲我朝頒歷法，即渾天儀、量天尺、自鳴鐘、千里鏡、勾股算時測度卜影以及哆囉嗶嘰之類，皆非中國所及，牛痘亦洋人巧思之一端也。何有害之洋煙人偏嗜之，而有益之牛痘人反疑之耶？今已由粤及楚，行且由楚及天下，諸大吏必有以其法入告者。我皇上有諭滿洲蒙古未出痘者不必來京之旨，得此法可使中外同登仁壽矣。

周氏説著於道光七年，吳氏説著於道光十年。時合信等猶未至中國，而二氏乃知崇尚西醫，偉哉！然亦可見疑忌牛痘者之一斑也。由嘉慶十年至於今凡百有四年矣，日本明治三十一年猶贈楢林宗建正五位。楢林宗建者，以我道光二十九年就蘭醫傳牛痘術，著牛痘小考，猶之我國之邱浩川其人也。而我國人對於邱、譚諸人又何如？

〔連載於醫學衛生報第六、七期，署名陳援庵。〕

洗冤録略史

檢驗之事，各國均委諸醫生，稱爲法醫學。我國醫生不爲此，均委之仵作。仵作所憑者洗冤録。洗冤録四庫總目不隸史部政書類法令之屬，而隸子部法家類。曰法令與法家，其事相近而實不同。法家者私議其理，法令者官著爲令者也。則洗冤録本非官書。然梁恭辰據會典第六百五十四卷内載：大縣額設仵作三名，中縣二名，小縣一名。每名給發洗冤録一本，選委明白書吏一人，與仵作逐細講解，務令通曉。每年提考一次，其考試之法，即令每人講解洗冤録一節。明白則從優賞給，悖謬即分別責革云。則洗冤録已久作官書矣。其書集者非一，源流甚繁，邇年吾國業醫之士言及體學，時或取證於是，是固吾國實用解剖學之僅存者也。爲述其略史如左。

第一篇　上古史

漢律

李璋煜曰：前漢書薛宣傳注，應劭曰：以杖手毆擊人剥其皮膚、腫起青黑，而無創瘢者；律謂疻痏。所謂律，漢律也。意古必有檢驗之法與律例並行，顧其書多不傳。

疑獄集　五代和凝父子撰

梅啓照曰：三代以下，刑法有志。而檢驗之有專書，則以石晉魯國公和凝及其子宋太子中允㠓所著之疑獄集爲最先。

内恕録　宋缺名

宋惠父叙洗冤集録云：博採近世諸書，自内恕録以下凡數家。按内恕録今佚。

平冤録　宋缺名

四庫提要云：無冤録多引平冤録、洗冤録之文而稍爲較正。按平冤録今亦佚。

結案式　宋缺名

張錫蕃曰：檢驗之言始自宋代。曰内恕録，曰結案式。今皆亡佚失傳。

檢驗格目 宋鄭興裔撰

梁恭辰曰：古有名法之學而無檢驗之書。嘉定瞿中溶據朝野雜記云：檢驗格目者，淳熙初鄭興裔所創。始時檢驗之法甚備，其後郡縣玩弛。興裔爲浙西提點刑獄，乃創爲格目。遇有告殺人者，悉令依書填之。

右爲洗冤録之草昧時代。

第二篇　中古史

洗冤集録 宋宋慈撰

慈字惠父，宋理宗時湖南提刑。自序稱四權臬司，於獄案審之又審。乃博採近世諸書，自内恕以下凡數家，薈而萃之，釐而正之，增以己見爲一編，名曰洗冤集録。以淳祐丁未刊於憲治。是爲今洗冤録之祖。

無冤録 元王與撰

四庫提要云：與不知何許人，卷中自稱昔任鹽官，檢二孕婦事，蓋嘗官海鹽縣令。其自序題至大改元之歲，是武宗戊申作。所載多至元、元貞、大德間官牒條格，又多引平冤録之文云。

洗冤録箋釋　明王肯堂撰

洗冤彙編　國朝曾慎齋撰

洗冤録補並急救法　國朝王明德撰

校正洗冤録　康熙間律例館本

檢骨圖格　乾隆三十五年部頒

姚德豫曰：明末吏治廢弛，洗冤録竟成腐棄。太倉王君箋釋，集中僅載二十八條。我朝南昌曾慎齋甫作洗冤彙編。康熙十三年，刑部郎中高郵王君明德即生平見聞所及，並伊先人文通公荏任司李縣令所親試，作洗冤補若干條，並急救各法。康熙間律例館薈萃成篇，總爲四卷，而洗冤録乃有全書。乾隆三十五年又因安徽增廉訪福奏請頒檢骨圖格，附於洗冤録之後，遂昭然大備。

右爲洗冤録之統一時代。

第三篇　近古史

洗冤録集證　武林王又槐撰

是集刻於嘉慶元年。自叙云：獄莫大於人命，罪必憑諸屍傷。然或有傷痕在隱見疑似間，兇犯由是狡賴，爰書因而莫定。禮曰：命理瞻傷，察創視折，審斷決獄，訟心端平。誠以傷有錯而冤不可洗，刑一成而法不能變，生死均失平矣。予幕學數十年，於人命尤兢兢焉。凡成案足徵，醫書可信，於驗傷檢骨有關涉者，就原録門類，隨時附書，以備參考，即顔之曰洗冤録集證云。

洗冤録補遺　蘄水令汪歙撰

洗冤録備考　山東巡撫國撰

李觀瀾叙云：王君又槐既爲洗冤録集證，然凡致死傷痕在虛軟之處，檢驗成法集中尚有未備。予前在山左臬幕，從朗甫陸先生遊，得蘄水行人廖章於邑令盧龍汪歙咨部洗冤録補遺，及拙齋國中丞洗冤録備考二書，並雜説。所有傷痕諸説，歷歷可採。因爲删定各條，摘録於王君集證之後。亦刊於嘉慶元年。

補注洗冤録集證 會稽阮其新撰

寶鑑篇 會稽阮其新集

是編蓋本王氏集證，折衷考證增益之。於原録各條中，節録脈絡，均爲標出。即今五色本之藍評是。又附以經驗成案並所集寶鑑篇於末，刻於道光十二年。

石香祕録 禺山令仲振履刊

是録乃禺山令張錫蕃得前令仲振履刊本，合前諸篇校讐而考訂之。乙其段落，分其句讀，於篇中綱領則密加圈點，於篇中關鍵則加以聯圈，奇偶反正者尖角以別之，總結上文者密點以誌之。即今五色本之紅色是。刻於道光十七年。

作吏要言 閩中葉鎮撰朱椿闡解

是書本不關於檢驗。道光二十三年，淮北同知童濂以寶鑑篇、石香祕録等雜以歌訣，詞多俚俗，一併删去，而以葉氏作吏要言及朱氏闡解附以己見代之。光緒五年浙局刊本又復削去，而補刊寶鑑篇、石香祕録於第四卷之後。

右爲洗冤録之全盛時代。

第四篇　現世史

洗冤録辨正　嘉定瞿中溶撰

瞿爲錢竹汀之壻，學有源本。自康熙間部頒洗冤録後，塗附者多，駁正者寡。瞿氏曰：外省大小衙門，自當奉律例館校正洗冤録爲準，乃予所見，往往多坊刻惡劣小册。且惟刑書仵作備有其書，脱文譌字，若輩安得而知？且書中尚恐有增損竄亂之處，承辦官若素未留心，臨時聽書仵等檢呈，便信以爲然，豈不可懼。館本洗冤録踢傷致死後，附小注一説，言婦人差祕骨，若係娼妓則青黑殆遍。予曾聞之友人云：嘗試驗之，其説未確。案此條乃金壇王氏讀律佩觿所增，惠父原書並無其文，可見後人增益之言未可盡信。又曰：案宋氏洗冤録内有屍圖，係元大德八年所定續入。考馬氏文獻通考，宋寗宗嘉泰四年，詔頒湖南、廣西刊印檢驗正背人形圖於各路提刑司，則此圖亦昉於宋時，後代遞有增改耳。故大德所定不似今之詳細。今雖詳細，而圖小地蹙，掛綫不到，案圖仍不能清辨。又曰：律例館校正洗冤録四卷，爲現行官書，然所採各書，皆不注出處，蓋多輾轉摘集，未必採自本書，故頗有脱落舛錯。余雖爲之辨正，然尚有五、六十處不知所本，無可以原書相證者云云。瞿氏之治洗冤録，有類國初諸儒之治經，廓清之功，此其首矣。原書刊於道光七年。光緒五年浙撫梅啓照乃以此書並下列之郎氏合參、姚氏解附於阮刻本末，爲第六卷。

洗冤録合參　雁門郎錦麒撰

梅氏曰：此書引前人所已言者而訂正之，頗有條理。蓋亦有駁正而無附益者也。

洗冤録解　襄平姚德豫撰

其言曰：余作吏三十年，承乏九邑，深恐人命之獄，死者含冤，生者誣枉。瞻傷察創之不明，獄訟豈得端平。況誣以有罪而誅戮，其冤苦更甚於疾痛。求無冤獄，非讀洗冤録不可。然今洗冤録，作者既非一手，讀者每多誤解。故習刑名者查閲是編，非深通儒學醫理之奥，未易使斯民登仁壽之域也。僅就管見所及，爲近日世人所習誤者，作解數十篇。當世不乏名宦良醫，勤攻予之錯謬，則厚幸也。又曰：録中言驗骸骨者五篇，皆就男女周身骨節實處言，而所言骨節多少，各有異同。以致現行骨格，填注時每有參差，無怪檢骨之官臨場眩惑，老年刑仵，終身由之而不知也。數十年前民情淳樸，於所告之傷，辨明有無，實究虚坐，俯首無辭。今則刑仵日愚，訟師日詐，執録之矛盾者以相難。官以其執有成書，莫可究詰。骨脈尚未明，檢傷欲明得乎？況檢骨之傷，本涉渺茫者乎？又曰：據檢骨實數與録内圖格，間有異同。查骨格係乾隆三十五年刑部司員所定，余焉敢妄議。然每逢檢骨參差之處，終難强骨以合格，因思無傷之骨，尚可置之不論不議，遇骨與格異，而有傷者，豈不大開訟師、屍親藉口之端耶？ 其言皆痛切剴直，且知檢驗與醫理有關係。 自有瞿氏書與此書，洗冤録已受抨擊不少矣。 原書刻於道光十一年。

洗冤新説 英人德貞撰

是篇散見中西聞見録第七、九、十、十二、十四等册。 貞自叙謂同治十年同文館添設醫學，余忝爲教授，先及全體，繼及臟腑。 至於人身之骸骨，次叙名目，中西迥别，莫或折衷。乃取中華洗冤録，察閲人身骨格全圖，與其部位名目，訛謬歧出，不勝慨然。 夫洗冤者，本爲昭雪死生人之誣枉而設。 治體所關，民命所繫，烏容不慎？ 竊以中華自古爲文物之邦，精英萃集，抑何洗冤一録舛錯若此？ 蓋緣居刑官者多胸臆吉祥，又每惡屍身臭穢難近，既委以相驗之責，不得不勉强從事。 監臨遠視，一任仵作之唱報即具文上詳。 刑賓又不無裝點，務使情文兼備，上司方准。 遂至洗冤録中，案牘之比例引證者，累牘連篇，訛以滋訛，有如演義。 雖有睿哲，罔不眩惑。 達者明知其誕妄，而以係頒發之書，奉行既久，孰敢起而正之。 即詳詢之仵作，該役亦不過藉是書爲口實。 令其剖晰所以然之故，難矣！ 用敢不揣冒昧，將西國醫生驗證實據，繙繹出之，以佐華國之聽斷。 溯此科自明末始列於醫學，順治七年日耳曼醫科大學始授之，嘉慶八年英國醫科大學亦授之。 七十年來，此學倡明於泰西各國，各省大學皆設此科，各處公署皆請醫士以佐聽斷云。我不自謀，他人爲我謀之，亦可哀已哉！

洗冤録義證　長白剛毅集

此書蓋取海昌許氏詳義爲之。光緒十七年刻於蘇，十八年重刻於粤。其第二卷末所刊諸圖，皆新摹者。據稱許刻原圖，核與真刑，仍未畢肖，故以新摹全身及各骨散圖易之。其説辨則選存十之四云。剛中丞以最守舊名於時，而猶不肯仍洗冤録之舊圖，卒取泰西所輸入之新圖易之，學不離實哉。案光緒初元，解剖學譯本除全體新論外，全體闡微、全體通考等，均有刊本。剛氏諸圖蓋取此。

中西骨格辨正六卷　慈谿劉廷楨撰

是書志在辨正中國古醫籍中言骨格者之謬誤，非專爲洗冤而著。然所有洗冤録諸書，及乾隆間部頒檢骨圖格等，已條駁無遺義。書成於光緒二十三年。

法律醫學　英人傅蘭雅新陽趙元益譯

原書乃英人該惠連、弗里愛同撰。茲所譯者，係據一千八百八十年光緒六年。第五板本。光緒二十五年刻於江南製造局，總三十四卷。前後並無譯者叙跋，僅譯原著自叙一篇。法律醫本醫學專門之業，非刑官之事。國家既未措意於此，則醫者不必習，刑官尤不必習，未識製造局何以繙譯是書也。是有見於治外法權之喪失乎。洗冤録殆矣。

右爲洗冤録之恐怖時代。

或問曰：世界各國有與吾國同用洗冤録者乎？曰有，惟日本、朝鮮。朝鮮微論矣，日本昔亦崇奉吾國所傳之洗冤録。自明治十二年三瀦謙三始著斷訟醫學，十五年谷口謙始譯國政醫論。尚在德貞譯洗冤新説之後。其後片山國嘉等又著裁判醫學提綱，丹波敬三又著裁判化學，而洗冤録不祀於日本久矣。明治二十一年，片山國嘉自德國歸，被舉爲大學教授，首倡改裁判醫學之名稱爲法醫學。創設法醫學教室，謀檢屍改良之法。醫學專門學校以下均添入法醫學科，而洗冤録遂爲日本法醫學史之前期資料焉，亦我國必經之階級也。

〔連載於醫學衛生報第六、七期，署名陳援庵。〕

此篇所録撰人姓名，或著朝代，或著邑里，或著職官，或但著其姓，或直著其號，體例不一，任便也。編者識。

釋醫院

醫院之制，吾國古代多有之，特皆爲療治貧民而設，未有如今日各國之醫院者。管子入國篇：凡國都皆有掌養疾、聾盲、喑啞、跛躄、偏枯、握遞不耐自主者，上收而養之。此廢疾院也，非醫院。又曰疾，官而衣食之，殊身而後止。尹知章注：殊，猶離也。疾離身而後止其養，則醫院之椎輪也。

南齊書文惠太子傳：太子與竟陵王子良俱好釋氏，立六疾館以養窮民。竟陵王傳亦言：子良於貧病不能立者，在第北立廨收養，給衣及藥。曰館、曰廨，則居然醫院矣。魏書世宗紀：永平三年十月詔曰：下民之煢鰥疾苦，此而不恤，豈爲民父母之意也。可勅太常于閒敞之處，别立一館，使京畿内外疾病之徒，咸令居處。嚴勅醫署分師療治，考其能否而行賞罰。則官立醫院之稍爲美備者也。吾國醫院之制，蓋起於六朝矣。

自是而後，唐有養病坊，宋有安濟坊，若金、若元則有惠民藥局，皆官立以養民之貧病者。唐制養病坊則以僧尼供事。舊唐書武宗紀：會昌五年十一月勅：悲田養病坊，緣僧尼還俗，無人主持，恐殘疾無以取給。兩京量給寺田賑濟，諸州府七頃至十頃，各於本管選耆壽一人勾當，以充粥料。

宋史徽宗紀：崇寧元年八月置安濟坊，養民之貧病者，仍令諸郡縣並置。傅伯成傳：伯成知漳州，創惠民局濟民病，以革機鬼之俗。黄𤲞傳：𤲞知台州，創安濟坊以居病囚，皆自有子本錢。蘇軾傳：軾知杭州，曰：杭，水陸之會，疫死比他處常多。乃裒羡緡得二千，復發橐中黄金五十兩以作病坊，稍畜錢糧待之。又多作饘粥藥劑，遣使挾醫，分坊治病。

金史哀宗紀：天興二年八月設惠民司，以太醫數人更直。病人官給以藥，仍擇年老進士二人爲醫藥官。

元史食貨志：元立惠民藥局，官給鈔本，月營子錢以備藥物，仍擇良醫主之，以療貧民。初，太宗九年始於燕京等十路置局，以奉御田闊闊、太醫王璧、齊揖等爲局官。世祖至元三年，又勅太醫院領諸路醫户惠民藥局。二十五年，以陷失官本，悉罷革之。至成宗大德三年，又準舊例，於各路置焉。凡局皆以各路正官提調，所設良醫，上路二名，下路州府各一名。其所給鈔本，亦驗民户多寡以爲等差。凡此皆歷代醫院之制，今日施贈留醫院之所本也。

然醫院豈獨爲貧民療病已哉！舍貧民外，豈遂無病者哉？吾國古代蓋未知醫院之益也。此其故由於醫學之暗晦。在他國則政治上有政治上所設立之病院，軍事上有軍事上所設立之病院，學術上有學術上所設立之病院，營業上有營業上所設立之病院，貧病院特諸病院中之一種耳。所以諸病院外，又有各等專門病院。如傳染病、精神病、胃腸病、耳鼻咽喉病、皮膚病、肺病、眼病、脚氣病之屬，莫不有特設病院以爲診療考察之用。故其國醫學日益光大，而其國人皆以醫院爲保險行，無貴無賤，無貧無富，有病應入醫院者，無不以入醫院爲樂。彼固視醫院猶己之外府，未有如吾國人之以醫院爲不祥者也。吾國人何獨畏忌醫院，豈不以有積年之習慣哉！在歷史，則六朝、唐、宋以來之醫院，僅爲恤民之典。在粤中，則方便所等，僅爲慈善之業。在香港，則諺所謂玻璃廠者，玻璃廠本傳染病院。且以爲厲民之舉矣。有此習慣，焉得不以醫院爲畏途也。請略言醫院之益：

一、有病不可常對家人者入醫院益。

一、有病不可兼理別事者入醫院益。

一、有病不能速癒者入醫院益。

一、有病須施行手術者必須入醫院。

一、有病能傳染家人者必須入醫院。謂傳染病院。

一、四鄉有欲來省就醫者必須入醫院。

醫院之構造，必較尋常住宅養病爲宜。醫生便，器械便，看護手便。一切起居服食有人監督，不能任性，則不便亦便。如是，則入醫院何嘗不祥，何容畏忌，特恐無上等醫院之可入耳。猶憶格致彙編中有一三十年前議論，及今觀之，可見吾國人近來之進步者。其言如左：

杭州來信問：中國通商各口岸，西人所到之處設立醫院，凡貧病者一概送診。如爲重病，可在院住宿。醫生治病發藥，不取分文。此事最爲善舉，而貧人大得其益。所設之醫院，大半以教會相副，間有爲教外行善之人所設者。又有專爲治西人疾病者，如上海公濟醫院等處。進院之人，分爲數等，取費依所住房屋等事而定。有西醫生數名，每日按時到院，大爲利便。蓋貧苦之人家中多不能潔淨，且無養病之法，亦無應用之器，而公病院中無不備便。病人進院若非絶症，總能治癒。貧微人外，又有士商中之寒微者，稍出錢文，亦可入院醫治。如能另設一公病院，專爲華人養病之所，所出錢費亦依所住房屋等事而定。請問西國設立醫院，其章程如何？

答：所問之意甚佳。設立中國公病院，亦爲易事，祇有兩事爲要：一在中國各等人深信西醫，二在信者肯捐資襄辦。有此二事，則不日可成。如恐西醫治病言語不通，易於誤事，則已有華士數人曾往西國學習西醫，考得醫據者，其醫道應與西醫無異。又各埠開設醫院甚多，皆願收受生徒，教以西醫。數月前聞上海仁濟醫館欲收生徒數名，從學西醫，幫同診治。來者須聰穎子弟，已通華文。數年之後，業即可成。久訪其人，竟無就者。再格致書院之設，原爲興行格致各學，醫道亦在其内。果有人實欲考究此學，在書院内延請西師教習，亦無不可。惟至今尚無人來院議及此事，皆因不明醫學之要，而不信西醫之法也。故華人欲開設公病院之説，尚覺太早。

右見格致彙編第二年光緒三年。第九卷互相問答欄第一百八十四則，其言如是。在今日已達此階級否乎？蓋已如旭光之曦微矣。公立官立之病院，已有數起矣。民政部所設之内外城官醫院，西醫每季診治人數，恒逾於中醫矣見本期醫事批評。則格致彙編所譏誚，已漸可取消矣。人孰不愛生命哉，昔者蓋未之知已。

〔載醫學衛生報第七期，署名陳援庵。〕

醫事批評

警道示預防時疫

現巡警道出有告示云：現據老新城六局禀稱，該局段内近有核疫發現等情。查本年二月間雨水過多，寒暖不時，濕氣甚重，最易發生此種微菌。病勢猛烈，傳染尤易。已病施治，既無必效之方，未病預防，方為萬全之策。除飭各分局加意清潔道塗並嚴禁私囤攔□外，合將衛生規則出示曉諭。爲此示仰城各居民人等一體知悉。爾等須知，疫癘雖屬天災，然能講求衛生，未嘗不可競生存於天演。自示以後，務宜謹守規則，隨時隨事留意調攝，以迓祥和而免夭札。本道有厚望焉。計開規則十條：

一、核疫之毒傳於鼠。鼠身有虱，既嚙鼠後嚙人，人之受毒大半由是。各居民宜捕鼠，家少一鼠即少一病根，不可輕忽。一、鼠肉最為污穢，本無益於衛生。目下鼠疫證多，倘從前悞食有毒之鼠，爲害不少。各臘味店不得以鼠作臘脯發售。居民人等亦不宜以此物充食品。如有違章售鼠肉者，應比照違警律第三十八條第二節違背官令衛生章程處罰。一、屋內宜勤加掃除，並宜常用幾阿連水即臭水。灑地，牆壁舊者用石灰水刷灑，床脚、溝渠、厠所等處，均宜灑以石灰粉。一、宜注意衣服清潔，並勤沐浴身體。一、飲料宜用自來水或山水，不可用井水。如用山水，仍以沙漏隔淨。凡茶水食物均宜煲滚，不可凍食。一、此病之毒，易由傷口傳入。各宜隨時留意，不可使身有傷口。設有之，須注意解毒法。其法以二十份之一石炭酸水洗患處。石炭酸水即加布力水。此水製法，石灰酸五分，鹽酸一分，水九十四分。洗後用洋來合口膏貼之。即俗稱孖指膏。足有傷口，尤不可徒跣而行。一、居民有患此病者，不可留家內醫治，應送醫院或方便醫院等，以免傳染。客店尤宜照此辦法。病人痰唾糞溺，用皂礬末或石灰粉摻之。病者眷屬不可仍居此屋，應避居船上一月半月始可登陸居住。一、各居民焚化已故者衣服，須携往城外無居民處，不准當街焚化，以免穢氣傳染。違者比照違警律第三十八條第二節，違背官定衛生章程處罰。一、酒食徵逐，宜加節制。早睡早起，日夜衣被不可缺少。一、不可食未熟或已爛瓜菓蔬菜及一切陳腐食物。

不知衛生，一等人。知衛生之理而懶於實行者，又一等人。抵制衛生之説者，又一等人。抵制者之言又分數等：凡事有天命，人事不可爲，拼爛而已，此一等。某屋某人好潔甚，亦不免於疫，某屋某人不潔甚，亦不見其死，衛生之説僞也，此又一等。從前無人言衛生學，未見人種絶，今日人人言衛生學，未見癘疫絶，此又一等。年稍老大者曰：衛甚麽生，我幾十歲，何物不食，何水不飲，亦未曾死去。凡此皆抵制衛生之説者也。一言正告之曰：孖舲艇可以去佛山矣，何必坐火車。大眼鷄船名。可以去香港矣，何必搭火船。鄉間過涌之木橋，闊不過一尺，用之數十年，渡盡千萬人，未見有跌下水者也，何必築石橋，更何必築鐵橋。衛生之道亦如是矣。

禁屠避疫

七十二行商報云：新會邑城頗有疫症，陳令於二十六日出示禁屠。文曰：天氣不和，齋戒三日，禁止屠宰，城廂一律。邑人謂會城去歲由會商招人報充潔淨局，除大街垃圾之可以獲利者外，餘概不打理。即城内所有巡警六十名，見之亦不干涉。今但出示禁三日屠宰，非策之善云。

出示禁屠以治癘疫，蓋因所屠牲畜有傳染疫病者耶，則禁之宜也。然禁者之意，未必如是。以言戒殺，則近世學者方將傳疫之老鼠殺盡，而戒殺者乃欲放生，難哉！不殺者三日，第四日又鼓刀復屠矣。均之殺也，吝此三日何？

偉哉汕頭防疫會

汕頭紳商現設防疫會，已訂定章程，計日開辦。今將其序文及章程録之如下：我潮連年鼠疫，論者每歸咎於天行，而不知實人事之未盡也。去年台灣銀行夥伴適染是症，日本醫生以血清藥水救治，病霍然癒。其後嘉應當疫症發現時，州人士用注射預防法，活者無數。則此藥水之奇驗，無待贅言。今者庵埠疫症傳染，過者掩鼻，言者酸心。同人憫之，僉議創設防疫會，先自庵埠一區試辦，由同人量力捐資，購辦藥水，聘請日本醫生伴元造君專司一切療治。復于汕頭地方實行注射預防。伴元造君不計薪金之厚菲，慨然擔任，有足多者。日本領事官暨台灣銀行復極力贊成。夫日本僅與吾國同種，尚熱心如此，何況吾輩，居同鄉，生同井，休戚相共，痛癢相關。對兹浩劫之流行，與其事後咨嗟，空言無補，孰若先時補救，既可保寶貴之性命，亦能造幸福於桑梓。傳曰：人之好善誰不如我。況且兹舉宏大，必集羣力，始克支持。邦人諸友有韙是舉者，請捐金助之，是則同人之所頂祝也。夫章程十則：一、本會定名爲汕頭慈善防疫會，專用血清注射預防等法，以療未染而治已染爲宗旨。一、經費由發起同人並樂善諸君踴躍捐集，除醫士禮儀夫馬，以及購辦藥水等用之外，別項不得動支。所有應需之項，事竣之日列單佈告。一、汕頭施醫公所，附設於同濟善堂，所有幹事由善堂總司理派役擔任經理，不受薪水，以盡義務。一、是會開辦之初，經費未充，醫士先請一人。庵埠疫症酷烈，就近先行療治。設庵埠太和善堂爲施醫分所，俟所醫者有驗，各同人當再行廣募，增請醫士，派往各鄉救治。一、請中華醫院日本醫士伴元造君，暨幫手一名，擔任注射療治。除其謝禮外，通事一人，每月薪金飯食車租共六十五元。一、施醫分所附設於庵埠太和善堂，則一切勞作，應由該善堂派役照料。一、病人有要注射，到會掛號，不取其贄儀藥費。若富裕之家樂於捐資助醫者聽之。一、病人有不能來醫所，欲請醫士往治者，其埠内車租轎費應由病人之家自備。一、文明國對於防疫，皆爲法律所規定，醫士得按法療治之職權。我國人民知識未廣，甚難强行，惟有聽人自便。一、有疫鼠之處，須用藥水清洗乃得無虞。倘有要用，切向敝會聲明，自當代購。

此所謂人巧免疫法也。核疫之人巧免疫法，有哈傳乾志賀潔兩氏之預防接種法，及耶阿先氏之血清療法，爲世所賞用。耶氏乃法國細菌學大家，於一千八百九十四年甲午。與日本北里柴三郎同發見核疫病原菌於香港者也。氏既尋得核疫黴菌，乃發明一種敵疫血清。其法先以種得之疫菌漿種於馬身，使染其病，馬血中即發有一敵疫毒之質。乃取此馬之血清即血汁。用以注射入人身中，不獨能使無病者有敵疫之能，亦可使已病者有敵疫之能。其理與種牛痘及以血清治喉生假皮症略同。香港亦曾用以治疫，惟未見確效。或謂此血清來途遠，其質或有變壞，此則理想之言耳。耶氏嘗親至厦門，閩人知其以治疫血清取自馬血，故有稱之爲種馬痘先生者。今汕頭紳商組織斯會，得風氣之先矣。省中善團有見及此者乎，將有矣。

改良醫院急乎重建城隍廟急

日前北美加拏大雲高華中華會館華僑函致廣仁善堂，並繳回勸捐緣部，力言重修城隍廟非當今急務。函中有一節云：今諸公亦既贈醫矣，惟其收效之如何，可以自問無愧否？吾知諸公未敢應之無疑也。吾見海外各埠之醫院，同是濟世救人，而其地方之宏敞雅潔，服食之安舒適宜，看護之小心慎密，雖在富貴之家，父母妻子之親切，斷不過是。以視我中國之苟簡疏慢，真有天堂地獄之別。諸公以團體之大，豈無身歷外國而目擊其事者，又何不以重建城隍廟之資財魄力而一爲仿效之？如其辦理妥善，則富者亦往就醫，出其資財，便可助貧者不足。此固各國所同然，所謂費力小而收效大也。此善舉中之急於建廟者一也。云云。

華僑以善堂改良醫院，急於重建城隍廟，抑何其言之沉痛也。吾謂改良醫院只可醫人於已病耳，重建城隍廟，則城隍能保佑各人，令人無病，豈不勝於改良醫院耶？或曰：城隍果能保佑人，則城隍廟後樓可不致傾塌矣，然耶？此次之欲重修，即因去年七月大風吹塌廟後樓，跌死司祝一人也。

粵軍新設看護手

日前督練公所發出示文一道，略云：爲出示招募事。照得各國病院，皆有專司看護之人。其人均須講習看護學術，方能勝任。現在新軍各營所設醫兵，不諳看護之法，殊非體貼病兵之道。現議招募學兵六十名，由軍醫學堂山本、梅田兩教習以看護病兵簡法，三月畢業，派充醫兵。如果勤慎從公，即可遞升醫兵目。業經詳奉督憲批准，合行出示招募，爲此示仰軍民人等一等知悉。爾等如有願充此項學兵者，即便查照後開簡章，覓同保人，前往軍醫局報名。統限至三月十五日止云。簡章如下：

一、年齡：二十歲以上，三十歲以下。二、身體：强健無病者。三、性質：柔順能忍耐者。四、學力：粗通文字。五、課業：每日傳習看護法兩點鐘。六、職任：畢業後陸續派充各營醫兵，遞升醫兵目。七、報名：願學者覓同保人至軍醫局報名，查驗合格即填保證書，聽候示期開課。八、學額：先收六十人作爲一班。九、餉章：每名每月給餉銀三兩三錢，畢業補充醫兵，月餉四兩二錢。如果勤慎，可遞升至醫兵目。十、資格：此項醫兵限於廣東人，否則亦須能通本省語言，方爲合格。

他國海陸軍病院皆有教育看護手之職任，設看護術練習所，教授看護術練習生，未有以不學無術之人當醫兵者也。今區區百日教育，雖未得高等看護術，然已勝於不學之醫兵多矣。此亦粤中軍事界之衛生新事業也。

醫生產婆痘師注册

安雅報云：民政部令内外廳造醫生、産婆、痘師注册，將傳令考驗。

接生當以醫生爲之，不得已而後有産婆。種痘亦當以醫生爲之。乃吾國醫生多不諳種痘，痘師又多不爲醫，奇也。聞之日本，當明治十年時，採用新法固未久，而所有國中種痘館掛，悉令除之。種痘館掛者，粤中謂之種痘館招牌。危哉種痘先生，須設法永保其世業矣。

吉省新設檢驗吏

法部、吏部議覆東督、吉撫奏：吉省改仵作爲檢驗吏一摺，請飭各省仿辦。於法政學堂内附設檢驗所，招二十歲以上子弟入所學習，年半畢業，派赴各州縣專司相驗。五年期滿試驗擇優録取，予以從九、未入流等職，繳憑銷差。京城先設一所，奉旨依議。檢驗之事，當委諸醫生，不可委諸仵作。本報第六、七期洗冤録略史叙述中言之已詳，兹不復贅。今所云於各省法政學堂附設檢驗所，招子弟入所學習，未識用何等人爲教官也。部議必有詳細規則，特未之見耳。

英人謀興中國醫學

倫敦函云：英國創立華人應接會，會長爲中國總税務司赫德君。兹擬籌集英金十萬磅，一磅約值中銀十元。爲振興北京醫科大學，及在中國他省設教會醫學校三區之用，以便造就中國醫科人才，及他學問。定於西三月十六號，即華二月二十四日在倫曼生堂會議各節。

中國醫學之不振，中國人之故步自封也。所謂是不爲，非不能也。財力不足耶？聰明不及人耶？非也。則何無人出鉅資振興醫學？則何無人出巨力擔任醫務，而必待他人之越俎代謀也？領得人情多，抑亦覺愧矣！或曰：香港醫學堂，中國人何嘗不捐鉅款。吾聞有鄧竹溪者，於丙午年以遺資萬金撥充學堂經費矣。又有吳理卿者，於丁未年擔任建築醫學堂於港政廳所撥之地址矣。此則中國人能以鉅資與外人辦理醫學者也。而外人之捐資辦中國學堂者，皆其國人主持之，無肯授其權於中國人者。此則慈善心而兼有愛國心之爲之也。

滅鼠防疫

大同報云：保市頓電稱：本處衛生部人員，欲爲未雨綢繆之舉，現已效法大埠，驅捕老鼠，潔淨地方，以防厲疫。業有上流社會之名望婦人數名，亦十分贊成此舉，聞於日間便可從事搜捕矣。

鼠爲核疫之媒介，吾國人亦知之，故有鼠疫之名。而鼠能致疫之理，乃在於鼠虱，本報第三期論之已詳矣。而粵人猶有以屋内有老鼠爲好者。其大意謂疫由地氣而生，鼠居地下，有疫則鼠先沾染。屋有多鼠，則此屋之無疫可知也。藉鼠以壯志，其智識如此，焉得將此則捕鼠治疫之新聞遍告之也。

來路貓

美京華盛頓電云：京本外務部是日接到日本照會，謂日政府欲在芝加咕埠採買好貓五千隻運回日本，捕捉老鼠。因該處近來老鼠非常之多，所有毒老鼠之藥，皆無效力云。

買貓常事耳，何足紀？紀之所以獎勵吾國人之畜貓也。六畜有馬而無貓。馬乃北方之獸，南中安得家畜而户養之？毛西河所以有退馬而進貓之説也。今鼠虱傳疫之理既日發達，則貓之日見重於世界宜也。郊特牲有迎貓之典，唐祀典有祭貓之禮，古人已迷信之矣。聞香港亦有禁貓出口之例也。

萬國衛生會

歐美各國現組織一萬國衛生會，總會設於法京巴黎。贊成者已有英、美、法、俄、意、巴、比、西、和、葡、瑞、埃等十二國，以防備疾病傳染，研究衛生，及編輯衛生雜誌等事爲宗旨。目下正擬組織董事會，以保全會議機關。常年經費，聞擬每年六千金磅，由贊成各國捐助，視所捐多寡以定選舉額數。

曰萬國衛生會矣，吾國獨不在萬國中耶？人不與我入會，抑我不入人會耶？粤諺曰：自己知自己事。不入會亦「自己知自己事」之一端也。蓋一入會，則人將干涉我之不衛生矣。雖然，寧可受干涉，不可不入也。未識吾政府知有此會否？

萬國學校衛生會

萬國學校衛生會會議，第一回以一千九百〇四年開於德國入蘭堡，第二回以一千九百〇七年開於英京倫敦，第三回將於西歷一千九百一〇年三月二十九日至四月二十日開於法京巴黎，與附屬萬國學校及教授衛生展覽品會合開。各國均已派人赴會，聞日本已派定醫學博士三島通良氏爲代表云。

日本人之言曰：我國學校衛生進步之速，超越西洋各國，此實我衛生學泰斗三島醫學博士之力也。氏在東京醫科大學卒業後，復入大學院專攻兒科學。明治二十六年發明新式種痘法，世稱之爲三島式種痘法。明治二十四年奉文部省令行學校衛生之調查，是爲日本研究學校衛生之嚆矢。其後全國學校悉數調查，生徒數百萬均一一視察，後先數年，損益完備，漸臻隆盛。至千九百年巴里開世界博覽會，先生得受名譽金牌。越年被選舉爲萬國學校衛生會終身會員。二十九年，官文部省學校衛生主事，尋兼任高等師範學校教授等職。三十四年撰日本小兒發育論，升授醫學博士。三十六年遊學歐洲，考察歐美各國學務。三十七年歸國，寓於麴町區内幸町，專任小兒科生徒科之治療。先生畢生事業均於兒童有關係，天性然也。日本教育大家石川半山敬慕先生，稱之曰良叔，先生蓋日本兒童之慈母哉！今萬國學校衛生會開第三次會議，日政府復派先生爲代表，不知吾國又將派某先生也？求我國派代表易，求我國有良叔其人，則需復者升屋北面招以衣而呼「皋某復」者三也。

是真犧牲其身

美屬沙加免度電云：下議員學君今日向下議院呈遞一例，請公衆提議。該例云：凡凶犯被判繯首罪者，如肯犧牲其身，送與本省衛生院醫生作爲醫學剖驗之用者，倘後來幸仍生存，即可由總督寬赦其罪，或改定以終身監禁，或縮短監禁之年限云。此例專爲科學起見，未知將來能通過否，靜以俟之。

孟子言：墨子摩頂放踵利天下爲之。釋者曰：摩與糜通，言糜爛其頂至踵，利天下爲之也。生可糜爛其身以益天下，況死乎哉？淺人重視肉體，寗可置廢壕中供蛇蟲鼠蟻之腹，而不知能以此身貢獻於醫學界，爲莫大之榮光也。得吾國人有此等見識時，國步進矣。

禁止用漱口水噴衫

又市加咕埠電云：本埠有人稟稱，華人洗衣館用口噴水之法，殊屬不合衛生，請行禁止。衛生委員聞之，想不日即當嚴命禁止。查其原因，乃巴地臣埠有一某西人將衣領交華工洗熨，及戴領後，竟染得麻瘋疾。蓋此領之邊，業經微爛，華人熨時，用口含水噴灑，該人本染有瘋疾，於是毒質即留於爛領。及西人戴用，竟因此染得惡疾。故本處衛生局不日必實行潔淨華人洗衣館之法，務使盡合衛生之例而後已。因華人噴水法十分危險云。

用口噴水灑衫之能傳染疾病，固矣。即不傳染疾病，亦屬不潔矣。凡人彼此談話，已每覺口臭。吾在光華醫社，見來診牙者，其牙糞常有厚積至不堪者。未知其慳此三分六釐之牙擦乎，抑慳此擦牙漱口之數分鐘光陰乎？不慣見者見之，悶悶欲嘔矣。好潔哉吾國民！

〔載醫學衛生報第八期，署名陳援庵。〕

記普通徵兵身體檢查法

無穿無爛，粵諺謂之好人。夫人有眼耳口鼻及糞溺之排泄，安在其無穿無爛也。以此爲好人，其術粗疏而不軌於道。則又有爲牛高馬大之説者，又有爲腰横髀權之説者。夫牛高馬大，腰横髀權，可以謂之四正後生矣。然此特胚格耳，其他精神器官之構造及作用，適當與否，不可得知也。以此爲四正後生，其術仍略而不備，則又有爲眉精眼企，精乖靈利之説者。夫眉精眼企，精乖靈利，可以信其爲靂仔矣。然得爲靂仔，則不得爲四正後生者多。兼而有之，尚不知其有臭狐、汗斑、牛皮癬、小腸疝及久不久牙痛否也。人人有製造國民之責。國喪既已，婚娶者日何止數射。今試述他國徵兵檢查身體之法，以此爲曲尺，以此爲墨斗綫，以繩度吾國民，合格者幾何？人强斯國强，斯語吾聞之久矣。凡此皆有製造國民之責者所當留意也。檢查身體之法，有如左之次序：一、測定身長。二、檢查視力。三、檢查言語精神聽官。四、檢查一切構造。五、檢查關節運動。六、檢查各部。

一、測定身長：先使脱去衣服，戴眼鏡者同時使脱下。著袴，立量身臺上，兩後跟緊接，正其姿勢，視其膝項部等全伸與未。以頭頂當杆之正中，更視其全身位置以定身長。

測尺畢，使着衣服。

二、視力以斯涅兒連氏簡稱斯氏。試視力表試之。懸試視力表於場内最明之壁上，其位置之高低，大約與眼同。使受驗者立於距離二十尺之位置，與此相對向。先以隻眼，次以兩眼，將表中細小之號視之，問其形狀。能明視二十號者爲視力第一，明視三十號者爲視力三分之二，其他準此，以定視力。如因雨雪，室内光力不足，醫官當爲之顧慮，與自己視力相比較，以定受驗者視力。視力有障礙者，當檢查其爲近視，爲遠視，爲弱視，或爲其他之症，記之於簿。至定種類及度數，當用規定之檢查機械。

三、視力檢查畢，使受檢查者立於醫官前，約六尺之距離。以食指沾濕，密塞其一耳，使受檢之耳對向醫官，低聲問以住所、職業、姓名、年齡等。應答之間，當檢查其言語精神聽官之機能。須特行檢查聽力者，於約六尺之距離，醫官先用前項注意，發低聲使受驗者復誦之。兩耳須各别檢查，低語可隨意擇自二十一至九十九之數字用之。但不可使受檢者目擊醫官口之運動，以推測其言語。

四、前項檢查畢，當視察體格一切構造。其法使受驗者脱衣著褌於距醫官前之二步處直立，正其姿勢，注目於醫官之眼。通觀其顔面、頸胸、腹部及四肢之前面。次使背面而立，通觀其頭頂、背腰、臀部及四肢之後面，同時當留意於有無皮膚病。

五、關節運動：在頭部當使其俯仰顧盼，在脊柱當使其反張前屈及左右屈，在四肢當使行屈伸内外轉回轉等運動。次試步行，又使以趾尖支體重，驗其支柱之力。

六、各部檢查：自頭顱起，至陰部肛門終。其次序如左：

（甲）頭顱：當先查其大小及有無變形。有髮之部，當留意於有無隆起或陷凹之部分，或有無外傷腫瘍等。面部當通觀全面部，且當檢查眼瞼形狀，開合之難易，睫毛之存否，位置方向，淚液分泌及排泄之關係，結膜之健否？次及眼球各個，以對比的查其形狀位置大小及硬度，彈力性。瞳孔之形狀及開縮之狀態，並屈折體之清濁。次查鼻及其近部，鼻道通氣之良否，並鼻腔中有無腫起腫瘍。

口及口腔：當先查口唇之健否，及癒著之有無。次查下顎關節運動之難易，舌、口蓋、咽頭、齒牙、齒齦及口腔一切之性狀健否？且當留意於呼氣有無惡臭。

聽器：首當注意於耳輪周圍，次查外聽道之狹窄及閉鎖，排泄物並新生物之有無。如尚須檢查，則查鼓膜之健否，及歐氏管耳喉管。之通塞。

（乙）頸部：當注意於形狀及有無腫瘍、瘻管、瘢痕等，及其他頸部之位置正否。

（丙）胸部：當查其胸部之長短廣狹厚薄，次檢鎖骨、胸骨、劍狀軟骨及肋骨之性狀，並有無畸形疾病。次使受檢者作大呼吸，視察其呼吸之難易，胸廓運動之狀況。又當注意於心臟之鼓動。如疑其心肺等處有病，當行理學的診斷。測胸圍及呼吸縮張之差，當使兩上肢開展，後則於兩肩胛骨下角之下，前則於左右乳頭直下，以尺帶水平周匝之。次使兩上肢下垂，安放於自然之位置，作尋常呼吸，先測胸圍，次使作大呼吸，以測其縮張之差。讀其度目，則於一側乳頭之下行之。

胸圍以達身長之半，呼吸縮張之差以一寸五分以上者爲度。但胸廓構造佳良者，及將來有發育之望者，當酌量之。

（丁）腹部：當先查其腹壁，次查腹腔内有無腫瘍臍疝等病。

（戊）脊柱及骨盤：當先查其方向位置之正否，次查各椎骨、腸骨、薦骨、尾骶骨等處有無異狀。

（己）四肢：當查其形狀、長短、大小、皮膚及皮下脈管之性狀等。

上肢：當先使兩臂伸於前面，兩掌相合，檢查有無長短之差，及肥瘠發育之不同。手背手掌手指等有無異狀，然後將兩臂擡高，檢查有無腋臭。

下肢：則將兩肢比較，查其肥瘠及發育之度，再查胯關節並膝關節之位置，方正與否。下脚有無靜脈怒張，足背及足趾有無異狀。次使舉足，檢查足蹠。

（庚）檢查陰部及肛門：先使其脱褌。陰莖則檢查尿道口之位置，問其排泄之難易。

陰囊則檢睪丸、副睪丸之存否，位置、肥大、瘦小，有無腫瘍，及精系靜脈之怒張，腹輪之擴張，並有無疝病。再使受檢查者背面，且前屈其體，檢查有無痔核、痔瘻、脱肛及其他肛圍諸病。但查疝時，當使其力行努責。

各項檢查畢，乃使受檢者着衣服，醫官定體格等位，將等位之印，及自己之印，蓋於體格檢查表中。

嗚呼！以此檢查，可謂之奄尖已乎？可謂之骨子已乎？誠如是，可以謂之好人，可以謂之四正後生，可以謂之靂仔，可以謂之完全無毛病。相女壻者能如是，是亦足矣。吾國古有相人術，而荀卿乃有非之之論。以相人者徒相其窮通否塞，而不相其知愚賢否，於民體無補，而於民德民智且有大阻礙也。今徵兵者乃不用相而用檢查。相者相其面目，檢查者檢查其全身窿罅，尤甚於野蠻者之睇二奶，雜事祕辛吳姁之相女瑩也。沙基大街多睇相者，除相面目外，只可贈看左掌而已。右掌且不看，何有於當街使受相者脱其衣褲也，則其術亦疏略而不精之甚矣。吾國國諺有「好仔不當兵」之論，斯言謂何？聞小説家言，招兵者，投軍者，不曰身長八尺，則曰腰大十圍，未聞有從發瘋院中揀好人，廢疾院中求老將也。則「好仔不當兵」之説非實事也。然徒曰身長八尺腰大十圍，何若人之個個揀過，如揀丁丁骨也耶？製造國民者勉矣！

〔載醫學衛生報第八期，署名陳援庵。〕

肺癆病傳染之古説

肺癆病之能傳染，自昔知之。釋名曰：注，一人死，一人復得，氣相灌注也。即指此也。特因其勢甚緩，非如鼠疫、吐瀉等之急劇，故世人不之注意。本報第二期肺癆病傳染之歷史一則，聞者亦多咋舌，以爲太過。勖以古説，當釋然矣。諸説如左：

華元化傳屍論曰：傳屍者，非爲一門相染而成也。言不屬於遺傳。人之血氣衰弱，臟腑虚羸，中於鬼氣，因感其邪，遂成其疾也。或因酒食而遇，或因風雨而來，或因問病弔喪而得，或朝走暮遊而逢，或因氣聚，或因血行，或露卧於田野，或偶會於園林。鍾此病者之氣，染而為疾，故曰傳屍也。

按此言傳染之端，隨處皆是。故各國法律，凡於學校、病院、船埠、劇場、旅店、公所、製造所及地方官指示之地，皆需分置唾壺。無論何人，不得吐痰壺外。違犯者處以相當之罰金，法至嚴也。

又曰：屍初鬼注者，即五屍之中屍注也。其大略令人寒熱淋瀝，沉沉默默，不的知其所苦，而無處不惡。累年積月，漸就頓滯，以至於死。死後復注易旁人，乃至滅門。

巢氏病源曰：屍注病者，則是五屍之屍注流注身體，令人寒熱淋瀝，沉沉默默，不的知其所苦，而無處不惡。積月累年，漸就頓滯，以致於死。死後復易旁人，乃至滅門。以其屍病注易旁人，故爲屍注。又曰：注者，住也。言其病連滯停住，死又注易旁人也。

本事方曰：屍注，大約使人淋濿，沉沉默默，不的其所苦而無處不惡。累年積月，漸就頓滯，以至於死。傳於旁人，乃至滅門。覺如是候者，急治獺肝一具陰乾，取末水服，方寸七日三服，效，未效再服，此方神良。

按此三條，詞語大同，固師說相承者耶。云以獺肝治肺癆，似亦有所閱歷。今人治肺癆初級，有用魚肝油者。魚肝油本含有改病之碘質，謀利者常以海獺油與鯨魚油代之。此等海獺、鯨類之油，亦含有碘質，見西藥大成。古方以獺肝治肺癆，稱爲神效，蓋亦有取也。

范汪方曰：凡九十九種寒屍注，隨月盛衰。人有三百六十餘脈，走入皮中，或右或左，如人所刺。至於死，死屍相注，或至滅門。

外臺祕要方曰：傳屍之疾，本起於無端。莫問老少男女，皆有斯疾。大都此疾相尅而生，先内傳毒氣，周遍五臟，漸就羸瘦，以至於死。死訖復易家親一人，故曰傳屍，亦曰傳注。以其初得，半卧半起，號爲殗殜。氣急欬者名曰肺痿，骨髓中熱稱爲骨蒸。内傳五臟，名之伏連。不解療者，乃至滅門。

醫學正傳曰：其侍奉親密之人，或同氣連枝之屬，薰陶日久，受其惡氣，多遭傳染，名曰傳屍，又曰喪屍，又曰飛屍，曰遁屍，曰殗殜，曰屍注，曰鬼注。蓋表其傳注酷虐而神妙，莫聚以測之名也。雖然，未有不由氣體虚弱，勞傷心腎而得之者。初起於一人，不謹而後傳注數千百人，甚而至於滅族滅門者，誠有之矣。然此病最爲可惡，其熱毒鬱積之久，則生異物惡蟲，食人臟腑精華，變生諸般奇狀，誠可驚駭。

直指方曰：癆蟲食人骨髓，血枯精竭，不救者多。人能平時愛護元氣，保養精血，癆不得而傳。夫惟縱慾多淫，精血内耗，邪氣外乘，是不特男子有傷，婦人亦不免矣。然而氣虚腹餒，最不可入癆瘵之門。弔喪問疾，衣服器用中皆能乘虚而染觸。染患日久，莫不化而爲蟲。治療之法，大抵以保養精血爲上，去蟲次之。

按此二條，則直謂侍病之人及兄弟夫婦、衣服器用，皆能傳染。必有所見而云然也。但所謂癆蟲，則肉眼可見，與都卑加匿菌無涉，不能强爲附會。大抵癆蟲者指肺二口蟲之屬。肺二口蟲病，雖尋常力士車夫，體質堅實者，亦恒患之。其原因由於飲不潔之水及食未熟之蔬果。亦有血由胸中唾出。至都卑加匿菌，則非用三百五百倍以上之顯微鏡，及特別之著色法染之，尚不能見。其形細如髮，焉有肉眼可見，如證治準繩所載諸癆蟲形狀者哉？古醫説之不足據者，都此類。

〔載醫學衛生報第八期，署名陳援庵。〕

論人巧免疫之理

本報第八期發行後，熱心人巧免疫者，函問血清治疫之理不絶。本期又載潮州發起防疫會，與汕頭防疫會相應，聞省城光華醫社陳君則參等又將在省城組織斯會。著者前言，省城善團必有聞風興起者，今幸而言中，足見好善之心，人有同情也。今將人巧免疫之理，及血清療法，録之如左。其言皆世界之公言，而吾所録者，則日人渡邊寅次郎之所述也。

甲、天然免疫性

同一微生物，傳染於人，亦因人所禀之體質而異。甲感其毒，乙則不感其毒。故別人之體質爲二：曰感受性體質，曰免疫性體質。更別此體質爲二：曰先天的，曰後天的。

一、先天的感受性，及先天的免疫性，不獨人類有之，禽獸亦然。即如黴毒、猩紅熱、麻、回歸熱諸疫，惟人類感之，禽獸則不感。此外犬之於脾疽疫，兔之於馬鼻疽疫，山羊之於癆疫，亦各不感。鷄鳩雀鼷兔諸族，均爲虎列拉微生物所犯，然犬貓則毫不爲所犯。同是人類，如二人同入瘴蠻之地，甲客先觸毒發瘧，乙客則康健如故，毫無所感。同一家族，甲兒患麻疹痘瘡，乙兒則獨免感染者。凡此均屬先天的免疫性者也。

二、後天的感受性與後天的免疫性：因體質機能相異之故而别。即老幼之差，職業習慣之歧，衣食居住之懸殊，精神感動之不等是。例如實布的里喉生假皮。疫犯嬰兒，癆疫犯壯年，虎列拉、赤痢犯過飲暴食者是也。此外窒扶斯、癆、虎列拉易感於恐怖懊鬱之時等是。

三、有病退後而體質增感染性者：如麻、瘧、肺炎、實布的里諸疫是。如瘧疫則一次感染之後，每歲依期而發者有之。意大利亞、臺灣等地，不乏其例。若是者何也？因前所犯微生物未悉泯滅，而潛伏身内，依期而作，再逞生育蕃殖之勢也。二三疫病所犯微生物未悉泯滅，而潛伏身内，依期而作，再逞生育蕃殖之勢也。二三疫病學者，謂一次感毒之後，其體變爲虚弱，適遇微生物自外新侵，因致年年相發，亦無據之言耳。

四、有病癒後變感受性爲免疫性者：如痘瘡、猩紅熱、麻疹、窒扶斯等諸疫是。虎列拉亦有已癒後能保守半年至四五年之間，成爲免疫性而不復染者。總之，疫病之一生祇發一次而不再發者，稱曰後天的免疫體質。

乙、人巧免疫法

近今疫學進步，愈究愈精，不僅恃天然免疫法，更創人巧免疫法。人巧免疫法之製造有五種，列於後方：

一、先將疫源即微生物。之毒最激烈者，假天工或人巧，減其毒勢，始接種。其法將微生物置於體外高熱之處，或曝以日光，或空氣，或觸以電氣，又或作養池，加藥物少許後，令微生物蕃生乎其中。最妙就禽獸係感染性者，種疫源於其身內。俟疫發之後，更將其疫漿移種他體。如此者再三，然後用其疫漿施於人體，如是而得輕減其毒勢。質那種痘法亦屬此法，而其所用痘漿，係自牛身轉過者，所以毒性極軟也。

二、先於身外一處，培殖疫源微生物，後以熱或電氣奪其生，或粉碎其形而濾之。取其新產之毒汁，注入康健之體內，以令免疫。此即一千八百八十八年法人琶司奪兒就虎列拉微生物所發明者也。別盧也兒等由此法用攝氏表五十五度至六十度熱，殺戮窒扶斯微生物，以其少量噴入窒扶斯病者。不過一二回，即見身熱下降，脾腫減少。此法兼免疫與治病兩大益。

三、將異種微生物或同種微生物噴入病者身内，令其與所已侵微生物互競爭存，以免其毒。例如患脾疽疫者，將丹毒或肺炎微生物種之身内，則不特減其病勢，即疫退後亦終身不再患脾疽。現日本講疫學者欲施之於虎列拉及腸窒扶斯，而其效終未顯，固必有達目的之一日也。

四、將已殺死之微生物製一種類似蛋白質，名曰布羅迭，應用之噴入人畜身内，則可以治病，又可以免病。如德人廓荷所創而爲世人所共賞者之刺別兒哭林療法，及法人諾加兒奪所創之麻列音療法，皆錚錚者也。

五、將非微生物噴入身内，以奏治疫免疫之效。如夜夜兒利奚之以植物性蛋白利金萆麻子之毒質。及阿不林，莢豆之毒質。别令孤、北里、緒方、岡田諸氏所施於窒扶斯虎列拉、狂犬毒、脾疽、鼠疫、丹毒、破傷風、實布的里諸疫之血清噴入法，均屬此法。此法既屢施之禽獸身内，效驗特顯，斯道之進步，洵有不可測者。

丙、免疫之理

今無論先天、後天與天然、人巧，請略述能令感染性轉變爲免疫性之理。諸大家所説各異，未有一定，依次論之如左：

一、養料食盡說： 此說係庫列部士、琶司奪兒諸家所發。曰疫源微生物一侵人畜也，所有體內所含之養料悉取食盡，致令再來微生物無棲息餘地。按禽獸一患疫，已癒之後，試屠之取其血與肉，更接種以疫源微生物，潑潑以動，蒸蒸以殖，毫不見有食盡養料之跡。故知非確論。

二、奪生說： 此說係已滅氣尼可副等所發。曰人畜之體，一經感染疫病，則血肉俱變其質，可以抵抗疫毒。故遇疫源再侵，克保守本體而反令微生物致死。按此說亦似不妥。

三、遺留說： 此說自竅別奥等出。曰人畜患疫已癒之後，前所侵微生物則產有如炭養酸質者，仍遺留於人畜體內，能令微生物不能再侵。按此未足爲確據。人畜之體，血與肉刻刻消長，新陳代謝，無時或休，則安有使特種產質永留體內之理。

四、强胞獨存說： 此說自部福涅兒、卧兒副別兒故諸家出。曰人畜之感染疫毒，體內之弱細胞爲微生物所蹂躪而先滅，惟强細胞獨存不滅，能拒微生物不令再侵。按此仍屬無據。

五、習慣說： 此說係路部涅兒所倡。曰人畜患疫後不再感者，非微生物所能使，乃因微生物所產之機能也。微生物一入人畜身內，常產特性微物，綿綿不斷，混於血與肉間，反生抗毒之力。猶食砒者之能慣於砒毒，吸鴉片者之不畏鴉片，均由習慣成性。按此説似稍可信。

六、液質説：此説自別令孤等出。曰各疫之不再感染於人體，因其血内含有特異抗毒的液質之所致。按近今學者所屬望，即在此説。例如將家兔之血及犬之心包液，或其眼房液，噴入於脾疽疫中，則足以殺其微生物，而令無餘毒。距今二十年前，法人副龍些嘎兒，用動物之脾核液汁噴入於黏液水腫病者，即能治之，亦因此理也。

丁、血清療治法

今特述血清療治法。此法一出於世，猶闇夜得燭，迷海得磁。試就諸家所創血清治法，略述其説，令人易解。

別令孤將脾疽微生物種於鼠血，或其血清内，見該微生物倏忽滅死。又種之於鼷、天笠鼠、家兔、牛等血及其血清内，即見該微生物活潑蕃息。氏於是證明鼠血之滅微生物非他，因其有先天的免脾疽性也。厥後氏及來現，俱就此等動物反覆歷驗，乃證出動物之血，有先天的感染性，與先天的免疫性之別。又證出先天的免疫性動物之血，雖噴入於先天的感染性動物中，不能免其無病，亦不治其已病。北里嘗因雞有先天的破傷風免疫性，乃將其血清種於異種動物之同患此疫者，毫不奏效。別令孤及維兒尼奚等又因鼷鼠、犬、馬、牛及鳥類等，均有先天的實布的里免疫性，乃取其血以種於異種動物之同患此疫者，亦復無效。二者可以爲例。

然先天的免疫性動物血中，更加多量毒質，或增加其毒力，以噴入於人畜體內，則微見免疫抗毒之效。即如雞之血，原含先天的破傷風免疫性，然取多量同疫毒質加之，則稍變其原質，以發抗毒力。乃取之以種於異種動物體內，果微見有免疫之效。鼠族於實布的里係先天的免疫性，試取其血施於異種動物，視其所顯，亦與前不異。所謂人巧的免疫血清者，即由此法出。

有人嘗將犬血噴入於家兔腹内，云可得癆疫免疫性。又有人將免疫性山羊之血移於異種動物回管内，云可得癆疫免疫性。二者俱不足信。

以上言先天的免疫性動物之血，不能治病及免病。

人巧的免疫動物後天的免疫動物。之血，與天然的免疫動物先天的免疫動物。之血，其質不同，因抗毒力之强弱也。此説於一千八百九十年，别令孤、北里俱公於世。兩氏將實布的里毒或破傷風毒，以種於動物。待疫發，更將人巧的免疫動物之血種於體内，即能治之。

又將其血先種於健全動物，亦得以免疫。其效如此者，因血内化生有抗毒質也。抗毒質者何，西語稱安齊佗其心，非血内細胞含之，乃細胞外之漿液血清。含之也。此安齊佗其心，能消疫源微生物所産毒質，令不肆其毒。

兹設一養池，以養破傷風或實布的里微生物。俟微生物脱去，乃將所遺之液，種之於健全動物，以試其毒性之强弱。不久疫發甚烈，幾不異微生物入乎其中。又除去養池内雜質，取其毒性之最純者，種於健全動物，其發疫亦復相同。若仍種之於曾射血清之免疫動物，則二者俱不顯出毒性，而健全之體不異。

嚴於破傷風疫係先天的感受性，别令孤、北里等乃將人巧破傷風免疫性動物之血，種於其體内。未病者則變爲免疫性，已病者則得因而治之。反之，在其體内先噴入疫毒，次種以未經人巧免疫之家兔、牛犢等血，則不惟不滅毒疫，勢必太劇，或因此而斃。此二者實地試驗，反覆不爽，即知非人巧免疫性之血，則不能奏效。

别令孤更就實布的里疫，創人巧的免疫性。其法，先種疫毒於動物體内，病發垂死，乃種以已經免疫動物之血或血清，能使其回生。因知係其免疫性動物之血或血清，不獨施於同種族有效，普施之於人畜，亦均奏效。所謂血清治法，廣濟民生也。

以上證明人巧的免疫性動物之血，乃可以治病及免病。

榼汝滅奪等，又創交換性免疫法，是亦屬一種血清治法也。或曰，蛇毒免疫血清，能令異種動物不中其毒，破傷風免疫血清，能令異種動物不感其毒，則因同疫相攻也。今試欲移蛇毒免疫性動物血清以治破傷風，則不能因異疫相攻也。然如狂犬毒免疫性家兔血清，則反之得移以治蛇毒與阿不林毒，豈有異疫不能相攻之理。魯氏又欲種實布的里毒於諸動物，以防其感阿不林毒。但夜夜兒利奚斥之，謂是不易遽行。

以上言交換性免疫法，其説奇闢，頗動醫界。然其法未精，未見賞用於世。

凡此皆人巧免疫之理也。至於核疫之血清療法，已於第八期醫事批評中略紀之，兹不復贅。

〔連載於醫學衛生報第九、十期，署名陳援庵。〕

告種痘者

光華醫社以禮拜四日爲種痘期。到社種痘者多問曰：此嫩仔好種痘否？蓋不知如何乃可種痘也。又有種痘後來社檢診者，蓋種痘後得不良之感驗也。乃剌取成説即種痘施術心得書。爲書一通以告一般父母及一般痘師。

一、種痘之適否

適於種痘之時間，以春秋二季爲最良。然四季均不妨施種。

不可施種者如左：

甲、生後未經七十日者。

乙、爲種痘而可增一時之病患者。

丙、居住丹毒流行之土地者。

丁、有蔓延性之皮膚病者。

戊、不欲食物或哺乳者。
己、有嘔吐或瀉者。
庚、患熱性病者。

二、種痘之方法

甲、裸欲種之一臂或兩臂，三角筋抵止部。先用肥皂水洗淨，次用酒醇或藥水消毒，以皮膚微見血盛爲度。
乙、種痘後用布帶纏束其部位，以防指搔。
丙、種刺法三針至五針，視受痘者之年齡體質爲定。各針之距離，概隔一仙迷突，法一仙迷突約中國海關尺二分七釐九毫强。在使痘疱之暈輪不互相密接爲要。
丁、每種一人，針刀均須浸於酒醇或石炭酸水或硼酸水等消毒，防以甲兒病毒感染於乙兒也。梅毒、麻瘋、瘰癧、肺癆、皮膚病。
戊、輕刺輕切，均以不見流血爲度，需要熟練。
己、貯藏痘苗，必須令避日光及寒熱。

庚、凡痘苗不可用過六十日以上者，恐其效不確。
辛、禁從他小孩臂痘取漿。

三、種痘後善驗與否之鑑別

欲鑑别種痘之善感與否，當視左列各項之要點：
甲、接種後第二日以内已見成形與否？
乙、痘疱既具常形，其大小及皮下皮上能相同與否？
丙、紅暈爲常形與否？
丁、整然經過，有悞期間與否？
戊、至第八日發微熱否？ 若不發熱，有呈他種徵候與否？
己、痂皮黯褐色或黑色，其厚硬皆如常度與否？
善感之徵候如左：
接種後第一日及第二日之間，若無異刺傷，則施術後針痕之周圍所發紅色之小暈，不久即可消失。或不見暈者亦有之。

第三日，針痕之部，若生小紅點，試以指頭觸之，當稍隆起。經過緩慢者，至第四日或第五日方生紅點。

第四日，帶紅色而且硬，且生一突起之丹形或橢圓形之小結節。

第五日，結節成爲細小之水疱，其周圍現一小紅暈。

第六日，水疱稍增大，其周邊隆起，疱之中央漸次凹入。疱中稍薄透明，且稍帶藍色之液，周圍之紅暈稍見增大。

第七日，諸病益加增。

第八日，痘疱已達成形，其大如豆，周圍浮腫，微覺疼痛。疱中之液倍加充實，紅暈亦愈大。當此期或此期以前。或發微熱，或全無熱候而面帶蒼白色或腋下覺痛，水脈腺腫起。

第九日，紅暈更大，色澤亦加。

第十日，疱液化膿，或爲白濁或黃色之膿稠液。疱之中央稍稍凸起，其形必成扁圓。至第十二日，痘疱之形狀不變。自此日始見收縮，疱之中央及周邊次第乾固，漸變褐色。周圍之紅暈亦漸消退，次第變爲黯褐色或黑色，結成堅實厚痂。其初緊著皮膚，不易剥離，結痂後八日乃至十日始見剥脱。其遺留瘢痕係圓形或橢圓形，現一淺形凹窩，窩内更有多數之小凹點。

但已經種痘一回而行重種、三種者，或有感染者，其疱顆細小，不出七八日可以痊癒。

不善感諸徵如左：

甲、接種後第二日以内始成形，而未達常形，旋發蔓延之炎症。皮下不硬，紅暈不匀，痘疱化爲膿，其隆起之狀如半球形，或圓錐形。乾固之後變作黄色而結疏鬆之痂皮。有時至第二日後雖成形，而其經過不整，與善感者自有别。又不善驗者亦有時腋下覺痛，或發微熱。

乙、接種第一日内生赤色之大疱，速充實以漿液，上皮旋破，露出膿面，或結爲濕潤的淡色之痂皮。

丙、紅暈忽龐大腫起，或陷於潰瘍。

丁、至第八日數疱相合，成一大潰瘍。或結一面痂皮，其潰瘍或痂皮之周圍皆變赤色。

戊、痂皮脱落之後，所遺之瘢痕深而不整，且底面平滑。

四、種痘之注意

甲、初種之不善感者，或因痘苗不良，或因其人一時有不感性。故須於三四周後選擇善良痘苗再行接種。

乙、種痘之際，當防他症併發。而天然痘流行之際，於接種後八日之內，尤當嚴防其感染。但受病者已暗染天然痘，於其期內接種者往往有之。

丙、當天然痘流行，而種痘有不可緩之際，雖平常不可施種者有多項，見第一。然除熱性病者外，皆須接種。

丁、種痘中當避寒冷，又須居於清潔之空氣中，平常慣食之物皆不必禁忌，亦無需醫藥。

五、採取人痘及貯蓄痘苗之法

近來牛痘種多購自日本，以日本航路不遠，由日達粵，不過數日間，牛痘苗概能保存二月以內也。然粵中痘師仍有採取人痘種者，是不可不慎。

痘苗不可採取者如左：

甲、痘疱之成形過度及過大者，發暈甚大者，疱緣或暈部生水疱者，痘疱隆起而漏出澄明之漿液者。有一種可疑之色，如發紅藍色者。此等異常痘疱之近傍，所有正疱亦不可採取。

乙、痘液與血液混合者，疱之中央之痘液有腐敗之虞者，痘疱有化膿之勢者，爲爬搔及摩擦而致痘疱破潰者。

丙、有梅毒腺病及皮膚病者，營養不良者。

丁、丹毒併發者，經過異常，有不善感之疑者。

戊、經天然痘者，重種、三種者。

採取痘液，大抵以接種後第八日爲佳。然隨氣候之寒暖及各人之性質，亦有以第七日或第九日爲適當者。善感及良性者之痘疱，其所含包之漿液，黏稠如露珠而不渾濁。採取痘液之法，當避痘疱之中心。由疱面斜行淺刺，不可見血。發痘一顆之痘疱，不可採取其漿液。若有數顆，亦不得傷其一。貯蓄痘苗以供接種之用者，將痘苗貯於玻璃板間而加密封，或吸入玻璃細管而封其兩端，以避日光及寒熱之過度。

六、種痘律

大陸各國皆設種痘律。種痘律各國不同，大約分爲三種：曰放任主義，曰督促主義，曰强制主義。放任主義者，種痘與否，一任個人之自擇也。强制主義者，以國家權力使之俱行種痘也。督促主義者，位於二者之間，國家唯定善良之種痘法勸告各人使之自保其身也。

證之各國法制，俄羅斯等則採放任主義，佛蘭西等則採督促主義，德意志等則採强制主義。日本明治十八年制定種痘規則，亦如德制。述之如下：

第一條　種痘須於小兒出生後滿一年以内行之。若無效驗，更須於一週年内再施行三回。

第二條　種痘雖已奏效驗，五年或七年之内，必當重種一次。重種之後，仍須於五年或七年内行第三種。

第三條　遇有天然痘流行之兆，可不拘第一條及第二條之期限，於該官吏所指定之期日内，即可施行種痘。

第四條　應行種痘者，以有疾病或事故，不能依第一條、第二條、第三條之時期，其有疾病者，應得醫師之診書；有事故者，應得親戚或鄰保之印證書。均須送至户長役場。

第五條　已施種痘者，應於醫師指定之日受其檢診。

第六條　種痘已畢者，應由醫師領取種痘證。但罹天然痘者亦可照本條辦理。

第七條　未滿十六歲者之尊長、後見人或傭主等，現爲幼者之監督，應任前各條之責。

入貧院、育兒院等者，則該院主長當任其責。

第八條　醫師檢診種痘之善感與否，當附與以種痘證。但罹天然痘者，經治療後，亦當照本條附與其證。

第九條　犯第一條、第二條、第三條、第四條、第五條、第六條及第八條者，應受五錢以上、五十錢以下之科罰。

第十條　府知事、縣令應製種痘明細表，每年一月及七月兩次，須布告於内務卿。

告者曰：我國之有種痘術，百年於茲矣，國家未嘗過問也。我國之痘師，未必盡有普通醫學之知識也，因種痘而致病者有矣，國家亦未嘗過問也。近民政部有令痘師悉行注册之議，意吾國種痘律將有頒行之一日乎？

〔載醫學衛生報第九期，署名陳援庵。〕

奏設檢驗吏已咨行到粤

前由東三省總督奏請以仵作改爲檢驗吏，比照吏員給予出身等因，經紀前報。兹復由法、吏兩部會議奏明，通飭各省一律遵照，現已咨行來粤。查原奏略謂檢傷之法，外國責之法醫，中國付之仵作。法醫係專門學問，先必由學堂畢業，於一切生理解剖諸術，確然經驗有得，始能給予文憑。故業此者自待不輕，即人亦無敢賤視。而仵作則係其黨私相傳授，率皆椎魯無學，平昔於宋慈洗冤録一書，句讀且難，更無討論。各州縣既視爲無足輕重，若遇相驗，但令該仵當場喝報，即以爲事可□辨。甚至本地並無仵作，移借鄰縣，不問其人品、技業精良與否。注傷填格，種種弊端，不可究詰。馴至案懸經歲，尸屬忿爭，朽骼腐胔，或且誤遭蒸驗，是難盡法以繩其後。而生者已控無可控，死者實冤益加冤。嗣後曾設有審廳省分，應於上級廳內附設檢驗學習所一區，調取各屬識字仵作，並招考二十歲以上聰穎子弟若干名，責令檢察長督同入所肄業，各給洗冤録一部，派員講解。此外生理解剖等學，亦應擇其普通淺近，關係檢驗者附入課程，並陳列骨殖模型標本，定期一年半畢業，發給文憑，分派各州縣專司相驗等事。舊日仵作名目，即改爲檢驗吏，優給工食。其未經設有審廳各省，即在法政學堂内添設檢驗一科，俾人知向學，獄盡無冤。給予出身，則比照吏員，以着役期起五年期滿，考試分爲從九、未入流兩項，注册選用云云。督憲接文後，即飭司刊刷例册，酌量籌辦矣。

談者動曰收回治外法權。夫欲治外法權之收回，舍與人爲同一之法律不可也。暹羅近亦大改法律，與歐洲公律等。聞英人已撤去領事，所有居留暹羅之英人，均與暹人同受治於同一法權之下，此其大驗矣。中國乃不肯輕改法律，以爲中西風俗不同也。烏知所謂同一之法律者，猶之吾商家之行例耳。對於内，則一鋪可以有一鋪之規例，對於外，則不欲與人交易則已，不欲入行則已，苟其欲之，則不得不遵通行之行例也。商業如此，國業何獨不然？抑何謀國者乃若是夢夢耶？今仵作之改檢驗吏，似矣。然試問有人命交涉案，他人將公認我檢驗吏之所驗以爲據否耶！抑仍必以曾受法醫學教育之醫生所驗爲據耶？吾初聞仵作改設檢驗吏時，不知其若是已也。今乃仍以洗冤録爲課本，而於生理解剖等學，不過擇普通淺近者習之，則亦烏足以折服他人哉？豈捨蕪雜謬誤之洗冤録，遂别無可以爲教者哉？原奏明明知檢傷之法，外國責之法醫矣。以外國責之法醫者，我乃責之檢驗吏耶？故謂檢驗吏不猶愈於今日之仵作者非也，謂人命交涉案能據檢驗吏之所驗以與外人爭勝，則左矣。

壞鬼先生多别字誠哉

醫生羅森以被人僞冒方藥具禀警署，請予查禁。王道據禀，以所列市藥，既屬平常，而於蟬酥作蟬鬚，麝香作射香，血蝎作血藹，誤字連篇，其平日並非積學已可概見。以此等不學之醫，平常之藥，何致為人僞冒假充。而來呈一似僞冒之多，其為自行鋪張以為廣告之用，昭然若揭矣。但近來各家藥店，多有此種辦法，已成常套。既據禀准有案，姑准一體查禁。又醫生蘇元勛將所著論説具呈巡警道，奉批謂：來禀已悉，兩論牽合中西，毫無心得。至引用封神演義之説，尤屬鄙瑣不經。各方藥味雜湊，未見精義。其以防已、苦參為調養藥，鬧楊花子為天仙子，考核亦未詳審。所請通飭各界知照之處，應毋庸議。醫學精微，關人性命。該生如欲以醫行世，須再潛心研究，不可鹵莽滅裂，貽害民生。本道忠告之言，幸勿以為河漢也。論説附。

語曰：「心肝脾肺賢，日日賺幾錢。心肝脾肺腎，日日無人問。」此語雖舊，可見醫人識字之不足貴也。抑吾聞昔有醫者洗焉希，其自寫招牌曰「洗焉希醫科」，誤寫爲「洗馬布醬料」，見者無不匿笑也。又有外科醫者黄炎建，自書横額曰「黄炎建包醫惡毒大瘡」，乃左寫爲「瘡大毒惡醫包見閻王」也。凡此，未知説者之作家乎，抑果有是事乎？今羅生既以蟬酥作蟬鬚，麝香作射香，血竭作血藹，蘇生又以鬧楊花子作天仙子，藥材無定字。此語殆專爲我輩設也。吾國醬料所以日見進步者，此非一大原因耶？

坊人有太古遺風

時敏報云：粤垣天時不正，疾疫傳染頗衆，居民惶駭。城隍廟司祝謡傳購買上好息香一筒，往城隍廟祈禱後，向司祝换回免難辟疫香三枝或九枝，於四月、五月、六月之初一日在家每日炷香一枝或三枝，虔誠拜禱，始獲平安，且能邀福。連日無知男女，購香往换者，不知凡幾。司祝名爲不取錢文，惟以多數之香换回數枝，且到廟者勒買寶燭一毫，另有緣部勸人簽捐。其謀利之法，真可謂匪夷所思矣。又云：城内疫症流行，死亡頗衆。平日既不講求潔淨衛生，遇病復不研究方藥，一味媚神以求消災，其愚昧殊堪浩嘆。月之初三日，觀蓮街衆又因時疫之故，求神禳解，集議捐資，請某寺僧人數輩在該街華光廟内，日則誦經，夜則焰口超幽云。真不值識者一笑。

七十二行商報云：城東榮華坊横街小巷，住眷稠密。近因疫症流行，該街好事之徒捐資跳舞獅子，以爲鎮壓，可除厲疫。東元里某宅邀獅入室，使其跳舞，助以紙炮。詎舞畢未逾一天，該宅忽一人染而逝。不及三天，舞獅者亦因染疫而没。所謂求福得禍者也。

扁鵲曰：病有六不治。信巫不信醫，一也。仲景曰：不留神醫藥，欽望巫祝，窮告歸天，殆也。今愚民輒謂不拜神爲進教。夫進教何嘗不拜神，特所拜者非木偶耳。扁、仲二氏爲我國醫家先師，其言若是，是亦崇拜基督者耶？孔子曰：丘之禱久矣。孔子亦不拜神者也，孔子亦進教者也。

廣府中學有疫存疑

時敏報云：廣州府中學，校地本甚寬大。惟近來監學庶務等員，於地方清潔、學生起居等事，絶不講求。故日來該校每日檢出死鼠數頭，學生甚爲驚惶。甚有雖已染病，亦不准請假調理者。以至一星期内，乙班學生任本熾，癸班學生楊慶猷先後染疫死。此外有病各學生，均異常危懼云。旋據該學堂來函云：啓者：本日閲貴報所登廣府中學堂疫死學生一節，不勝駭異。敝堂向極講求地方清潔等事，自聞省城有疫，尤加意掃除。本月二十一日曾於操場檢出死鼠一頭，隨將全堂薰洗，自後亦並未見死鼠。乙班學生任本熾，自正月患咳嗽疾，告假回家調理，在家病故，本非因疫。癸班學生楊慶猷亦於本月二十日告病假三天，在府學東街劉祠染病，回家身故，並非在堂。特請更正，以免訛傳，是所至禱云。

據該堂之辨明，則廣府中學之無疫可信也。然他國學校衛生制，於公立學校必設置學校醫。學校醫視察學校之際，如查有犯病生徒，當申告校長。視病症或使其停課休學，或爲之療治。學校醫於學校近旁，或學校内，發生傳染時，當常到該學校施行所必須之預防消毒法。如視其情形，須閉鎖學校之全部，或一部，即當申告管理者及學校長。如通學生徒之所在地發生傳染病，亦必須禁該生徒進校，並申告管理者及學校長。粤中公立私立之學校漸多，子弟之入學校者又漸衆。即不入學校而尋常私塾，又必以淺狹之地，萃數十生徒。孰不有子弟從事於學塾者？學校醫之不建設，與學校衛生之不講求，即最輕傳染病如癩，亦必至全校傳染殆遍，何況急性傳染病。無怪爲父兄者之放心不下也。吾故因廣府中學疑傳新聞一則，而引起學校衛生問題，以爲一般教師告，並爲一般有子弟入塾者告。

偉哉海陽又有防疫會

汕頭紳商組織防疫會，已紀前報。茲聞潮郡近多死鼠，人心極爲愴惶。昨由海陽自治研究所謝君友潛、廖君友葵等，因汕埠組織防疫會，以預防注射等法療治極有成效，特邀集紳、商、慈善各界到該所籌議。仿照汕埠防疫會辦法，十一日由謝君友潛、鄭君弼臣往汕調查一切章程，並請該會林君少枚代爲邀請日本醫士福田君赴潮施治云。

中國新舊醫學之競爭，非爲學術也，爲飯碗耳。苟爲學術計，則新法所在，方將鑽研之不暇，何肯深閉固拒，囂然而不屑措意也耶？醫者之衣食重，吾人之生命亦重。吾人而愛其生命，則未有不肯求新法者，特恐爲浸潤之譖所阻耳。汕頭、潮州之防疫會，皆非醫界人爲之發起也。商之醫人，則殆矣。

京師醫事彙聞

北京函云：法部各堂憲現因東西各國均以衛生爲要務，故通飭各省，即於各級審判廳内一律添設醫官，以重衛生。並已分飭京師各審判廳，先行遵照辦理云。又云：太醫院各醫官，不解新學者居多，甚至有不知衛生爲何物者？聞某相國忠諫於攝政王云：人生性命，非同兒戲，亟宜設法整頓，以資改良。又北京電云：民政部現訂定醫科專律。

謂國家不知注重醫學，則近日醫事革新消息日至。無論執政者非頑固，即頑固矣，而新世界風潮日益波蕩，其勢不能不變。彼夢然者猶謂在外國醫科卒業，猶須補習漢醫方，以是爲爭勝之地，多見其不知量也。蓋彼實不知世界爲何物，徒死守目前之飯碗而已，可哀也。

美醫剖驗交涉命案

上海報云：九江英捕擊斃余發程一案，十七日經美醫士將余發程屍剖視，刀痕劃處有鮮血湧出，濺及醫士面。醫士又將心經以次細驗，並無些微之病。及驗至小腸，則血管裂斷，正近外面傷處。其爲棍擊無疑。醫士因指視衆人云：此即因傷殞命之據也。蓋血管斷則周身之血逆流貫注於胸際，血阻而氣乃閉。直至十數日後，血猶不凝而濺，愈見前此並無他病云。當由醫士謁見潯道籤明驗單存據。潯道復據情照會領事。

按右所叙情節，乃報館訪員所述已。報館訪員於此等事理未必熟悉，故所記述者僅如此。當美醫相驗時，其檢驗證書必甚詳悉也，特不可得見耳。去歲粤中佛山輪船葡人奴路夏踢斃華人何與聽一案，中西驗法不同，中西官亦各據所驗以爲據，本報曾痛述之。今該案已闃然無聞矣。此次英捕擊斃余發程，幸由美醫檢驗，亦幸美醫檢驗以爲果係因傷殞命，否則吾國又出仵作矣。第未知此美醫由英領所請，抑由華官所請，該報訪員不能詳記也。雖然，此英捕想亦印度人耳，未必英人也。

寶隆醫生畫像

上海德文醫學堂監督，兼同濟醫院醫生寶隆，於二月間因病逝世。現其友人擬將同濟醫院易名爲寶隆醫院，鎸刻碑石，並就廳事中塑立半身肖像以誌不忘。此舉計共需銀三萬兩左右，業由該院董事發起，函勸中西人士量爲捐助，集成此數。

醫學世界報曰：上海同濟醫院本寶隆氏所組織，每以餘暇，在院診治中國病人。又因就診人所助之醫藥費，爲數甚微，嘗捐鉅款存放利息以充常年經費。故該院董事議創此舉以酬報之。嗚呼！他國人恒能在吾國組織醫科事業，且多能捐鉅款以成之，吾國人獨不自愛其國人哉？抑風氣之所及，有速有遲哉？

日本醫人之風度

日本東京醫科大學教授青山胤通博士，於去臘應兩江總督端之聘，來華診視。端公饋以萬金。事畢，自江甯泝長江抵漢口，由蘆漢鐵路至北京。途中遍謁當道，更赴天津，自津榆鐵路入營口，自滿洲鐵道之大連遂乘汽船至彼國門司，由門司改乘氣車入東京，先後約一月。往復旅費及其他需用，計耗去四千餘金。歸國後以五千金捐入早稻田大學，作爲該校第二期擴張費。旅行匝月，依然兩袖清風云。

青山胤通即一千八百九十四年甲午。核疫流行香港時，各國均派醫生到港，查覈疫源及傳播實狀，日本亦派醫生北里柴三郎及青山胤通等到港。青山在港竟染疫病，厥後痊癒。據青山之親歷，則病時所飲食者，爲葡酒等興奮劑也。則太削伐之藥，於核疫亦非所宜。吾故因青山此次來華而並及之以告我國人。

人骨可作奇貨

日本金馬莫都府開設藥房之日人何斯家華氏，因售賣人骨事日前被巡警捕獲。另有居住長崎之同黨日人三名，亦同時被逮。當由何氏店内板下搜出人骨四包。現查何氏自一九零二年始屢向墳堆偷取人骨，由同黨日人三名，及僑寓長崎之華人運至中國銷售，每百斤值日幣四百元云。

獸骨之用，吾聞之矣。人骨何用耶？意者中國醫校日多，將取人骨作標本用耶？若然，則澤及枯骨也。死者何修，而得其骨爲人所日撫弄若此，以視埋藏黄土中，與草木同腐者，貴賤特殊矣。罪之胡爲？呵！

日人以新世界醫術逼韓

東京函云：韓國皇室之侍醫，向有四十名，皆漢醫也。近自日本佐藤醫生渡韓後，此等漢醫被汰僅餘四五人。此四五人亦各使兼學泰西之醫術。且韓醫一名，則以三日醫爲之輔。據佐藤言：韓帝雖未接觸文明學術，然余以顯微鏡爲試驗解剖，將實地之理科供諸帝覽，韓帝殊大驚喜。向來韓帝診察時，例以絹布蔽其胸部、脚部，貴重其躬，不許受皮膚之觸診。其妃則並首、手亦蔽之。昨年因韓帝脚腫，余奉旨入診，病果漸痊。韓帝自云：朕已五十年不入浴。余乃勸帝暫以水温其脚，温之既快，遂漸及其兩脚，且至浴及全體。現宫中已新設浴殿。每余入診，其妃必微開其窗以觀聞帝及余之談話。蓋此妃名麗妃，不論何人拜謁，常隔窗以聽。如遇所談要事，帝或忘之，麗妃必爲覆奏，亦有心之女子也云云。

日本河内柳溪先生曰：先生名全節，爲日本漢醫耆宿。日本醫學，先求之三韓。自漢醫方之輸入，而三韓醫方殆乎止熄，命也。降自幕末，至於方今，乃汎求西洋醫方以救斯民夭折，而皇漢醫術並廢，是亦命也。嗚呼！今日本以泰西醫術報三韓矣，吾漢不自圖，則日人又將依次以泰西醫術報我，我其尚可以爲國哉。

飛獵濱除疫法

美國在飛獵濱之治疫證，猶古巴之治黄病也。蓋古巴之黄病，其根在污穢與蚊蝨，而飛獵濱之污穢，不減古巴，傳染之故則由於鼠。一千八百九十九年，自廣東、香港傳疫證至該處，及一千九百年，死一百數十人，又一年死一百數十人。以上之數，但據末業賴京城而言。可見蔓延日廣，不得不從速除之。因考其傳染何以如是之速，則以鼠爲媒介。於是飛獵濱政府，特頒毒鼠之物餌與捕鼠之機械。凡獲鼠者，無論生死，標識某號門牌，浸於藥水，送入醫局考驗。初時每百頭中有疫者十頭，旋增至二十三。飛獵濱之人無不視爲大敵，所有房屋或重行灑掃，或竟付一炬。如是者歷若干時，頗爲有效。一千九百零二年而其病絶矣。今閲其清單，計將捕得之鼠送醫局六萬頭，已驗者四萬頭，内有疫者二萬頭。其不送醫局者約數百萬頭，每月機械用六萬五千三百七十二次，毒餌用四十萬三千鎊，房屋之重行修整六百餘座，茅廬之焚燬者不計其數。尤奇者，則人欲免疫症之險，可以引藥種之如牛痘焉，凡種者二萬五千人云。

上海萬國商業月報曰：此病出于中國，其傳染于印度最盛，而飛獵濱次之。然中國並無除疫之政，其污穢亦素著名地球，殊足令與之爲鄰者不能不日日警惕也。故郵船往來太平洋者，驗疫最嚴。嗚呼！中國若不速行整頓，使人早釋重負，則各國又將奪其主權而代除之。土耳其墨加之故事，豈非中國前車之鑑乎。各國回教人每歲必朝墨加，而墨加污穢無比，時有疫氣，來者恒不得免。其人既散回國，則傳染各處。於是各國强土耳其政府整理之。

〔載醫學衛生報第九期，署名陳援庵。〕

題鄭學士送别圖

鄭學生送别圖，當階而立者凡二十有四人，爲光華學生公餞鄭學士之白耳根第二次萬國麻瘋會攝影也。其雅度從容，虚懷若谷，留髮而預備改裝者，鄭學士也。左側手團扇而正視，貌甚端肅者，光華院長陳衍芬。又左撚鈕深眉，若有所思者，保全堂主人劉子威。又左東身歛袖，骨氣峻整者，資生堂主人池耀廷。右側厚重少文，低眉而木訥者，東美主人李鎮。又右癯然兩髯如戟者，六和主人陳則參。又右同有髯，怒目而謀遠者，恒安别館主人梁慎餘。學士之後，氣體豐隆，養之有素者，九丹池主人左吉帆。子威之後，袖手旁觀，神采機警者，大同春主人陳子光。凡此皆光華教授及醫生也。與衍芬同持團扇，若野鶴顧視，閒行自在者，光華書記長陳泮馨。此外學生十餘人：泮馨之後，手摺扇，氣象英勃者，汪宗藻。宗藻之右，鞠躬油然，若無所可否者，唐崇基。與崇基並列，崖岸峻峭者劉玉生。其前兩鬢飄然，若子弟受訓者，周碩臣也。右列之末，手潮扇，若端拱而議者馬覺凡。覺凡之後，豐裁俊美，口若含棗者梁叔敬。叔敬之左，沉毅有健力者羅偉臣。偉臣之左，側面延佇，貌甚温婉者吴夔颺也。左列之末西裝者三人：高出同羣，粹然而側立者蘇駿。躍躍欲動，廉悍逼人者張傳霖。眼鏡手草帽，短小而精警者林漢存也。漢存之後，仰首注視如古德之容者，蘇若由。與若由並肩，栗然若不適意者梅湛。二者之間，形容枯槁，如三家村學究者，著者陳援庵也。圖攝影於海珠慈度寺前。寺爲今水巡總局，借公庭作長亭也。夫送别亦至常矣，何獨有紀於是。吾慨乎吾國人歷史觀念之薄，斯爲吾國醫事紀念之大者，不可無紀也。不必使後之人觀覽斯圖概然而有感，即後數年或十數年，開第三次萬國麻瘋會時，吾猶欲持是圖而覘吾國醫學進步之高度也。昔王晉卿會當世名士於西園，凡東坡以下十六人，李伯時圖而米南宫叙之，斯時以爲美談。今圖中諸人，方之東坡未知何如，然爲今日吾國醫學革新之健卒，可斷然也。與東坡輩固分道而馳。予不才，幸得隨諸君子後，以是爲榮寵，乃鏤諸寫真板，録諸人姓氏於後，俾他日有所考焉。己酉年五月。

（載醫學衛生報第十期）

送鄭學士之白耳根萬國麻瘋會序

己酉七月，那威白爾根開萬國麻瘋會議，政府特派内閣中書舉人鄭學士豪參列其間。行有日矣，光華醫學專門學校校友會諸君，謀所以觴之，爲開送别會於海珠慈度寺畔。同人等既各有祝詞，而余爲之序，時五月有二日也。序曰：

世界之有醫會，不自今歲始也。我國醫人未嘗赴會焉。不獨不赴會，且不知有會焉。學士此行，殆爲吾國醫人赴世界醫會之第五次也。第一次爲光緒三十年，美國開萬國軍醫會，政府特派北洋徐翼周、鍾棟臣、何醴泉往。翌年同會，又派陳子光、周子爲、何醴泉往。又翌年同會，派何懷德往。同年菲律賓開熱帶病學會，膺其任者則學士也。夫尋常遊歷亦莫不有遊記之屬，以餉國人。以諸君之壯遊，歸國後皆僅有以覆命於政府，而不聞有以報告於我醫人。是雖我國醫會之迄未成立乎？吾願學士此行，亦必有遊記之屬以報告於我醫人也。此吾所期望於學士者一也。

麻瘋之爲患於我國，數千年於兹矣。素問風論所謂其肉有不仁，其鼻柱壞而色敗，肌肉憤䐜，皮膚瘍潰，非瘋也耶？説文謂之癘，解之曰惡疾。巢氏病源候論謂之癩，釋之曰惡風。蘇沈良方則直謂之大風。至今日人猶謂之癩，而吾粵則謂之瘋。潮陽麻瘋院猶稱癩民所。無論其爲癘、爲癩、爲瘋，斯疾之害吾民，孔子已有命夫之歎矣。然累世學者，多不肯於斯疾措意，以故醫籍雖衆而言瘋者殆絶少。其中僅有元朱震亨本草衍義補遺，所發明之大風子油，爲今世界學者所公用。其他治療瘋病者，皆下流醫已。而世界則自千八百八十年，亞理穆爾氏認定瘋病原桿菌以來，斯學日見發達，月有考查，歲有報告。若愛克司光綫，那斯丁之療法，吾國人竟充耳不聞也。吾願學士此行，有以得各家治療瘋病之成跡，彙譯之，以爲吾國組織瘋病療養所之預備也。此吾所期望於學士者二也。

瘋症不獨吾國有也，西洋之波路昆半島、墨西哥、土耳其、西印度、瑞典、芬蘭，東洋之日本九州、印度、爪哇等處，皆有之。凡瘋患者之鼻分泌液、皮膚潰瘍分泌液、呼吸器排洩液，均有瘋病菌之存在，足以傳其病於他人。故各國法律，莫不以此爲地方性傳染之疾患，而思設法以預防之。在他國吾不知，在日本則近十年來癩病之預防法案，法會中殆無時不提出，而癩病療養所、收容所、救護所之設置，則不惜糜費鉅帑以成之。計去年日本癩療養所建築費之預算，東京十二萬四千餘元，大阪九萬八千餘元，熊本七萬五千餘元，香川四萬五千餘元，青森四萬餘元。日本醫學雜誌第四十八號。其他之構造法、管理法、消毒法等，又無不實力研究。回視吾國，則非不知此病之能傳染也。三因方所謂此病亦有傳染，非自致此，則不謹之故，氣血相傳，豈宿業緣會之所爲也者是也。然自國初各府縣建設麻瘋院以來，捨薄給口糧外，未聞有其他特別預防之法。以故瘋人仍可任意遊行街市，傳染之烈，莫此爲甚。吾願學士此行，有以得各國預防瘋病最完備之法，足以施行於我國者畢録之，冀政府之實行也。此吾所期望於學士者三也。

吾國社會之知識，以爲北方冷地無風也。而不知俄羅斯、瑞典、那威、芬蘭等，皆在極北之地。吾國社會之知識，又以爲風果有三十六種，百三十種也，而不知由皮膚發現之狀態，區别風病，僅有三種：曰斑紋癩，曰結節癩，曰知覺麻痺性癩。如世人言，則凡類似麻瘋之病，如狼瘡、寄生性鬚瘡、象皮瘡，與及樹膠腫性黴毒疹、海綿狀黏膜瘜肉、纖維軟腫、白斑病等，皆可謂之瘋矣。吾國社會之知識，又以爲瘋病之傳染，必由於配偶與遺傳也。而世界學者則曰：瘋病無遺傳之確據也。即由配偶而得之瘋病，其傳染之途徑，亦每由於彼而不由於此。以風病之傳染爲由於配偶與遺傳，則天下之蒙不白之冤者多矣。以故美國教會且設潔德書院於東郊麻瘋院側，專以教育瘋人子弟也。以此語吾國人，吾國人必咋舌而不肯信。吾願學士此行，有以得各家學説之已定論或未定論者，併存之，以祛吾國人之惑也。此吾所期望於學士者四也。

聞學士此行，不獨至那威而已，倫敦、巴黎、柏林、維也納、羅馬、龜鉢、華盛頓、紐約、芝加高、波士頓等處，學士將遍歷之。壯哉行乎！吾聞本年匈牙利布打披士特又開第十六次萬國醫學會，亦在陽曆八月間。二十八日至九月四日。其佈告之宿題，異常瑰偉也。會分三種：有總會，有分科會，有數分科聯合會。其分科二十有一，曰解剖及胎生學，曰生理學，曰一般及實地病理學，曰微生物學細菌學。及病理解剖學，曰治療學，藥物器械的治療法，温泉療法。曰内科，曰外科，曰婦人科及産科，曰眼科，曰小兒科，曰神經病理學，曰神經病學，曰皮膚病及花柳病學，曰泌尿器病學，曰鼻科及咽喉病科，曰牙科，曰消化器病學，齒科附，曰衛生學及預防法，曰法醫學，曰海陸軍衛生學，曰海軍醫學及熱帶病學。繁賾如此，吾國醫人固夢見之乎？經一翻之宣揚，必大有裨益於醫界。吾願學士此行，順道入匈牙利一會也。此吾所期望於學士者五也。

然有足爲學士慮者，則此次會議之事件，皆非吾國有也。當千八百九十七年德京柏林開第一次麻瘋病會議時，吾政府不知有此會也。而此次第一日所議者，即爲討論前次會議後所用麻瘋預防法之成效，而吾則何討論也？是可爲學士慮者一。吾國無瘋病療養所也，所有麻瘋院，均候死所耳。粤中惟東莞及瓊州有之，皆他國人所辦，非吾國人所辦也。然此次第二、三日之議題，即爲麻瘋之療法。吾又何療法之可言？是可爲學士慮者二。前既言吾國無取締麻瘋之律矣，夫急性傳染病如虎列拉、百斯篤等，吾法律尚無消毒預防之法，麻瘋又爲最緩之傳染病，政府之不之措意，宜也。然此次末日之議題，即爲法律上取締麻瘋之法，吾又何法律之可言？是可爲學士慮者三。雖然，前此政治之失策，既貽吾人以莫大之恥辱。今後政治其猶若是乎，則又烏有今日之命也。吾願學士此行，有以雪此恥也。此吾所期望於學士者六也。謹再拜。

（載醫學衛生報第十期，署名陳援庵。）

醫事批評

檢查娼妓非鹹濕醫生不可

巡警畢業生羅建勛於四月十三日條陳巡警署云：謹擬娼妓宜有健康診斷，以免傳染黴毒事。竊娼妓之健康診斷，尤爲行政警察所重視。蓋娼妓之黴毒易於傳染，其危害雖不如天行傳染病之酷烈，然於國民發育生産，亦大有阻礙。夫行政警察對於諸般事物皆有取締焉，而對於娼妓之取締爲尤重。因其壹方爲正俗，則娼妓名部登録也；一方爲保持國民之衞生，則娼妓健康診斷也。夫所謂健康診斷者，凡一般之娼妓，先依地方官廳之命令，於未申請登録名部之前行之，非單指檢黴毒而言。凡關於身體全部之健康，皆當受其診斷，故必經檢查醫員之認可，始得娼妓名部登録也。故就學理上言，娼妓登録名部，爲外面形式的取締，無庸贅述。而健康診斷，爲娼妓裏面實質的取締，尤爲要點。二者併合，然後可稱完美。但舉辦之初，必須籌款。學員謹擬檢查醫員薪水，由花捐公司提撥，檢查醫員由巡警聘定，專事檢娼妓之健康。至調治藥費，則娼妓之養母擔負之。若自行爲娼妓，其藥費則自備。又指定一檢查所爲定時檢查。大抵普通各國，七日檢查一次，而亦有臨時者，須依其事情而定。學員於公衆健康，不敢稍有忽略，故敢陳管見，以期採擇。是否有當，伏乞憲臺察核施行。計開關於申請檢查健康之要件有六：一、欲就娼妓業者。二、休業後而欲復業者，或移寓他寮而就娼妓業者，自受前檢查之日起已過七日者。三、已入醫院而欲退院者。四、病已癒而欲復娼妓業者。五、自稱有病者。六、前各項之外，檢查醫員認爲必要之時者。

娼妓檢黴，必有實行之日，特未識何時耳。雖然，檢黴醫員由官聘定，在醫員固有不給之勢，而娼妓又有久候之弊。官醫非其所信仰，謠諑於已起矣。娼鴇雖賤，運動甚靈，到此時則有大力者紛紛爲之緩頰，而事敗矣。天津已事，可爲前車。是故今日欲辨檢黴，必聽其自由擇醫，官爲取締，如本報第五期之論，或可行也。

新藥製造公司之萌芽

普益有限公司職商鄧其瑞等，集資擬設中國製造藥房，延聘各國藥師購辦機器，選用原質，製造藥物，爲中國軍民治病之用。凡軍界及公家所用藥品，減收原價三成以爲報效。昨特具禀勸業道立案。陳道批略謂：該商等具此熱心以圖謀公益，所陳尚堪嘉許。昨准督練公所軍醫學堂會同移送章程請由本道核明，詳請督憲立案給示等由。當查該商等所議章程，大致尚無不合。惟查西藥配製精奧，必須深於是道，具有專門之學者，方可提倡。該職等擬設製造藥房，對於選製藥品，係仗各國藥師以爲督製。倘藥師不得其人，或以劣品欺世，流弊不可勝言。應如何考察檢查，以期妥慎，應再詳加研究，明白詳覆，呈由軍醫學堂核明。果無窒礙，再行移會核辦。現已移覆軍醫學堂核明飭遵云。

西醫之信用日盛，則西藥之消流自必日多。顧醫有新舊，藥無中西，本報第六期問答欄已發其端矣。今日欲挽回藥品輸入之利權，則必自製藥始。製藥不難，有大資本購機器，（聞製磺强機器已需銀十餘萬。）不惜薪金僱藥劑師，拼放棄目前之利，以收後日之效，則得之矣。資本愈大愈佳，不造則已，造則必以能勝外國所來之藥，爲中國唯一之大製藥公司，令用西藥者亦莫不安心樂用我之藥而後已。如是則可爲。若僅持試辦之心，則不可矣。至於將中國固有之藥物，及數千年經驗之良方，一一而分析之，以試其生理治療之作用，則不獨可以挽回利權，保存國粹而已。藥物發明家一席，闕額以待。吾國人不患不能於新藥學界佔一席地也。特此非犧牲多少權利，犧牲多少時日，犧牲多少精神，不易得。捨非是國家有以提倡之，多派學生於東西洋留學藥物，優其奬勵，學成後復假以年月，資以歷練，開藥物館於京師，如往時之纂修各館例，則是可爲也。然政府且以是不急之務也。

此死孩而不以供解剖之用惜哉

西關十局界外沙地及河傍，地近荒僻，連日有人將死孩拋棄道傍。經該分局劉巡官查悉，有害公共衛生，密飭巡士隨時留心巡緝。前月二十七日下午時候，有一人携抱小孩，外用破布遮蓋。路經柳波涌，被巡士察出，潛尾其後。該人行至鄭家祠側，即將死孩放下路傍，舉足狂奔。巡士將其拿回分局，訊據供認，姓趙名强，某處人。今日由蛋婦黄陳氏給銀三毫，著伊將死孩携往荒郊等語。即傳黄陳氏到局，訊認不諱。劉巡官以該蛋婦女死並不市棺埋葬，殊屬忍心害理。姑念婦女無知，飭即市棺埋葬，從寬省釋。至趙强受僱送往荒郊，竟敢中途拋棄，殊爲可惡。若不嚴加懲辦，不足以警其餘。當將趙强一名禀解到署，覆訊前情不諱，當即收候核辦云。

拋棄死孩於荒郊，與拋棄小兒於道旁，在拋棄則等矣，未必道旁爲賤，荒郊爲貴也。律令不許拋棄道旁者，防害他人之衛生耳。既可拋棄之，則何不可請將該死孩送入各醫校，以爲醫學生實習解剖之用，勝於拋棄荒郊，以供蛇鼠解剖之用者多矣。藉曰現今法令所未許，焉知他日法令所不許。吾獨怪乎於彼則忍，於此則不忍，是亦性質習慣使然耶。吾國人昔以婦女纏足爲莫大之美觀，奈何今有不然者。是故今日未有獎勵解剖之輿論耳，苟其有之，則法令將隨輿情而變。憲政既可取法於他國，解剖之説出於内經，獨不可取法於他國耶？是故醫學未欲發達已，醫學如欲發達，則解剖學會又將遍設也。吾今姑妄言之，請覘其後。

京師亦有私立産婆學校矣

京師私立産科學堂已經開辦。兹聞日前民政部有批示曰：法部主事江紹銓創設京師産科學堂由，據呈及簡章均悉。該員提倡女學，夙負名譽。兹復設及産科學堂，尤見關心民命，深堪嘉尚。本部現正籌議此件，所請撥費補助之處，應無庸議。

民政部不知此舉爲善，則亦已矣，既知此舉爲善，則貴有以提倡之，補助之。於此不能，而謂部中亦正籌議及此。夫部中正籌議及此，則更當有以助成之。助成産科學堂一區於京師，以樹直省標率，未必民政部之力有所不逮也。此而不爲，使天下謂部以是爲抵制撥款之地步耳。甚爲部不取也。

美醫剖驗交涉命案續聞

九江函云：英捕馬仕械斃商民余發程一案，迭經潯道及委員徐輔仁太守，以西醫剖驗憑單確係故殺，請英領擬定馬仕之罪。英領倭納欲以銀數百兩了結，馬仕仍復巡視洋街，逍遥無事。然潯道文卓峰不能與之力爭，以至延擱至今，尚無頭緒。現經湖口商民周瑞棠禀請潯道，將此案移至上海道與英按察使交涉，並請律師辯護云。

甚哉，中國人命之賤也。不以醫生剖驗爲據，而以仵作相驗爲據，則人既不公認矣。以醫生剖驗爲據，不以仵作相驗爲據，則亦欲以銀數百兩了結。然則携有數百金之銀幣者，何處而不可毆斃人耶？使吾國人以此等暴行施於人，則謂之野蠻暴動，弄成交涉巨案矣。嗚呼中國人！然或者謂苟不得醫生剖驗憑單作據，則并此區區數百兩之燒埋銀亦不可得也。悲夫！

南雅雄劏狗

江西教育總會公立圖書品物陳列館於四月初五日試驗剖解術，用生犬一頭，實行剖驗，以助醫學之研究。是日紳商學界到者四百餘人，三打餘鐘開會。由日本醫學士南雅雄登臺演説剖解之理由。略謂人身有病，非剖解不能盡除，並極陳醫學之有功人身。隨用生犬一頭，以麻醉藥迷之，使之寂靜。割去膚毛，用刀戳膚皮寸許，鈎出大腸，用刀割破，取出小蟲二三頭。當謂人身有病，亦宜如此醫治。再用針綫連合大腸，並連合皮膚，用合口藥水抹之包固。該犬漸漸蘇醒，依然如故。據云約一禮拜，瘡口即可痊癒。試驗已畢，至五點鐘摇鈴閉會。

南雅雄劏狗耳。粤中未禁販賣狗肉以前，帶河基一帶何日不劏狗？雖然，彼劏狗爲口腹，此劏狗爲學術也。在昔各國法律上未許解剖人體時，解剖學者多解剖獸類以代人之用，是謂比較解剖學。今南雅雄之解剖犬，即其例也。然犬耳，何時不可解剖。吾粤光華醫專校教授王澤囗，前者乃解剖一犬，以爲學生實習之用，特未佈告於大衆耳。現在吾國法律尚未許解剖屍體，與各國古代同，則此等比較解剖學，亦凡醫者所當演習也。不然，則何難以心肝當狗肺哉。

江督派員考察日本醫學

上海函云：四月十八日，丁君福保等奉江督札開，略謂爲札派事。照得世界文明愈進，醫學之發明愈精，所有户口之增殖，種族之强盛，人民生命之健康，皆惟醫學是賴。查有無錫丁生福保、俞生鼎勛，於中西醫學極有研究，堪特派爲考察日本醫學專員。凡日本之各科醫學，及明治初年改革醫學之階級，與日人所録用之中藥，以及一切醫學堂醫院之規制課程，均應一一調查，以爲吾國振興醫學之助。除咨行外，合行札派。札到該生等即便遵照辦理云。

當隋大業四年，日本遣僧惠齊、惠光及醫師福因、惠日等，留學我國習醫術。至唐武德六年始歸國，前後修業共十六年。此事在日本書紀言之甚詳，爲日本人留學外邦習醫術之始。吾隋書僅言其來學佛法，唐書則並不紀其留學何藝，徒云遣學生留朝肆業而已。斯時我醫術正盛，大著述如巢氏病源候論、孫氏千金方等，均於是時出世。千年以來，日人承用皇漢醫術，未嘗或改。乾隆間始有和蘭醫之輸入。降及明治，乃競尚獨逸醫學，而漢方醫之勢力，直持續至明治二十四、五年。改革之難，不可謂不。今江督特派員調查一切，意欲以日本醫學改革之成績，爲吾國欲行醫學改革之模範，意甚盛也。蓋日本醫學之歷史，與吾最相近。

江南又考試醫生

同函云：江督端午帥前月又委提學司陳子礪學使考試醫學，其試題列下：問：內經論脈有三部九候，至晉王叔和始以兩手之寸關尺候五臟六府，後世因之。而西人候脈，則以中醫分配藏府爲妄，其得失奚若？問：中藥辨氣味，西藥辨質。質與氣味，分別何如？問：玉堂閒話稱高駢時，有術士善醫大風。置患者於隙室中，飲以乳香酒數升，則懵然無知。以利刀開其腦縫，挑出蟲可盈掬，長僅二寸，然後以膏藥封其瘡口，別與藥服之，而更節其飲食動息之候，旬餘瘡盡瘉。纔一月，眉髮已生，肌肉光淨如不患者。此治法與西醫同，惜世不傳，試以西法詳闡其證治。問：扁鵲能洞見五藏癥結，世以爲怪。近日愛克司光鏡照人，洞達表裏，惟金類不能透，西醫以爲取彈子之用。然其照五藏亦略有微影，能研究其功用以之治他病否？中西鍼法療病論。鼠疫病因療法論。説文恖字，兼心與腦言，與西醫知覺屬腦有合説。「營行脈中」一語，與西醫論大動脈大靜脈同，而「衛行脈外」一語，西醫未及説。

去歲江督曾考試醫生，所試諸題有極外行者，故本報不及載。今觀右方所擬諸題，比往年相去遠甚。子礪幕中，殆有人也。憶去歲冬間，浙江亦曾有人稟請考試醫士。支提學批謂，時醫流弊，誠堪痛恨。惟江南已設有軍醫學堂，中東教員具有能試驗醫生之資格，現浙省尚無專門之醫學校，亦無東西遊學畢業於外國高等專門之醫學士，驟行考試，强定優劣，恐不足以服諸醫之心云。是則先求有能試驗醫生之資格者，亦今之急務也。聞此次江南考取最優等者爲丁君福保云。

（載醫學衛生報第十期，署名陳援庵。）

光華醫事衛生雜誌發刊詞

粵之有醫學雜誌自美人嘉約翰始也。嘉約翰於光緒七年發行西醫新報，余於廣東醫學圖書館見之，惜乎八號而止。吾恐中國之醫學雜誌亦以是爲始祖也。自是而後，光緒二十四年則有尹端楷之醫學報，光緒三十二年則有權約翰之西醫知新報，光緒三十四年則有梁培基之醫學衛生報。然多者不過十號，少者則或四號至二號而止。嗚呼！一省之大，四十年之間，醫學雜誌只有此數，而其半尚非我國人所辦，而又皆不能以永年，抑又何耶？且不獨吾粵已也，所有滬上發行之醫報，以及留學界在日本所發行之醫報，亦復如是，求一能如周雪樵所發起之醫學報，能持續至四年者，已夐乎不可得。今周報亦已絶版矣。吾國人日矜言中國醫學駕乎西洋醫學之上，否亦斤斤於中西醫學之短長，即以醫報一端論，其所長者安在耶？豈故爲是寒蟬仗馬者以鎮靜勝之耶？人之苦莫苦於無口，口不備不足以成人，今吾醫人亦賴口之用甚矣。新發見有新藥，新發見有新治療法，新發見有新病源，孰傳佈之？政府有新醫事法令之頒佈，官廳有新衛生規則之揭示，孰紀録之？世界今日開某醫會，明日開某醫會，其會地、其時日、其所佈告事件、其所演説學理，孰編纂之？海外有醫事發明家之逝世、之紀念、之誕辰、之來遊，孰轉述之？　海外醫風之轉移，各國醫事法令之改變，晚近醫師生活之狀態，孰調查之？　世俗對於醫師，有不規則之誹毁也；病家對於醫法，有誤會之怨懟也；　普通社會之批評，對於醫事法令，如海港檢疫，如傳染病預防，有非理之譏謗也；　則又孰辨明之？　醫人對於政府有正當之要求，醫人對於衛生行政有無窮之助力，則又孰機關之？　他報記載醫事有失實，足以簧惑社會也，孰糾正之？　醫師僻處一隅，欲其聲氣相通也，孰聯絡之？　醫者有私人之議論欲展發於大衆也，孰介紹之？　醫家先哲有一言一事足垂法於後世也，孰掇拾之？　慈善家具救世之熱誠，常有刊派經驗良方者，其方雖經驗，未必果良也，孰指導之？　風俗之習慣，對於育兒看護及延醫諸法，有種種不規則之舉動或迷信，恒足以累事也，孰喚醒之？　凡此諸端，皆須有報以爲之口。　光華諸子於時有衛生雜誌之倡，將欲引其吭而摇其舌，以通前此之隱也。　抑吾聞之，他國醫報，一科有一科之雜誌，一會有一會之雜誌，細如皮膚黴毒、耳病咽喉等科，莫不有會、有雜誌，且能壽至千號至數千號焉。　兹事體大，非此所能也。　先其普通者、膚淺者，以期漸進乎深造，乎專精，並期其能稍永年焉。　是豈一人之任哉！　宣統二年七月新會陳垣。

〔載廣州光華醫事衛生雜誌第一期，宣統二年（一九一〇）八月出版。〕

古弗先生

古弗先生爲近代細菌學之泰斗，業績隆盛。不幸本年五月二十七日遽爾逝世。本社同人同深哀悼。謹將日本醫事新聞七五八號志賀博士所爲先生小傳譯出，以饗醫界，並誌哀感。

先生生德意志哈爾智之克勞斯他爾，名洛培爾脱，氏古弗。歐俗以氏行，故只稱古弗。千八百四十三年十二月十一日生，生無異於常人。克勞斯他爾不過一寒村。先生家貧，年十九，乃至苟沃爾其亞、奥達斯學醫學。既卒業，年二十三，屢爲諸病院助手，復自開業於田舍間者數年。後應徵區醫，試驗及第，遂爲沃爾斯他音區醫。此十年間，先生碌碌無所聞知，殆與尋常治療醫者等耳。

然自十九世紀以來，醫學界思想已爲之變。從前民族不解人類受生之理，病源之起滅，惟以不可思議之意象括之。如我國之陰陽五行病理説、羅馬之星辰運行疾病統制説、印度之一萬七千肺管十種病風説是。是時之知識，純主於心觀。變此心觀的醫學爲物觀的醫學者，斯時醫界有三傑：德之費爾勛、法之巴斯刁、英之里太也。費爾勛氏發現細胞病理，開病理學一生面。巴斯刁氏發現醱酵及腐敗之原理，開微生物學的知見。里太氏因巴氏之發現，創防腐的手術，開外科學一新紀元。當先生就徵區醫時，三氏已赫赫有名於當世矣。

先生乃於千八百七十六年，培養脾脱疽菌成，遂證明其爲本病之病原菌。翌年，又以創傷傳染病之研究公諸世。此二大業績遂爲現今細菌學之基礎。至此而古弗始稍知名。

初，巴斯刁氏於患脾脱疽病牛血中，見桿狀物，已推知其爲下等植物，特未之深究。後達明氏試以種於别種動物，得陽性之成績，亦知其爲本病原因，特其功亦止於此。至先生創爲純粹培養基，及固形培養基，以培養之，始克明其狀態，確定爲本病之病原菌，而一切細菌之發現亦均於培養得之。故有純粹固定之培養法而後始有細菌學，先生之功也。

先生之於創傷傳染病，其知識亦非根諸里太氏。當先生研究的論文未發佈以前，創傷化膿因何而起，防禦之道若何，世亦莫知。自先生闡明其理，而消毒法始獲改良。創傷之後，始將第一期治癒，腹腔的切開手續，始得游刃無虞，成消毒外科之功以助外科學之進步者，亦先生之功也。

然先生當時名譽，仍不能在巴、里二氏上。至於費氏，則更歐洲大陸所稱爲醫界之神，氏之一語一言，皆視若神聖之不可侵犯。其能與費氏拮抗之孔海姆氏，亦以英年早逝，以故德國醫學靡然盡歸費氏矣。後起者又焉能於細胞病理外别闢一天地哉！

雖然，細胞病理之闡發，固可驚歎，然細菌者又細胞病理之原因也。先生孜孜然從事於細菌，比費氏之研究，更有進之。既進位帝國衛生局參議，遂以一八八一年之倫敦萬國醫學會，以細菌學研究的新方法及其成績供之大庭廣衆中，而古弗之名始著。

一八八二年發現結核之病原，即内傷。純粹培養成，施於動物試驗，又得確鑿之證據，於是發表於柏林大學生理學會。標本羅列，會衆見者，皆爲驚異，莫敢致辨。費爾勛氏曰：「吁，我觀之」。則見顯微鏡下有細長桿體形稍曲或節節有空胞若斷鏈者，則結核菌也。費乃默然。至是費氏與先生益生惡感。

先生既發現此病原菌，乃益進而研究結核診斷及治療法。一八九〇年又發明所謂「土培爾克林」者，舉世信之若狂。歌頌歡呼之聲滿市，反對者則亦嘻笑而怒罵之。然「土培爾克林」者，乃結核初期診斷所必需之法，不可磨滅。先生更益肆力，遂以一八九七年發現所謂新土培爾克林，以從事結核治療。厥疾輕快，或竟痊癒。獨惜初期純粹結核之外，未克奏其功。此則萬能之缺憾也。然近日血清療法之基礎，即於此開其機。先生門下培林、北里二氏所發現之實扶的里破傷風血清，活人無算，均由此抗毒素之原理也。

自結核菌發現以來，一八八五年任威廉大學教授，主衛生學教室，受博士學位。一八九〇年皇帝賜赤鷲大勳章，爲柏林内科學會、浮音醫學會、俄羅斯醫會等名譽會員。一八九一年復任國立傳染病研究所長，辭大學教授講座，爲名譽教授。一八九二年進陸軍衛生團預備軍醫監，爲德意志公衆衛生會名譽會員。一八九三年推選斯篤霍爾學士會院之外國會員。一八九九年推選佛國學士會院外國會員。一九〇一年推選英國王立公衆衛生院名譽會員。一九〇三年推選宏燕學士會院名譽會員。一九〇四年任斯天利之亞國勢發展會名譽會員，及德國王立學士院正員。一九〇七年任德國外科學會及内科學會名譽會員。其他受各國學會之推戴及各國政府之徵辟者尤不可記數。

一八八三年，埃及、印度虎列拉流行，先生齎使命入流行地，發現其病原菌，講預防隔離之法，蔓延遂息。既歸，受賞金十萬馬克。是爲先生率研究隊遠征之始。

一八九六年，英領阿非利加牛疫流行，居民失食，士卒饑饉。英政府求救，先生許之，深入不毛之地，創牛疫預防注射法。流行頓歇，士民賴之以安。

一八九七年，印度百斯篤流行，總領阿非利加獸疫流行。一八九九年，印度阿非利加麻拉利亞流行。一九〇三年，東西阿非利加牛馬疫傳播不息。先生即於其報告新土培爾克林之年，率百斯篤研究隊，自英領阿非利加入印度，自印度率獸疫研究隊入德領阿非利加。明年歸國後，復率麻拉利亞研究隊入意大利。又明年由東阿非利加轉入印度。一九〇〇年又自印度入牛其亞，講麻拉利亞預防法。一九〇二年又往墨知講室扶斯撲滅法。一九〇三年又從英政府之請，入英領西阿非利加講獸疫預防法。

七八年間，先生奔走印度、阿非利加者凡數次。忘其老，不倦與疫博，均唱凱而還。一九〇四年先生開六十一誕辰祝賀會時，政府猶促其再往阿非利加。越二年，既得眠睡病之綱要，乃以一九〇七年與亞非利加别。

前年三月，與其夫人爲世界汗漫遊，經亞美利加至日本。其高足弟子北里氏及日本全國醫師會皆歡迎之。日本天皇爲之賜見，賞與品物。本年四月九日，先生自伯林傳染病研究所歸宅，食後就寢，突覺胸部疼痛非常劇烈，自謂必死。翌日星期休息。十一日復如常至研究所從事研究，心臟部忽再起疼痛。經伯林大學兩教授之診斷，謂因血管硬變，致心包膜炎及肺水腫，須速行轉地療養法。五月二十日，既至某療養院中，病氣稍愉快。二十七日病再劇發，遂以午後七時長逝。凶電一佈，世界各所之電弔及開會追悼者無算。德皇陛下亦爲文誄之。無子，女一，嫁軍醫監某氏。

醫史學者曰：世有恒言，不爲良相，當爲良醫。夫充醫之極，亦治癒一人一命而已，烏足以比良相？信如古弗氏，則良相不如己。其利澤直施於世界及後世也。今天下學者稱古弗氏爲世界人類之娘，踸矣。吾國人之知古弗氏者幾人乎？今外科醫者莫不知有消毒法，内科醫者莫不知有細菌及血清之功用，其對於古弗氏，則又如何？

〔載光華醫事衛生雜誌第一期。古弗（Robert Koch），今譯科赫。〕

醫事雜評

萬國醫學會之疑傳

上海報云：德國現在提倡開萬國醫學會。前由德使照會外部，請中國派員赴會。經外部轉咨學部、民政部商辦。現聞民政部尚書肅親王，已定議派内城廳丞章宗祥帶同隨員赴德與會。

按萬國醫學會去年八月始在匈牙利國開第十六次會議，今年未聞德國有開萬國醫學會之舉，意傳聞者誤也。且章宗祥固非醫科卒業之員，烏得派赴醫會以貽人笑柄。此段新聞，或者指德國明年五月所開之萬國衛生博覽會未定。姑録之以覘其後。

良好處女之鑑定

廣東公言報云：前有黄蘇氏携同自育婢女一口，到柔濟醫院看驗。據稱該婢爲石歧鄉黄春田看合，還身價銀六百三十元，定於五月二十六日過門。距入門後，該黄春田不知因何原故，三兩言不合，輒誣該婢爲不貞，其實並未有成婚。或云春田畏妻强悍，出此下策，並逼勒交回原定，否則清衣斥逐。氏憐該婢無辜被誣，若不携回，恐更蒙羞辱，故勉携返，到醫院看驗，俾免含冤莫白云。柔濟醫院據此即如法相驗，的是處女，已立回證書，交該婢主爲據。聞該婢主擬稟官理處云。

從前遇有此等案件，只以穩婆驗之。此屬法醫學範圍，穩婆烏足以知此？以醫師鑑定女子之爲良好處女與否，當自許有始。邇者審判廳將次成立，此等案件自必日多，不至如從前之黑暗。然審判必須有審判醫，或囑託醫及顧問醫。雖然，如何而後可爲審判之囑託醫或顧問醫，此間有一問題。

請增瘋院名額

管理麻瘋院委員韓鍾英，現以瘋民係天下之最窮苦而無告者，全靠口糧。惟該院定額僅六百名，早已足額。現已積聚六十餘人，無額不能頂補，專靠乞食。更有一種斷指裂膚，行走不便者，每藉同院中人接濟，庶免餓殍，殊堪憫惻。擬禀請當道准予酌增名額，以廣皇仁而示體恤。

粤之有麻瘋院，由來久矣。在立法之初意，不爲不周。然麻瘋乃一種傳染惡病也，豈可任瘋人遊行都市者？此當首先設法禁止者一。又麻瘋院實一候死所耳，未嘗有善法以管理之。吾聞有瑞士國醫師權約翰在東莞設立一衆捐麻瘋善堂，管理較爲得法。此當略爲仿效者二。去年那威開第二次萬國麻瘋預防會，吾國派本社同仁鄭中書赴會。今鄭中書已歸國矣，是可爲整頓麻瘋院之顧問者三。

嗎啡累了曲見

潮海稅關日前在汕頭雙美輪船查獲樞夏魇白粉四萬二千四百四十小瓿。經洋醫生考查，此藥粉性質，比嗎啡、鴉片尤毒，多服令人顛狂自殞。業經潮州稅務總辦馮駿轉稟大吏，咨行稅務處察核。現稅務處以各國前在上海會議禁煙，公決條款內第五款，載由鴉片中提製雜和之品，研究其質，倘若妄用，則與嗎啡毒害相同者，一律限禁等語。是則凡藥品含有毒質，其害與嗎啡相同者，均亦在限禁之列。此次潮關扣留之樞夏魇粉，雖不知是否鴉片中提製之品，注意。惟據克稅司聲稱，此粉比嗎啡更毒。而福音醫院洋醫生，復稱醫院行用無多。足見其爲奸商牟利，希圖蒙混無疑。自應援照嗎啡辦法，一律嚴禁等情。咨復來粵，大吏即分行各關稅務司遵照，將一律嚴行查禁，以除民害云。

按樞夏魇者，稅務司據例義對音譯之。該福音醫院洋醫生譯爲寇卡印那，潮州西藥房以哥官二字行用，今廣州藥房則以曲見二字行用，從前萬國藥方則譯爲高告也。此藥爲一種麻藥，施行眼科手術多用之，亦有解鴉片癮之能。然常用之，則鴉片癮雖去而此藥之癮又成矣。成此癮者必甚消瘦，時有血運不周之勢。性靈被阻，有如醉酒，且常有凶惡之幻想。此癮最難醫治，醫後易於復發。如立時斷之，則有腦力脱失之虞。以此解鴉片癮猶不解也。此案一發表，本國報紙均大書特書「咄咄有毒甚於嗎啡之藥粉」，若異常驚異也者。無藥學知識不足怪也。獨怪堂堂一税務處，竟據税務司轉據洋醫所稱以爲此粉比嗎啡更毒，而此藥之是否係鴉片中提製之品，税務處不知，亦不委醫師、藥劑師覆驗，竟以「雖不知」三字了之，且直以「雖不知」三字施之公文，抑可見吾國政府之程度也。

〔載光華醫事衛生雜誌第一期，署名援庵。〕

高嘉淇傳

醫史學者曰：吾求吾國人留學西洋習醫術者之祖，得香山黄綽卿，曾於醫學衞生報中以爲即其人矣。族兄則參先生語余曰：吾邑高老番當比黄氏先。高老番於康熙間隨葡萄牙人習西醫，曾爲康熙太后療乳瘡癒，賜之官，不受，乃賜之金特，令圈官荒爲食邑。高氏性高潔，歸，不以金特圈民地，而置金特於高岡。迄今鄉人猶以其地屬高氏，樵採不敢及。高氏祠堂有寶石，相傳即當日治癒太后乳癌者。子孫以爲寶，蓋銅磺養四之屬也。其言不雅馴，薦紳難言。然紀載闕略，捨是遂無可稽也。余聞言，心醉其爲人，乞則參爲余諮詢其遺逸，叩其畫像禮器，並輾轉囑託其後昆。越二載有奇，則參始得其遺像以寄余。余讀其像中制書，始知爲高嘉淇，爲養心殿御醫。復詢諸則參，始知嘉淇名竹，號廣瞻，邑之那復鄉人，嘉淇其字也。高老番者，粤俗稱國外人爲番，邑人以嘉淇久處外洋，又習其醫，故稱之。嗚呼！嘉淇之習西醫，余之孬陋，於康雍間著述不聞其事。吾國人素鄙夷務實之學，而又蔑視外人，其對於嘉淇，宜其不之措意也。然吾聞聖祖仁皇雅好洋學。大清一統志稱，當時既命湯若望等掌欽天監，醫學亦間用之。高氏家譜亦言：嘉淇至京師，得召見，授職欽天監天文學博士，留充養心殿御醫。日人富士川氏言：清聖祖好西洋醫術，大加獎勵，當時曾翻譯法人奧尼斯之解剖書。原書於一千六百八十年巴黎出版，當康熙十九年也。奧尼斯解剖書余未之見，其即爲高嘉淇所譯與否又不可知，以時考之，則正嘉淇供職養心殿時也。恭讀聖祖庭訓格言，言醫藥衛生諸條，多與西説相合，意所本然歟？近吾邑人爲邑鄉土志，於宗教條下叙基督教之輸入，謂肇於康熙三十三年，嘉淇於城内金紫街開地利削教會，建天主教堂。雍正間詔毁天主堂，始改爲古岡義學，近又改爲邑城公立學堂。邑之有西教，自嘉淇始也。嘉淇以康熙十六年邑中遷海界事起，流亡至暹羅，與葡萄牙人居，從學西醫十餘年，得葡人伊氏、葉氏、余氏傳天主教法，乃以傳之邑中。由是觀之，向所謂御賜金特者，蓋十字架之訛傳哉！則參先生曰：人嘗登高氏墳，其上有十字架云。西醫與宗教之關係，自昔然矣，亦今以醫傳道會之意也。獨惜吾先民志邑乘者竟遺其事。非有非常之智識，又烏知彼方伎者與吾醫學變遷史有如是之關係者耶？吾今雖未敢謂高嘉淇即爲吾國人習西洋醫術者之祖也，蓋有實至而名不歸者矣，安得人焉爲之發潛闡幽也耶？夫高嘉淇、黄綽卿之倫，其姓氏亦湮滅不稱也久矣，悲夫！

〔載光華醫事衛生雜誌第二期。該期扉頁有康熙朝養心殿御醫高嘉淇像，題「陳六經寄贈，陳垣所藏」。〕

食米爲脚氣症之病源辨跋

脚氣病原，古説不一。醫家所論，具諸醫書，不備述，請述儒書。儒醫其有以語我來。

詩小雅巧言篇「既微且尰」。鄭箋曰：「此人居下濕之地，故生微腫之病」。

春秋左氏傳：韓獻子曰：郇瑕氏土薄水淺，民於是乎有沉溺重膇之病。

通鑑：陸遜疏曰：爵霧冥其上，鹹水蒸其下，善生流腫，轉相洿染。

胡三省有注，流腫者，謂毒氣下流，足爲之腫。古人謂之重膇，今人謂之脚氣。

凡此皆醫家濕氣説也，不足奇。

史記貨殖傳：楚越之地，烹海爲鹽，飯稻羹魚，果隋蠃蛤，以故呰窳。集解曰：呰，弱也，窳，病也。正義曰：羸弱而足病也。千金方所謂脚弱即此。

奇哉，此即近代醫者之脚氣病原説也。近代醫者以脚氣爲一種固有之微菌傳染病，又以爲青魚科之魚肉中毒，又以爲營養之障害，此云飯稻羹魚，不亦奇乎？奇其説之不出於醫而出於儒也。俗有號儒醫者，儒醫其有以語我來。

〔載光華醫事衛生雜誌第二期，署名援庵。原文作者爲陳子光。〕

論病者延醫當持忍耐心跋

病屢易醫及病求速癒之害，國朝徐靈胎先生言之最詳，且最爲痛切。其言散見於先生所著醫學源流論及慎疾芻言中。今撮録如左，以資參考。

天下有治法不誤而始終無效者。此乃病氣深痼，非泛然之方藥所能癒也。病家不知，屢易醫家。醫者見其不效，雜藥亂投，病日深而元氣日敗，遂至不救。不知此病非一二尋常之方所能癒也。病深非淺藥能治論。

治病之法，自當欲其速癒。世之論者，皆以爲治早而藥中病則癒速，治緩而藥不中病則癒遲。此常理也。然亦有不論治之遲早而癒期有一定者。此宜静養以待之，不可亂投藥石。若以其不癒或多方以取效，或更用重劑以希功，即使不誤，藥力勝而元氣反傷。更或有不對症之藥，不惟無益，反有大害。病癒有日期論。

至於外科，則起發成膿，生肌收口，亦如痘證，有一定之日期。若欲强之速效，則如揠苗助長。乃醫者投藥不效，自疑爲未當，又以别方試之。不知前方實無所害，特時未至耳。乃反誤試諸藥而病愈重。病家以醫者久而不效，更换他醫。他醫遍閱前方，知其不效，亦復更換他藥。愈治愈遠，雖有不死之病亦不救矣。同上。

又或病勢方轉，未收全功，病者正疑見效太遲，忽然讒言蠭起，中道變更，又換他醫，遂至危篤，反咎前醫。病家論。

又或偶聽人言，即求一試。藥未盡劑，又易一醫。或一日而請數人。各自立說，茫無主張。此時即有高明之人，豈能違衆力爭，以遭謗忌，亦惟隨人唯諾而已。要之病有傳變，各有定期，方之更換，各有次第。藥石亂投，終歸不治。

（載光華醫事衛生雜誌第二期，署名援庵，原文作者爲劉毓生。）

古弗先生之業績

余既譯古弗先生傳，未及其著述。今復譯其著述之目録如左。偉觀也已。

一八七六　論脾脱疽病。

一八七八　創傷傳染病病原之研究。

一八八一　熱氣消毒之研究。

高熱蒸氣之消毒力試驗。

再歸熱血液之猿接種試驗。

一八八二　論消毒法。

論結核。於生理學會演説。

反駁巴斯刁氏脾脱疽預防接種之演説。

一八八三至四　研究旅行報告。

一八八四　加爾加答之報告。三月四日。

結核病原理。

脾脱疽菌及其關於脾脱疽餌食感染試驗的研究。

一八八五　虎列拉問題會議之講演。

一八八六　關於船舶底部消毒之實驗。

一八八七至一八九三　埃及及印度派遣虎列拉探究隊調查報告。

一八八八　戰役傳染病預防法。

一八九〇　細菌學的研究。

關於結核治療劑續報。

一八九一　人之放綫狀菌病三例。

結核治療劑研究續報。

土培爾克林研究續報。

一八九三　一八九二至九三年間德國流行虎列拉病。

反駁旭得六斯氏虎列拉菌顯微鏡檢出之演説。

論虎列拉細菌學的診斷法之現今程度。

水濾過法與虎列拉病。

一八九六　關於人體丹毒接種之觀察。

論新土培爾克林製劑。
葛印巴列之行之牛疫預防試驗報告。
熱帶地域之醫學的試驗。
德領東阿非利加探險報告。
牛疫、綫百斯篤、丑丑及遲爾拉病、得克賒斯熱、熱帶麻拉利亞及黑水熱等之探險報告。
德領東阿非利加之研究成績報告：一、德領東阿非利加之麻拉利亞。二、黑水熱。
美美爾州内之癩病。

一八九九　麻拉利亞寄生蟲之發達。
在義大利之麻拉利亞研究。
學術的探險報告。
麻拉利亞之作業第一回報告。
論黑水熱。

一九〇〇　德政府派遣之麻拉利亞研究隊報告。

麻拉利亞研究隊第二回報告。
麻拉利亞研究隊第三回報告。
麻拉利亞研究隊第四回報告。
麻拉利亞研究隊第五回報告。
麻拉利亞研究隊第六回報告。
麻拉利亞探究隊報告總括。

一九〇一　結核病之凝集反應及其價值。
基於各傳染病成功的預防法。　實驗之結核預防法。
對於丑丑病之畜牛免疫試驗。

一九〇二　熱帶莓瘡與豈尼亞、印蒲利加答。
論牛結核之人體感染。
人牛結核論。
巴里百斯篤血清之效價檢定。

一九〇三　窒扶斯撲滅策。
於南洛豆西亞之畜牛疾病。

一九〇四　同第一報告。

馬疫第二報告。
南洛豆西亞之畜牛疾病第二報告。
阿非利加沿岸熱第三報告。
論脱里拔諾沙麻病。
關於馬疫預防接種之研究。

一九〇五 阿非利加沿岸熱第四報告。
脱里拔諾沙麻病之研究。
對於結核之畜牛免疫。
東亞非利加探險旅行成績預報。

一九〇六 於東阿非利加睡眠病探究之經過。
批洛潑斯麻之發育史。
結核預防撲滅現狀。
論阿非利加再歸熱。

一九〇七 睡眠病探險隊研究報告。
睡眠病探險隊研究終末報告。

〔載光華醫事衛生雜誌第二期〕

警告(一)

白濁入眼，最爲險症。醫理苟不得法，十盲八九。且此症不獨能自染，並能染人；不獨溺脂之膿可以自染染人，即患眼所流之膿，亦能傷己之健眼及他人之眼。其險也若此，嗟爾後生小子，胡爲乎嫖哉？

此症第一期眼胞腫起，羞明劇痛，灼熱潮紅。第二期全眼流膿，防有潰瘍，更怕穿孔。巢氏病原所謂膿漏目，醫宗金鑑所謂暴赤星翳者，殆即此症，險乎哉！

更有險者，嬰兒出世，目經陰道，苟其母有白濁，則兒眼必受其毒。試查瞽目院，嬰兒盲者百人中有四十人由此致盲也。其險也若此，嗟爾後生小子，胡爲乎嫖哉？

〔載光華醫事衛生雜誌第二期，署名援庵。〕

警告(二)

嬰兒生六月以前萬不可食米粉類。常見有嬰兒出世後一、二日即與以白糖餅之屬者，無謂之極。初生嬰兒只可食乳。初生一、二日母未有乳，止可以沸水飲之。初生母乳稍黄，以乳兒無傷也。

嬰兒生六月以後可食粥水類。八月以後，母乳漸薄。十月以後當離乳。常見有兩、三歲猶未離乳者，母子均受其害，非所以愛之也。

〔載光華醫事衛生雜誌第二期，署名援庵。〕

生生善社贈理西法接生緣起跋

按唐以前保產諸書之見於記載者極博。漢志有亡名氏婦人嬰兒方十九卷。隋志有黄帝素問女胎一卷、黄帝養胎經一卷、亡名氏療婦人產後雜方三卷、產乳書二卷、產經一卷、王琛推產何時產法一卷、雜產書六卷、生產符宜一卷、產圖二卷、雜產圖四卷。唐志有昝殷產寶一卷。新唐志有揚歸厚產乳集驗方三卷、崔知悌產圖一卷。太平御覽張仲景方引有衞汎婦人胎藏經。崇文總目有許仁則子母祕録十卷、楊全迪李壽某產後論一卷、王守愚產前後論一卷、亡名氏集產後十九論一卷。然皆亡佚，惟藝文略王嶽產書一卷尚存。是書在吾國亦久佚，朝鮮國醫方類聚收之。道光間日人多紀元堅乃從朝鮮醫方類聚中録出。千年湮晦之物，失之於祖國而得之於日本及朝鮮，抑亦可哀矣哉！四庫書目提要以爲產育方藥，古罕專書，昝殷產寶不傳，則郭氏產育寶慶方當爲最古，蓋未見王嶽此書耳。王書之外，楊康侯十產論亦在產育寶慶方之前。提要謂楊子建名倓，有楊氏家藏方，今未見。不知子建十產論今日本亦有傳本。且子建名康侯，號退修，元符間人；楊倓字子靖，淳熙中人，此著家藏方者。提要以爲一人，未免失考。日人多記柳洴氏嘗辨之。余因莫君之論，偶有感觸，連類及此，願與宇内之治醫史學者一商榷之。編者陳垣識。

〔載光華醫事衛生雜誌第二期。原文作者爲莫伯驥。〕

第四回萬國精神病者看護學會

北京報云：本年西歷十月三日五日間，在德國柏林舉行第四次萬國調養精神病人會。聞已照會外部派員蒞會云。

精神病，世俗謂之曰癲狂。靈樞癲狂篇所謂狂疾發自高賢也，自尊貴也，善罵詈日夜不休者是也。近日法令謂之曰心疾。各項選舉章程所謂有心疾者不得有選舉及被選舉權是也。謂之癲狂猶可，謂之心疾，則誠爲晚近學者所笑。蓋真正心疾者無癲狂之病狀也。惟腦病者乃有癲狂之病狀。人之靈性在腦不在心也。此所謂調養精神病人會者，乃精神病者看護學會也。吾聞此回並開精神病者及神經病者看護法展覽會云。吾國於此等病素無注意，法令上之精神病者監護法亦未有專條。光緒二十四年，粵中始有美人嘉約翰者設癲狂醫院於芳村。然吾觀靈樞，其言治癲疾也曰：治癲疾者，常與之居，察其所當之處，病至視之，有過者寫之。抑何其言之切摯而仁厚也。是則吾國古代精神病者看護學法語之僅存者也。蒞會者幸有此區區之可述耳。

麻瘋中外古今皆有

日前有龐慶新者，稟巡警道請擴充麻瘋院。奉批：麻瘋一症，方書稱爲癘疾，又名大癩，中外古今，何國蔑有？稟稱外國並無，廣東自乾隆年間傳染而起，殊屬不經。所引起源，尤爲謬妄。至擴充麻瘋院與限制麻瘋人一節，所見甚是。惟經費支絀，恐難辦到。一俟籌有的款，再行舉辦可也。

麻瘋一症，自昔有之矣。素問風論所謂肌肉憤䐜而有瘍，其肉有不仁，其鼻柱壞而色敗，皮膚潰瘍者，非麻瘋也耶？說文謂之癘。巢氏病源謂之癩。蘇沈良方謂之大風。至今日人猶謂之癩，而粵人則謂之瘋。潮陽麻瘋院亦稱癩民所。此症不獨吾國有之，所謂西洋之波路昆半島、墨西哥、土耳其、西印度、瑞典、那威、芬蘭，東洋之日本九州、印度、爪哇等處皆有之。而龐慶新則以爲外國並無，廣東自乾隆間始有，真不值一斥矣。意者因廣東麻瘋院多建自乾隆間也耶？

軍醫學生之前途

兩廣軍醫學堂甲班舉行畢業，考驗合格學生三十四名，擬查照光緒三十四年學部准湖北軍醫學堂普通二年預科一年畢業，援照京師醫學館畢業辦法，分别獎以歲貢廩增附各出身，當即咨請陸軍部查核，分别奏咨給獎。現該部以所轄陸軍軍醫學堂歷經畢業，均未給以出身，只於考驗合格後，發鎮試充軍職，期滿覆考，再予奏補軍佐官階。該省軍醫甲班學生，既經畢業，自應將該生送部考驗，以憑照案辦理。昨已據情咨覆來粤。袁督准咨後，即札行督練公所轉行知照矣。

外國醫事教育，除醫科大學及各專門醫學校外，别有海陸軍軍醫學校，專授軍陣醫學，以養成軍醫人才。其卒業則自三等軍醫以至軍醫正，以至二等、一等軍醫、軍醫監、軍醫總監，其品級直與中將少將等，且更有授爵者。闊哉軍醫！吾國對於醫人，未知所重也。以平常中小學卒業，尚有廩貢增附之獎給，軍醫爲高等專門學校，乃無特别出身之獎勵，異哉！夫謂軍醫歷經畢業，均未嘗給以出身，此當照辦。然則前此工科、法科畢業之學生亦未有廷試也，胡爲而補給詹天佑等以工科進士耶？此可援照以獎今之軍醫學生，並可援照以奬前此卒業之軍醫學生也。學生雖非盡爲此奬勵來，然國家欲養成軍醫人才，豈可無所以既廪稱事者。

〔載光華醫事衛生雜誌第二期，署名援庵。〕

醫師診斷新婚妾小産案始末識

吾國古無顯微鏡學，只憑肉眼所見，故醫學斷訟之術不精。至於查驗是血是胎，吾洗冤録亦有些經驗，未可厚非也。曰凡寡婦、處女或少時腹内癥瘕，後因婚配，陰陽氣和，向時結塊自下，多似胎孕，疑似難明。須知胎孕必有衣膜，癥瘕止是血塊，此不可不辨。然則胡葉青之血塊亦少時腹内癥瘕，一經婚配，陰陽氣和，結塊遂下，致誤爲胎孕耶？吾將執是以難鄭醫生，助李巴一臂之力也。吾將通知梁少南。

〔載光華醫事衛生雜誌第二期，署名援公。〕

敬告寄稿諸君

本報發行後，遠近寄稿者甚衆。將以次刊登報端，以收交換智識之益。於其中間有未署題目者，又多不加圈點者，殊費商量，殊費目力。請以後寄贈諸君，於斯二者加之意也。

援白。

（載光華醫事衛生雜誌第三期）

諮議局籌設學校醫

日來督憲交議籌設學校醫士議草，略云：查學堂衛生，最宜研究。凡飲食起居，疾病療治，以及平時潔淨法，傳染病預防法，在在皆關緊要。況各屬學堂，借地開辦者居多，建築多不合宜，衛生每有阻礙。粵省邇年春夏時有疫症流行，堂員學生等，偶致傳染，動輒張皇，往往全堂停課，校舍一空。似於教授功課，不無曠廢。查學堂章程，惟大學堂有衛生官之設。此外高等各學堂，學生飲食起居，皆以檢察官任之。間有自設校醫者，然不多覯。中學以上更無論矣。以中國醫學論潔淨衛生諸法，似不若西學之精，外府各屬習醫理者尤少。考日本有學校醫名目，擬仿其制，通行各屬勸學所，設學校醫士一員，職掌學校衛生，又療治堂員學生疾病。遇傳染病起，即刊布豫防法，分送本屬各學堂，及巡行有疫地方，細加檢查，並施醫治。庶有疫症流行，不至影響及於學校。並擬籌設各屬學校醫士簡要辦法六條。文繁不備録。

學校醫之設，允矣。惜現在之議員有此等知識者尚少，姑待之，何必爲一般新醫生謀銷路也。用某議員語。學校醫之不設，新醫生其遂無銷路矣，然哉。

〔載光華醫事衛生雜誌第三期，署名援公。〕

諧談一則

九月某日，美實業團到粤。某會特開歡迎會，張燈結綵，至爲熱鬧。門前有「衣履不潔者不得入」條子一條。一時人頭擠擁，勞動家多作門外漢。有闖進者爲守門者所制止，幾至暴動。鐘九下，實業團四十餘人至。既入，行相見禮畢，主人請客演説。客總代某，識華文，通粤語，登壇備述來意，並謝今日之盛會。略謂鄙人記憶數年前敝國某大臣來華，適粤中盛唱排斥美貨，至有龜抬美人之白帖，真不勝今昔之感。查此事之禍始，實原於禁工問題。鄙人剛才進門時，見會場外有「衣履不潔者不得入」條子。竊思禁工之意亦不外如是。諸衣履不潔者，工黨也；守門者，關員也；諸君，一般臣民也；主席，總統也。以貴國同胞衣履不潔，今日之會亦不得與，抑何不平等至此？豈此間亦提起禁工問題耶？設使貴國到美諸人能共守衛生，無妨礙治安之舉動，敝國斷無不歡迎，何致有虐待之事也。説畢，聽者相顧赧然，悔當初錯貼此條子。

〔載光華醫事衛生雜誌第三期〕

論徒恃三指按脈不足以知病跋

按徒恃診脈不足以知病，古人亦有言者。今因篇幅有空隙，特彙録之，以證斯言之不謬。新學不足信，古說宜若可信也。吾深冀篤信診脈知病者之有所覺悟也。

素問徵四失論：診病不問其始憂患飲食之失節，起居之過度，或傷於毒。不先言此，猝持寸口，何病能中，妄言作名，爲粗所窮。此治之四失也。

寇宗奭曰：醫人只據脈供藥，其可得乎？如此言之，焉能盡其術也。此醫家之公患。王海藏曰：病人拱默，惟令切脈，試其知否。夫熱則脈數，寒則脈遲，實則有力，虛則無力，可以脈知也。若得病之由及所傷之物，豈能以脈知乎？故醫者不可不問其由，病者不可不說其故。

診家正眼曰：近世醫者既自附於知脈，而病家亦欲試其本領，遂絶口不言，惟伸手就診。而醫者遂强爲揣摩。若揣摩偶合，則信爲神奇；而揣摩不合，則薄爲愚昧。噫嘻！此内經所謂「妄言作名，爲粗所窮」也。如是而欲拯危起殆，何異欲入室而反閉門耶？

焦氏筆乘述東坡曰：士大夫多祕所患，以驗醫能否，使索病於冥漠之中。吾生平求醫，必盡告以所患，然後診之。故雖中醫，治吾疾常瘉。吾求疾瘉而已，豈以困醫爲事哉！

徐靈胎診脈決死生論曰：病之名有萬而脈之象不過數十種。且一病而數十種之脈無不可見。何診脈而即知其何病？此者推測偶中以此欺人也。

王勳臣曰：診脈斷死生易，知病難。

〔載光華醫事衛生雜誌第四期，署名援公。原文作者爲簡爵勳。〕

衞生之真相跋

衞生之大别，有個人衞生及公衆衞生。衞生之學統，有學校衞生、工業衞生、監獄衞生、軍陣衞生；此外又有熱帶地衞生、警察衞生、船舶衞生、鐵道衞生，乃至小兒衞生、婦人衞生、齒之衞生、眼之衞生説等，亦繁賾極矣。

〔載光華醫事衞生雜誌第四期，署名援，原文作者爲梅湛。〕

答崔知悌産圖出處

閱貴報第二期言新唐志有崔知悌産圖一卷。考今唐志並無此，未知貴報何所據？或别本有之？竊所未解，敬以爲問，希有以報也。古愚。

謹按崔知悌産圖，不獨新唐志收之，舊唐志亦收之，但皆隸五行類，不隸醫術類，與隋志諸産書同。來示云云，或未之深考。此書崇文總目亦收入，但作産鑑圖。並及，此覆。

〔載光華醫事衛生雜誌第四期。署名援公，原文無題。〕

論今日學校宜注意衛生學跋

學校衛生由學校醫主之。

學校醫之職務由法令規定之。

區區學校之清潔法亦以法令規定之。

有所謂學校的傳染病，分三大類：

第一類甲：痘瘡及假痘、實布垤利亞、發疹窒扶斯、百斯篤、猩紅熱。

第一類乙：百日咳、麻疹、流行性感冒、風疹、流行性耳下腺炎、水痘、肺結核、麻瘋。

第二類：赤痢、虎列拉、腸窒扶斯。

第三類：傳染性皮膚炎、傳染性眼炎。

學校傳染病之預防法及消毒法亦以法令規定之。

又有所謂學校病：一、習慣性脊椎彎曲。二、營養不良。三、近視眼。四、常習性頭痛。五、衄血。六、肺結核。七、神經過敏。八、其他：體操科之負傷如打撲、脱臼、骨折等。割烹裁縫科之刺傷、切傷、湯火傷等。游泳科之溺没。修學旅行之日射病。卒業式久立之卒倒。皆歸入學校病類。

〔載光華醫事衛生雜誌第四期，署名援，原文作者爲繆素靈。〕

徐靈胎跋

編者按：徐靈胎，乾隆間人，博學能文，嘗作行醫歎一首，深得個中三昧，見所著洄溪道情，録之以博一粲。

歎無聊，便學醫。唉，人命關天，此事難知。救人心做不得謀生計。不讀方書半卷，只記藥味數枚，無論臌膈風勞，傷寒瘧痢，一般的望聞問切，説是談非。要入世投機，只打聽近日時醫慣用的是何方何味。試一試，偶然得效，倒覺得稀奇。試得不靈，更弄得無主意。若還死了，只説道藥不錯，病難醫。絶多少單男獨女，送多少高年父母，拆多少壯歲夫妻。不但分毫無罪，還要藥本酬儀。問你居心何忍，王法雖不及，天理實難欺。若果有救世真心，還望你讀書明理。做不來，寗可改業營生，免得陰誅冥擊。

〔載光華醫事衛生雜誌第四期，署名援。原文作者爲余孟俠。〕

再告寄稿諸君

本報原有譯稿一欄，但甚欲譯述者注明原著者姓氏，否則不便歸譯稿欄也。又寄來諸稿，間有長篇大論，一氣呵成，並不提行者。則文字上言之，何不可。但既爲説理文字，又爲醫學專門的説理文字，閲報者又未必盡爲醫界中人，故欲其學説之普及於大衆，不得不多提行以清眉目，令閲者省一番精神也。作者以爲何如？編者識。

〔載光華醫事衛生雜誌第四期〕

新發明之麻醉藥跋

有全身知覺麻醉劑，或稱全身麻醉劑。有局所知覺麻醉劑，或稱局所無痛劑。全身麻醉劑者，作用於神經中樞，即大腦。令全身失知覺也，外科的大手術用之。局所無痛劑者，令神經末端知覺麻痺，失其疼痛感覺也，外科的小手術用之。法至良，利至溥也。中國古代亦有之，見後漢書華陀傳。

〔載光華醫事衛生雜誌第四期，署名援公。原作者吳紀舜，譯者黄藻裳。〕

醫事紀要

上海檢疫之大風潮

日前上海工部局衛生西員，因至嘉興路哈爾賓路等處調查居民家小孩有未種牛痘者，勸往醫院佈種。居民羣起猜疑，一時聚集數百人。幸西員見機脱身，未受窘辱。密副捕頭聞信，立飭探捕到場將衆驅散。

又工部局之藥水車推至蓬路武昌路轉角，忽有流氓多人，揑造謡言，謂車係裝送小孩者。一時哄集數百人，將車夫唐阿狗等四人扭住痛毆。唐受傷重，車被擊壞。同時西華得路橋東某里内，因南市工程局派差協捕，前往提人，亦被衆人團毆，致傷西探頭面。捕房立派通班中西探捕，荷槍到場，拿獲九人，解回收押。於是斐倫路濱至滙山捕房一帶，各店鋪一律罷市。虹口捕房派捕荷槍分頭巡邏。至下午半日，人心始漸鎮定。皆誤認爲檢疫之故也。

又靜安寺捕房西探及華探鍾星源，帶同原告梁益甫，其戚葛松濤，來至閘北華盛里，擬提拐匿梁媳之車夫阿二。該探等未報警局請派長警協提。一班無知愚民誤會檢查鼠疫，一時哄動數百人，將西探及梁、葛二人圍住蜂毆，傷西探頭面等處。該處岡巡飛報黃正巡官立傳電話至總局，請派馬隊、巡邏偵捕隊到場彈壓。

英美租界居民，攜孩乘人力車由英界自西新橋、鄭家木橋、帶鈎橋各處至法界入城者絡繹不絶。更有携帶行李乘輪者。事經捕房得悉，向乘車帶孩之人詢問。或云並無他事。或云英美兩界西醫查察小孩嚴厲，暫時避去。捕頭即飭包探備細調查，禀覆核奪。

從前吾國業西醫者，於治療以外並無別事，故向未受人攻擊，尋常詆毁則有之。近因有法律醫學之爭辯，而西醫始受攻擊矣。又因有六月畢業，或並未畢業，或並未習醫之王六醫師均掛名西醫，以致西醫之途，其混雜有如昔日之中醫，而西醫遂亦受其影響。西醫之受排擊，此亦一原因，然未已也。他日檢疫制度頒行，必有毁拆衛生局及毆打醫官之怪劇。上海其發端也。攻擊云乎哉？一般之醫者勉之，必經之階級也。不有反動力，醫學焉得有進步？

〔載光華醫事衛生雜誌第四期，署名援公。〕

中國解剖學史料

自世界醫學之輸入日見發達，囂然者以爲世界醫學之所長特解剖學，於是舉吾國昔日之近似解剖者以爲爭勝之具。不知世界醫學豈徒以解剖爲能事，解剖特基礎醫學耳。吾國內、難、甲乙諸經何一非古代解剖學，第數千年來，未聞有能於古籍之外新尋出一物，新發明一功用，而拘守殘帙，相與含毫吮筆，嚮壁構虚而爭辯則有之，抑亦大可駭已。他人方日事探險，日闢新島，而我則日蹙百里，乃誇大其祖若宗開國之雄烈以自慰，抑亦可謂大愚也已。吾今即述其祖若宗開國之雄烈，黄帝子孫，有能來言恢復乎，吾將執大刀劈斧從其後。

靈樞經水：岐伯曰：天之高，地之廣，非人力之所度量而至也。若夫八尺之士，皮肉在此，外可度量切循而得之，其死可解剖而視之。其藏之堅脆，府之大小，穀之多少，脈之長短，血之清濁，氣之多少，皆有大數。

吾國之有解剖學，當肇基於此。此言天高地廣，或非人力所能度量也。若人則八尺之軀耳，皮肉具在，外可度量而死可解剖也。嗚呼！古代而不有解剖學，則所謂五臟六腑者，從何處名之哉？

史記殷本紀：紂淫亂不止，微子數諫不聽，遂去。比干强諫，紂怒曰：吾聞聖人心有七竅，信諸。遂剖比干觀其心。

聖人之心有七竅，是必當時熟語也。聖人亦人耳，烏得與人殊！紂之不信，幸遇聖人，乃得實驗。惜乎書闕有間，竟無剖視後之下文，則以記者之記此，非爲斯學計，徒欲以彰紂之無道耳。謂紂生解剖人爲無道可，謂解剖人爲無道不可。

漢書王莽傳：翟義黨王孫慶捕得，莽使太醫尚方與巧屠共刳剥之，量度五臟，以竹筳導其脈，知所終始，云可以治病。

太醫，醫官也。巧屠，略識解剖術者也。云可以治病者，記者謂莽之意以爲此可以治病也。嗚呼！孟堅文人耳，烏足知此之可以治病與否？味其言，殆亦欲示莽之殘殺，與史記之於紂同耳！惜乎莽得志未久，不能於此學有所補益而爲吾道光也。

賓退録：廣西戮歐希範及其黨凡二日，解五十有六人。宜州推官靈簡皆詳視之，爲圖傳世。

歐希範，賊也。比干，聖人也。剖聖人猶可，剖賊則益賊。益賊猶可，令後世羣以被人解剖者惟賊，則孰願犧牲其身以受解剖也？世人以解屍爲大不韙，胥於此爲厲階。

郡齋讀書志：存真圖一卷，皇朝謂宋。楊介編。崇寧間刑賊於市，郡守李夷行遣醫併畫工往，親決膜摘膏肓，曲折圖之，盡得纖悉。較以古書，無少異者，比歐希範五臟圖過之遠矣。實有益醫家也。

據此則歐希範五臟圖及楊介存真圖，晁公武猶及見之。今二圖皆不可得見。存真圖一卷，四庫且已不著録。吾國人之不重實學，可見一斑。雖然，此二圖亦不傳耳，幸而得傳，其謬誤亦與古人等。是何也？則公武明言；歐希範五臟圖不及楊氏圖，而楊氏圖又與古書無少異。既與古書無少異，則亦何貴有新圖？特恐楊氏圖未必無異於古書，公武文人，亦以古爲尚，故漫云爾。

醫旨緒餘：何一陽曰：余先年以醫從征，歷剖賊腹，考驗臟腑。心大長於豕心，而頂平不尖。大小腸與豕無異，惟小腸上多紅花紋。膀胱真是脬之室，餘皆如難經所云。亦無所謂脂膜如手掌大者。

醫旨緒餘引何一陽此言，所以駁三因方之以三焦爲有形者也。諸家或以三焦爲無形，或以爲有形。以爲有形者曰：宋有舉子徐遁者，醫療有精思。曰齊嘗大飢，羣丐相臠而食。有一人皮肉盡而骨脈全者，視其五臟，見右腎之下，有脂膜如手大者，正與膀胱相對，有二白脈自其中出，夾脊而上貫腦。意此即導引家所謂夾脊雙關者，而不悟脂膜如手大之爲三焦也。此三因方據徐遁之所見，以爲三焦也。一。

以爲無形者曰：醫以靈素爲宗，靈素不載。如張仲景、華陀、王叔和、孫思邈皆擅名古今者，未有一言及此。史載秦越人隔垣洞見人臟腑者，假令三焦有形，何不言之？豈陳無擇著三因方者。之神知出靈素諸公之上哉？此孫一奎說。即著醫旨緒餘者。二。

又曰：三焦既有形若是，銅人圖必圖而表之，華氏内照圖亦必表而出之。三。

戴同父曰：三因方之好異也，云三焦有形如脂膜，附於腎夾脊。若果如是，則内經、難經言之矣。四。

何一陽又曰：世傳華陀神目。置人裸形於日中，洞見其臟腑。是以象圖，俾後人準之，爲論治規範。三國時殺人亦不少，華陀之醫不可謂無精思，豈有三焦如是而陀乃不之載哉？凡此皆駁三因方之以三焦爲有形者也。五。

諸說之是非，在今稍嘗從事解剖學者亦知其爲瞽盲辨日也。是者未必是，非者亦未必非。彼善於此，則陳氏即三因方。爲勝矣。蓋陳氏對於古說敢首倡異議，而諸家則風伏於古人之下，古人不有言，不敢言也。吾因諸說之非今是古，足以爲今人戒。而其言又皆關涉於解剖學，故備述之。

至於扁鵲之隔垣洞見人臟腑，元化之裸人於日中而見其臟腑，皆與後世之稱得異人傳授者類。未必扁鵲、元化無解剖之實驗，第不敢以宣於世，則託之神目及非人，亦猶始種痘者之託於神人也。然扁鵲等之果曾實行解剖與否，書記所缺，亦不可誣，故只可謂之神話解剖學，而不可謂之人工解剖學。今日本警律，未得官許解剖死屍者，處三日以上十日以下之拘留，或一元以上一元九毫五仙以下之罰金。醫學生恨無此一元二元之罰金耳，苟其有之，則何必遇長桑君，飲上池水哉？

若徐遁之因歲饑而得睹人相食者之殘骸，以爲實驗之用，則與王勳臣之考察叢冢露藏小兒同。曰解則有之，未可以爲剖也。是可謂之借觀解剖學，而不可謂之正規解剖學。因聞見後録載無爲軍醫張濟善用針，得訣於異人，云能解人而視其經絡，則無不精。因歲饑疫人相食，凡視一百七十人，以行針，無不立驗。亦與徐遁、王勳臣同，不得謂之正規解剖學，亦借觀之解剖學而已。

或曰：王勳臣亦嘗親視凌遲犯人，與前言歐希範五臟圖、楊介存真圖、何一陽親剖賊腹之屬將毋同，彼可謂正規解剖學矣，則何以謂王勳臣爲借觀解剖學？曰王勳臣所睹之凌遲犯人，特爲凌遲已耳，不因王勳臣之觀而有所加之意也。勳臣有所不明，不能令凌遲者操刀惟吾意所欲也。則勳臣所得者特餕餘耳，故不得爲正規解剖學。無怪醫林改錯之錯，與古人無異。四十年前應有爲醫林改錯改錯者，至今日則無謂耳。要之勳臣不可謂非熱心解剖學者也，特時局之。

太平廣記醫三引廣五行記曰：永徽中有僧病噎，不食數年。臨終告其弟子曰：吾氣絶後，便可開吾胸喉，視有何物。弟子依言開視，得一物形似魚而有兩頭，遍體悉是肉鱗。時夏中藍熟，寺衆於水次作靛，有一僧以少靛滴其中，須臾化水。世傳以靛水療噎疾因此。赤水元珠斥之。然不論其事理之如何，借曰有之，則此等可謂之病理解剖學，而非生理解剖學。

其他扁鵲之割皮解肌，湔浣腸胃，元化之刳破腹背，抽割積聚，皆見本傳。與及諸史方術傳中醫人之能施行手術者，武人傳中武人之能受割治者，諸短書小説中所稱之西番僧、回回醫者，如是等等，世人之好以中國醫術比方泰西醫術者，類能詳引。甚至好援西人中以爲泰西諸學盡出於我者，如格致古微、格致精華録之屬，於此等故實，亦類能言之，無煩贅述。然此皆衹可謂之手術學，而不得謂之解剖學。他日編手術學史料時另紀之。

編者曰：吾纂吾國解剖學史料已，而歎吾國解剖學之不振，其原因由於歷代施行解剖術者之不得其人也。一誤於紂，再誤於王莽，三誤於賊。千年古書，言解剖學者只有此數。其無名之英雄，私行解剖，不及著書，又無學人紀録其事者不論。其散見古籍，爲吾弇鄙所未及見者，姑俟他時之續述亦不論。紂，世所稱爲獨夫也，其行事宜不可法於後世。王莽所爲原與紂異，其所規劃，秦漢不過也。漢人以爲賊，後之人從而賊之，竟以人廢言哉！悲夫！唐宋以後之解剖人，又皆愍不畏死之草竊也。以爲草竊，乃得人人而誅之，致剖之刳之不爲過。然則凡天下被解剖者皆賊耶？解剖人者，皆紂、王莽耶？固有靈樞經水之言在也。岐伯、黄帝非紂、莽，未聞岐伯、黄帝所剖者必罪人。安得將此數千年之輿論一旦改造之。

此爲編者數年前舊作，及今觀之，舛謬在所不免，容訂正之。

〔連載於光華醫事衞生雜誌第四、五期。〕

粤中醫院之始祖

余前年釋醫院，謂吾國醫院之制基於六朝，盛於唐宋，尚矣，粤之有醫院，不自六朝始也，蓋始於宋寶祐間之壽安院。粤人而言醫院所自起，不可不念劉公震孫之遺澤也。李文溪曾爲之記，見文溪集。今録之，宜亦守舊君子所樂聞歟？記曰：

天地之大德，生而已。所以無終窮，生意不息而已。凡物囿形其數之自然，慘舒其氣之使然。彭殤椿菌，固不容强齊，亦各正性命焉。大君位乎中，妙贊化育，分羣有司代天工，要使生意流布，充滿覆載間，無一物不得其所。國朝置福田院，恤窮疾，與天地同一好生。常平倉，專使領，爲凶荒疾疫設，將以救民病，而或者反以政事病民。今天子軫遠方元元，選物望民庸兼者，畀右司劉公倉氏節。公一意推廣皇澤，進耆老，諏之曰：賦過重，痡吾民歟？役不均，瘠吾民歟？官吏饕，朘吾民歟？追呼數，惱吾民歟？豪斷椎剥，吾民鬱不吐歟？聞一事繫休戚，亟罷行不終日。南人如解沉疴積痼，豁然甦快，無復怨嗟。公猶以爲未也。廣山寬海鉅，嵐霧散泄，故無瘴。上饒醲鮮，細人恣屬厭亦易疾。鰥寡孤獨之窮，川浮陸負之賈，馳書傳檄之价，纔病於主家旅館，則謂其累己，迫遣之，往往轉徙閭巷。而受病本輕，而不粒不劑，且風且露，困頓必僵。廂邏又視爲奇貨，重誅求於死所，爲邦人害最大。公惻然，仿東坡在杭蓄錢糧作病坊故事，乃相爽塏址於威遠門之內，窮堂閎閎，嚴禱祠香火。幹僧其左，醫局其右，修廊渠渠，對闢十室，可容十人。男東女西，界限有別。病無依者以告，隨得入。診必工，藥必良，食必精。烹煎責兩童緇，必恪日欲，聞所苦重輕，課醫之效。募夫婦願俱庸者共凡役。庖斯整，湢斯潔，百爾器用色色具。奄奄無聊賴之人，忽處廣厦，適眠餐，所需如意，頓使神醒氣伸，居養所移，半藥力。已康强，則資之歸。脱不可療，則斂瘞如法。租收之贏，取之庫所。入足以當所出，畫爲成規，可行之悠久。外峙崇門曰壽安，顔其院，因人情所欲也。扶曳來居無虚日，全活甚衆。人病之者既能厝之安，天病之者亦欲拯之生，公之心無愧於兩間，無負於吾君矣。夫人爲三才之一，仁人心也，與天地心本不二，如果核中有仁，生意在焉。惻隱其端，不特發見於孺子將入井時，雖草木禽獸之微，蔞瘁不得安其生，亦安然動念。病柏、病橘、病馬、病鴞，杜詩韓筆且不遺，而況於民吾同胞乎！苟其位其力可以利衆庶，而呻吟叫呼在吾境若不聞，良心安在哉？公可以爲仁人矣。蓋元祐相國忠肅公其六世祖也。家學源流，有所自來。公名震孫，字長翁，渤海人。

觀此文，則當時壽安院之規模不可謂不美備也。曰「窮堂閎閎，修廊渠渠，男東女西，界限有别」，則地方之通整可知也。曰「診必工，藥必良，食必精」，則醫療之實效可睹也。曰「募夫婦願俱庸者共凡役，庖斯整，湢斯潔，百爾器用色色具」，則看護之得法亦可知也。曰「奄奄無聊賴之人，忽處廣廈，適眠餐，所需如意，頓使神醒氣伸，居養所移，半於藥力」，則其無晚近醫院建築之失宜而深有合於他國醫院文明之制度又可知也。嗚呼！在十三世紀間，吾粵乃有是美備之醫院，惜乎後人莫之續也。吾聞元世廣州亦有安樂堂。安樂堂者，蓋專爲廣州軍士養病治療之所，不爲吾民也，與劉公震孫之壽安院異。邇者粵中醫院事業日見發達，仁人君子鑑於外國醫院之美備，思欲一改昔時之陋，是亦知所先務也乎！

〔載光華醫事衛生雜誌第八期，民國二年（一九一三）四月出版。〕

奉天萬國鼠疫研究會始末

伍連德像題詞

伍君廣東新會人，〔一〕當光緒五年，生於吉隆坡。及長，肄業於新加坡之高等學校，學期試驗，屢列優等。至十七歲時，校長以其品學兼優，每年給以學費二百五十磅，送往英國堪伯獵基大學肄業，專習理科及醫科。考試亦常列優等，照章得兩次官費。一千八百九十九年畢業，得文學士學位。再入倫敦醫科大學，試驗醫學，又得官給學費，并常獲金牌等獎賞，爲留學彼邦者從來所罕見。一千九百零二年，得文學博士、醫學士、理學士學位，由堪伯獵基大學年給一百五十磅，送往德法等國，從事調查醫學者三年。及回英後，英人公舉爲肺病醫院院長，著書立説，風行於時，得醫學博士學位。一千九百零四年，返新加坡，求醫者甚衆。嗣由鐵寶臣尚書，聘充天津陸軍醫院醫官。去年由外務部派赴哈爾濱辦理防疫事宜，已見成效。此次萬國鼠疫研究會，經各國醫士公意，舉充會長。伍君之學術資望，

久爲世人所推重也。纂者識

〔一〕超按：伍連德爲廣東新寧（一九一四年改名台山）人。

鄭序

有一方之人才，有天下之人才。謂中國之人才，不及他國，吾不信也。謂一方之人才，能勝天下，吾亦疑之。從來國人之從事學問者，多囿於一隅，有所討論，不出於其鄉，求一舉國大會，斯已難矣，況乎萬國？曩者吾在海外，睹彼都之萬國連合大會，歲以百計，醫學尤衆。比年歸朝，亦嘗奉委赴萬國連合大會者二，一爲菲律濱萬國醫學會，一爲那威萬國麻瘋會。蓋萃各國學者之經驗知識，以陶鎔於一會之中，其必無局促之見，可斷言也。不期今年三月，吾國政府，乃能號召各國醫團，開萬國防疫大會於東方。費國帑十萬，頒明詔，賚國書，派重臣，恪將其事。會期三十日，在吾國歷史上，固爲空前未有之學術大會也。吾不解吾國衛生知識，一蹴而騰達至此，誠令吾人可驚可歎者矣。此中機緣，未可以一語盡之。當東省疫氛之起也，延蔓關内外，死亡者相枕藉。外交催迫，四出徵醫。東督錫清帥乃飛電至粤，大府檄下光華醫社，委員九人往。陳君援庵，以事不獲行，乃於諸君子出發之日，爲詞以勗之，曰東省犧牲數萬生靈，以供諸君子之研究矣，諸君子其毋負此行也。其言至爲悲慘。東疫既熄，粤疫又作。陳君乃搜集東省防疫成績報告，剌取其中之足爲吾人研究資料者，成東三省防疫方略若干卷，以告粤人。又以斯會爲有獨立性質，復用紀事本末例，爲奉天萬國鼠疫研究會始末一卷。書成以示余，余受而讀之，曰是所謂萃天下之人才而從事於斯者也，是非一隅之見矣。吾人讀之，不啻親與斯會也。雖不獲東行，亦可無憾。書中義例，陳君自叙，言之已詳。陳君固邃於國學，其於細菌學，又爲專門，故所紀述，能原原本本。其於國權一節，尤三致意，又不徒爲研究學術觀已。嗟夫，斯會明謂爲學術研究也，而野心者乃欲攔入政治問題，豈不悲哉！豈不悲哉！辛亥四月香山鄭豪叙於廣東新軍軍醫學堂。

自序

陳子既纂奉天萬國鼠疫研究會始末畢，喟然曰：中國學者，其果不足與外國學者抗行乎。萬國醫學大會中，中國學者果不容置喙乎。今觀斯會，知其不然。夫外國學者之所恃以儆我者醫療器械耳，吾人生長於富有疾病之地，固足以儆他人也。近年盛唱熱帶病學，顧熱帶病學，舍東方其誰。今年臘盡，第二次萬國熱帶病學會議，且將開於香江也。憶十五年前，廣州鼠疫流行，日政府乃遣内務技師北里氏西渡香江，考查一切。卒以是役發見北里氏菌，而北里之名以彰。斯時伍連德君纔成童耳。今日之會，伍君竟能本其所學，爲祖國光，其招外人之妬忌也宜哉。吾粤瀕海，交通最先，醫學尤盛。萃全國洋派醫師之數，粤人當居十之七八焉，女子醫者又居七八之二三焉。然大抵逐於療病偏於助産者多。國家不任提倡，士夫視爲末技，求一有志撰述，研精專門，致力於國家醫學者，殆不多覯。東三省之役，我當軸者受日俄之迫挾，以爲是輕視各國人民之生命。我不實力，彼將越俎而謀之。我當軸者始惄然懼，急草檢疫制度，遣醫赴奉，收復主權，京漢鐵路，至兼用女醫檢疫。大功告蕆，監國賜見，中國臣民且隨外人而俱免拜跪。是非外力，曷克臻此。然是役苟非伍君之資望，則亦不足以攝服衆賓，其不假手他人，主權旁落者幾希。伍君其吾國後起之英哉。一般醫界男女青年，急起直追，儲爲國家禦侮之才，此其時矣。幸毋先自暴棄，以爲吾舍療病助産以外，無所從事焉也。是書所討論，與素問、難經之意相類，實足引起青年男女致學之心。其會議規模，又足爲國内各醫學會醫學研究所等所法則。余本莽陋，於醫學更無所知，不過述所見聞，以備同志者之參考而已。宣統三年四月新會陳垣述。

纂例

一、此次東省之疫，與鼠無甚關係，是書命名鼠疫，係名從主人之義。至中外各報所譯，則或稱萬國防疫會，或稱國際防疫會，或稱百斯篤研究會，其實一也。

一、是書不名報告而名始末。報告非會外人所得爲，他日大部自爲之。此名始末，乃私家著述，紀其事之首尾云爾。

一、是書資料，除東省友人函告外，或採自京滬奉天各報，或譯自東西各國新聞，故所譯會員姓名，每致歧出。如北里之與吉達沙都，薩伯羅之與沙巴羅，司德朗之與須特蘭等，不一而足，閱者諒之。

一、是書所紀述，僅就本會範圍。其他防疫詳細情形，均載拙著東三省防疫方略中。二書合併觀之，庶幾完備。

一、是書因粤省鼠疫復盛，同人催速出版，故編制及字句間，舛謬在所不免。海内明達，有以正之。

本會之發端　宣統二年十二月二十八日，奉天接北京電：外務部通電駐各國公使，及各國駐京公使，請各國政府選派醫官來東考察致疫原由，暨防救方法。宣統三年正月十六日，上海接北京電：民政部前因東北惡疫，爲吾國醫學所未究，特商政府，由外部通電各國，請各派疫科專門醫士，到東研究治法，協助中國，並定期開一大會，以研究所得，宣布世界。其經費悉由我任。現在德、美、英、奥、法、俄、日諸國，均允即派醫士前來，已在途。奥、德且願以紅十字隊前來救助。外部以疫勢稍殺，請各駐使謝止紅十字隊。

會場並會期之指定　正月十八日，東督准外部電：各國西醫開研究會，擇定在奉天開會最宜。現會期定於三月初五日，以兩星期至五星期爲限。

會務之佈置　正月二十二日奉旨：東三省時疫流行，前經外務部照會各國，選派醫生前往奉天，定於三月初五日開會研究。所有會中籌備接待事宜，甚關緊要，著東三省總督會同外務部妥速布置，並派施肇基屆期赴奉蒞會。欽此。

各國赴會之醫員　二月初二日東督准外部開到各國醫員銜名。計開：

英國特派醫員福樂君，乃户政衙門考查之醫員。於中歷正月二十三日，由英京起程，直赴哈爾濱。

又英國印度政府特派醫士皮特理君，乃印度調查瘟疫會之代表，隨同福樂君前來。其使費由印度政府付給。以印度亦屢遭瘟疫，甚注重於東省之疫狀，故特派專員調查。

俄國特派醫學博士薩伯羅特尼君，偕醫員四名，醫兵二名。薩博士爲疫病專門名家，爲各國醫家所欽佩。

美國特派醫生司特朗力君，乃斐獵賓醫學專門教習，兼充官立考驗病質局總辦。

法國已特派軍醫柏羅格君前來。

二月初八日。東督又准外部函開各國特派醫員華洋文名單：

美國特派員：正醫官司特朗力，副醫官鐵克。

法國特派員：拍羅格。

英國特派員：福樂，印度代表裴特理。

俄國特派員：薩伯羅特尼。

意國特派員：戞利歐米。

二月十五日。東督准外部轉墨西哥電：墨派醫員剛薩利君赴奉。

二月十六日。東督准外部轉荷蘭電：荷國政府已派定南洋一等軍醫生赫伊威氏，已從巴達維亞起身，約計本月底可到上海，四月初四可到奉天。

二月十七日。東督接長春電：俄派醫學博士薩伯羅特尼，哈埠俄總醫官巴吉斯吉，及伍醫官，十六日早，快車來奉。美醫楊懷德，及哈埠醫官十餘人，十六日午前慢車來奉。

伍醫官由奉晉京　當由哈來長春時俄國鐵路局員特延坐頭等火車，不收車費。十七日上午。伍醫生連德偕俄國醫生薩伯羅等到奉，即赴疫症研究會場。即工藝局。午後錫督接見伊等及俄國訪員卜革士君，彼此會談良久，頗形親洽。錫督謂此次防疫事務，自應彼此協力襄辦，將來必得佳妙效果。伍醫生亦蒙慰勞一切。本擬今早離奉晉京，惟薩伯羅則暫留此間三二日，藉以診視病人。并聞菸會各醫生，均贊兩會場佈置之適宜，不勝欣喜云。

十九日伍醫生早車到津。廿一日偕同夫人到京。施丞堂紹基在前門車站迎接，並贊其此次在東辦理防疫之得手。後見那相，當蒙慰勞一切。是晚外部胡侍郎譓請來華菸會醫生團，伍君亦在其列。廿二日出京，再由天津前赴奉天。

中外赴會醫員續録　二月十八日。東督接外部函開：日本政府已派定傳染病研究所所長醫學博士北里柴三郎，京都帝國大學醫科大學教授醫學博士籐浪鑑，傳染病研究所技師醫學博士柴山五郎，前來奉天，參列會議。定於西歷三月十九日中二月十九日由東京出發。

二月十九日。東督接吉林電：吉林防疫總局總醫官鍾觀察，於十八日由吉赴奉入研究會。鍾觀察穆生，吉林官醫院長，現充防疫局總辦，帶同該局文牘委員汪君炳猷赴會。於二十六日禀辭起程。

二月二十六日。東督准紅十字會長盛大臣電：上海工部局派史醫官來奉蒞會，紅十字會亦特派醫生王培元赴會，兼充上海公立醫院代表。

二月二十七日。東督准民政部電：三月初五日開會，本部遴派官醫院醫官吳爲雨前來蒞會，以資研究。

二月二十九日。東督准外部電：德國公使照會，稱派協參領銜海軍醫官、醫科博士馬提彌，赴研究疫會，現已到京等語。希卽查照。按馬提彌青島醫官。

三月初二日，東督准外部電：英國續派醫員德來格，意國添派醫生儒拉，均於日内赴奉蒞會。希查照。

東省督撫電奏　同日東省督撫奏報三省疫情並開會事宜電：軍機處鈞鑒：竊查東三省疫症流行，府廳州縣地方，蔓延所及者，六十六處。死亡人口，達四萬二千以上。臘尾春初，疫勢最爲熾盛。哈爾濱一隅，及其附近之雙城、呼蘭、長春，每日輒疫斃百數十人，岌岌不可終日。哈埠人口，不及二萬，死亡至六千以上。染疫各處，大半因有來自哈埠之人，因而傳播。自外務部派醫官伍連德赴哈而後，並以陸軍圍守傅家甸，嚴行遮斷交通。錫良等督飭在事各員，嚴厲進行。協力以圖撲滅。二月以來，疫勢以次衰減。現在統計染疫各屬，月餘無疫，或十日半月無疫者，占十之八九。疫未消滅之區，類皆間數日偶一發見，漸起漸滅。開會之期已屆，全境肅清，亦指日可期。堪以上紓宸廑。各國政府遣派醫員，陸續蒞止。外部右丞施肇基，已於二月二十五日到奉。招待事宜，會同商定籌備，亦大致周妥。合併陳明，謹請代奏。錫良昭常樹模冬。三月初三日奉旨：錫良電奏東三省疫氣消滅，指日可期肅清，並開會招待事宜，大致周妥等語。知道了。欽此。

攝政王電諭　三月初四日奉監國攝政王諭：奉天開辦鼠疫研究會，現屆開會之日，各國政府各派專員蒞奉，共襄會務，欣慰良深。本監國攝政王，於此次疫事，極爲注意。現經各醫學專家到會研究學理，暨一切防療之法，必能多所發明，爲將來減除疫患，實世界仁慈之事，本民生無量之幸福也。不勝厚望。

開會式　三月初五日早十點行開會禮。一時中外人士，到會參觀者甚衆。

會場之盛飾　會場爲小河沿惠工公司之陳列室，別爲會議、實驗、接待、食堂諸室。

室内陳設，悉仿歐風。門首用五色電燈，綴成「萬國鼠疫研究會」七字。龍旗交叉，間以萬國旗。各處妝飾，均極輝煌燦爛之致。

實驗室之陳列　實驗室中所陳列者，有罹百斯篤人之心肺臟腑，及鼠類解剖之屍體。他如病者之血痰，及培養於玻璃試管中之百斯篤菌均備。

媒介物之陳列　爲百斯篤之媒介者，如旱獺鼠，及供參考之兔類，均搜羅陳列於一室。

報告寫真及救護人模型　陳列於游廊間者，爲哈爾濱、長春、奉天諸埠死亡救護，及關於預防設施之報告，并關於防護之一切寫真。他若醫生消毒隊埋葬隊之自衞服裝，亦製成模型，以備考鏡。

出席會員及參列者　主席者爲東三省總督錫清帥，及外務部右丞施植之丞堂。出席醫官，爲本國及英、美、俄、德、法、奥、義、荷、日、印諸國特派三十四員。又奉天各司道，及從事防疫諸官紳，與各國駐奉領事，均參列會席。統計一百三十人。

開會之順序　一、督憲恭讀監國攝政王電諭。二、督憲演説。三、施丞堂演説。四、俄醫官薩寶羅尼君總代各國醫官宣讀答詞。五、會食。六、撮影紀念。　當誦讀監國電諭時，各代表均起立致敬，誦畢齊聲讚頌。

錫督演説詞

東三省疫病流行，我大皇帝軫念民生，敦請各友邦共舉名醫來奉，設會研究。乃承各友邦盛意，重勞諸君子遠道賁臨，本大臣得以親炙道範，曷勝慶幸。以諸君子宿學碩望，又重以熱心研究，此數星期内，必能卓著成效，發明新理。將來以研究之心得，爲實地之措施，固不僅中國人民之福，亦寰球各國人民之福也。夫中國研求醫理之書，溯厥源流，歷代以來，頗多發明之處。施治内外各科疾病，亦未嘗無效。惟鼠疫爲中國近世紀前所未有，一切防衛療治之法，自當求諸西歐。但恃内國陳方，斷難收效。且醫術與各科學並重，醫術共文化俱新，並轡以馳，斯臻美備。物質科學，既爲敝國所不可少，各國明哲所發明最新最精之醫理，吾民又焉可闕焉不講。近來歐洲醫界之發明，頗有竿頭日進之勢。蓋自前英皇愛德華第七，於西歷一千八百八十四年，按此處恐有誤。在英京萬國研究衛生會演説之後，始獲此效。其於傳染病一層，曾有「果可防範，何蘄不爲」之名論。本大臣服膺是語有年，中國醫術衛生，近亦漸知研究。將來之力求進步，並對於衛生上之若何注重，全國人士，當全力一致行之。此次研究事竣，倘使已滅之疫灰，不幸而有復燃之日，一切防衛上，獲此度之經驗，及負海内重望之諸君子研究，後當愈有把握，決非此次之倉卒設備者可比。所惜者，三省人民之斃於是疫者，已四萬餘人。更有各友邦熱心救世之醫學名家，助我三省官紳辛苦治疫，踴躍捐軀。本大臣言之，輒增悼痛。諸君子皆醫界泰斗，環球共仰，此次惠然遠臨，宜伸歡迎之意。惟敝國開會研究，以奉省爲濫觴，一切設備供給，恐未盡周妥，諸君子尚幸諒之。

施丞堂演説詞　近因疫氣流行，蔓延各地，中國大皇帝關心民瘼，宵旰憂勞，是以議開此會，研究起疫原由，以及如何補救之法。承各友邦不分畛域，一視同仁，遴派諸公遠道賁臨，協力同心，共成善舉，我朝廷感篆實深。特命使者蒞會，藉表歡迎致謝之忱，惟希鑒察。

五月以來，北方諸省，遭此奇災，死亡枕藉，以滿洲爲最。夫痘疹、霍亂、核瘟等症，一經傳染，雖亦猛烈，要之無如近日所行肺瘟血瘟爲毒之厲，染之者大都百無一生也。竊謂此次疫氣所以發生之故，頗有關於我國人民商業，與數萬人民度日之資，暨北方之風俗習慣。曾有格致專家，研究此種問題。謂在滿洲西北，暨亞洲山嶺之半，有一種山鼠，其形類似小兔，西名「獺那巴張」，體質常見腫脹。其病狀雖輕重不同，然皆含有疫蟲。有數萬人工，每年前往滿洲西北一帶，捕捉此類小鼠，而取其皮以爲貨。疫症之傳染，蓋發端於此。

其地之氣候，至爲不良。每至冬令，寒暑表降至零點以下四十度。舉凡世界文教所通之地，其寒度無有過此者。居其地者，值此嚴寒之際，幾至片刻不能出門户，而況涉足於途，以謀生計。大率叢集於窳陋之居，肩摩足抵，人氣薰蒸，以爲可以禦寒。而一經此種染症萌生，無怪不可收拾。

吾國各省城市鄉村中，道路溝渠，種種情形，自近日衛生家觀之，不無缺憾。然亞洲全境，大抵如此。國之大者，人民衆多，清潔衛生一事，誠不易於實行。獨是關於衛生之事，凡有可以改良以防染疫者，必爲人類所願聞。倘諸君有所條議，實能見諸施行，吾儕自樂於承教。

此次疫氣流行，有種種特別情形，與尋常迥異。蓋其所蔓延之各城鎮，均在沿近鐵路交通之綫，在從前未嘗無疫。卽如蒙古如牛莊等處，亦曾偶有發見，但流行不廣，人未經心。至此次疫氣初行，亦未料其流毒若此之甚。迨既被其害，竟如疾風驟雨而南來矣。中國人視年節爲重，每值歲暮之時，凡客居異地，得歸故鄉者，以勉力爲之。其中有逾萬之工役，卽遇鐵路不通之處，亦必步行就道。中國地面遼闊，卽派兵防阻，豈能處處嚴密，而不使其繞越。

防堵檢疫章程，鐵路既已行之，惜爲時稍晚。然前事者後事之師，將來設遇此等事，當可以此爲鑒。惟此項工役，人數衆多，大率敢於冒險，一若置死生之事於不顧者。諸君富有經驗，敢問有何善法，可以見教。

此次各處防疫醫員，凡遇與疫接近者，暨疑似染疫者，如何令其隔離。其染受疫症者，如何入院救治。成事具在，經辦各員，均可質問。設有不妥之處，不妨詳細批評，以期增廣識見。蓋此次各種療治之法，雖云不遺餘力，然往往見染病者，輒全家喪亡，無一得免，是功效未見大著也。

中國人民，雖不盡有偏執妄信之事。然遇個人家事，每不願他人干涉。譬如某家一人染疫，公家慮其傳染，立將此人送往疫院就治，其家屬人等，遽令隔離，以及類此跡近殘忍之事，在官家雖視爲義務，其實頗難於施行。此次開會所應研究者，頭緒不免紛繁，未便逐細開列。其關於醫理格致者，諸君自能處處見到，無不詳細審查。使者僅將其中最關緊要之問題，條舉如左，請諸君注意焉。

一、此次疫氣因何流行，如何流行，暨有如何辦理方法。

二、此種疫氣，是否滿洲境内某處本土之病。如果係某處產生之病，有何最善之法，可向該處施救。

三、其產生疫氣之蟲，所含毒力，是否較核疫蟲之毒力爲大。以顯微鏡觀之，蟲之形類相同，以疫學化驗之，亦無少異。而何以在滿洲則成肺瘟、血瘟，在印度等處則成核瘟，而鮮成肺瘟者。

四、檢查各醫報告，此次疫氣，何以僅染及人，而不染及鼠。

五、肺瘟因何而致，核瘟因何而致，其所以不同之理由何在。

六、是否因氣候不同所致，抑偶有之事。

七、此種疫蟲，是否能於人身之外，存活數月之久。果爾，必緣何種情形，而能存活如此之久。此關於吾儕之一大問題，盖恐今年冬令，再有復發之事。

八、黄荳皮貨，爲本省出口大宗。遇疫氣流行之時，應否照常輸運出口，抑應有何限制。

九、如城鎮鄉村，是否應令一律設法施種疫漿。

十、據諸君所經歷者而言，凡發見疫症之房屋，是否應令焚燬。抑按法消毒，即可無礙。

除以上各項問題，應請諸君研究外，諸君各按素所經驗，如有此外條陳應辦之事，不妨詳細指明，庶幾可無遺憾。

使者尚有一言，代本國政府奉布諸君。於研究事理條議各端之時，務必以實能辦到爲惟一目的。盖格致事業，原期有裨人生，然往往學術與事實適相反對。有時揆之情理，似屬可行，而一經試辦，諸多窒礙者。總之疫之爲患，甚於寇仇，吾人自應廣徵良法，以爲防備。諸君有所陳述，總當酌量採用。蓋今日文化昌明，凡有國家者，遇此害流行，未有不心存仁愛，不吝貲財，以拯斯民，而登諸衽席者。

今日開此大會，本國特派伍醫官連德主席。兹爲諸君介紹相見。兩月以來，伍君親疫氛最盛之區，經理一切，無不悉心研究。伍君昔在英國留學，精求醫理，程度超羣。法、德兩國化學研究，彼亦曾親歷有得。諸君在會，必有表示而指陳之。彼奉國家之命，職在研求，自當悉心採納。

再北京韓醫士，現經派充本會醫務書記員。當傅家甸疫氛極盛之時，伊在該處襄理防疫，頗著勤勞。

兹於詞畢，再贅一言。諸君蒞會辦事，凡遇有乘坐火車，旅行調查之處，均尚便利。至我國家備辦一切供給事宜，總期適合諸君之意。

各國醫官總代薩寶羅尼君答詞

本醫官頃聞貴大臣歡迎之辭，請爲各國醫官代表謝忱。此次十國政府，應貴國政府之命，委本醫官等來此解決鼠疫問題，研求善法，以爲此後防禦之資。本醫官等或曾習傳染病理，或究心黴菌科學。惟於肺炎、敗血百斯篤二症，向少經驗。然深信前此六月中，各項防疫章程，頗足爲後來師法。此次貴國政府，於禦疫之策，允稱適宜。貴大臣暨各行政官於救民之事，均形熱心，俱可賀也。中外醫生之能力勇氣，已受一般之贊許。而醫業上利益之見於此疫者，尤足以鼓動貴國醫學之進步，振起貴國青年求醫之志趣。此本醫官等所敢信者。本醫官等承貴大臣厚意招待，設備周至，得於安適之地，從事研究，尤深感謝。又蒙施使臣宣布貴國大皇帝及中央政府之訓辭，且聞貴國攝政王歡迎之電諭，本醫官等同深感謝。願貴大臣代達下忱，於貴國大皇帝之前。

會長之舉定　初五日下午，公舉中國外務部特派醫官伍連德爲會長。伍君學問湛深，此次從事防疫，尤富經驗，故膺此選也。

據上海某報云：鼠疫研究會之開辦，以吾國爲東道主。無如吾國醫學，不見發達，會長一席，遂惹起他人之豔羨，以某國爲尤甚。其某博士之來東，最在事先，即爲此也。幸有美醫士，深恐喧賓奪主，不第不甚雅觀，且於中國主權，亦形喪失，遂不惜周折，與吾交涉司說明，並與各醫士關説，同舉伍連德爲會長。且謂伍君醫學高明，不但有稱主位，即於此會前途亦多便利云。

兩部長之舉定　研究會畫分微生物、理化兩部。微生物部長爲日本北里君，理化部長爲英國勃崔君及克里君。蓋皆專門名家，必能多所發明也。

疫死醫生之追悼會　此次從事防疫之中外醫官，救人心切，奮不顧身，致染疫逝世者甚多。各會員特於初六日下午休會半日，開追悼會，以誌哀忱。

公署之宴會　錫督於初六日晚，在公署宴會各國醫官領事，由各司道作陪。酒闌，錫督起述歡迎詞，並轉述皇上暨監國攝政王歡迎之意，請向各國大君主大總統道謝。當由美醫司德朗君代表各國醫官，起述答詞，並謝盛意。觥籌交錯，賓主甚歡。

俄代表之謝意　俄代表醫官語某報記者云：予曾列席於世界醫學會數次，從無此次之設備完全者，皆貴國施丞堂、伍醫官竭力籌備之功也。

各處之祝電　研究會開會後，外務部特致電，表歡迎及希望之忱。各國代表當即覆電致謝，並請轉達監國攝政王，以表敬意。又哈爾濱防疫會、駐哈俄醫官、廣東光華醫社均專電致祝。

光華醫社電：奉天分送鼠疫研究會錫制台鑒：醫學開會，萬國咸集，實我國從來未有之盛舉。深願此疫尅日撲滅，俾世界人民，共享康甯之幸福。廣東光華醫社祝。歌。

人名表　各國政府特派代表醫官：

（美）司德朗　梯克

（奥）俄外而

（法）柏羅格

（德）馬梯尼

（英）法拉　克里　勃崔

（意）格羅梯　過拉　新牙利
（日）北里　籐浪　柴山　下瀨
（墨）剛佐萊斯
（荷）海撥斯
（俄）薩伯羅特尼　司臘脱哥羅夫　苦魯笳　勃特立府斯開
（中國）伍連德　全紹清　方擎　王恩紹　海兒　愛司勃蘭德　司督閣　司登萊　海夫鏗

各處派來醫官：
（民政部）吳爲雨
（直隸）霞把臬克司
（奉天）王若宜　王麟書
（吉林）鍾穆生
（黑龍江）王新安
（上海紅十字會）王培元
（上海公立醫院）王彼得

研究會書記：勞羅。

醫學書記：愛司勃蘭德。

中國文案：施紹常。

總繙譯：伍璜。

副書記：李規庸。

打字：俄太得。

特別外賓：安俱、克郤那夫、維大、俄司克蘭斯楷、牙斯新斯楷、朱祖堯。

會内之語言　萬國醫學大會，向例各委員，惟操英、法、德三國語言。惟中國委員，則以此次大會，開設於中國，故中國語言一宗，請置之例内。經各委員商議許可。

據泰晤士報載：現在奉天鼠疫研究會各國代表，均相親睦。中政府一切預備，頗邀各代表之稱許。其中所爲難者，惟彼此言語不通耳。會中本擬以英語爲主，乃各國所派之醫員，竟有祇能法文或德文，而不能操英語者。以故每遇會議時，不得不用繙譯。至於報告書，則皆用英文矣。又據上海報云：會中原議用德、法、英三國語，經衆議定，以清爲主國，應尊重，故亦兼用漢語。惟一國止有一議決權。

會長之榮遇　外部因奉天開萬國鼠疫研究會，特請頒賞伍連德三等第二雙龍寶星一座，施肇基二等第二雙龍寶星一座。

日本添派委員 初六日東督復准外部電：日使照稱：添派陸軍軍醫監宇山道碩，與少將等同前派委員，參列鼠疫研究會。

會長演説詞 諸君舉鄙人任會長之事，以鄙人學力之薄，對於各國醫學名家，實深慚愧。諸君之所以舉鄙人任會長之事者，不過以鄙人此次在哈爾濱辦理防疫事宜，已見成效。然此次深賴諸同儕協助，得令疫症消滅，實非鄙人一人之功也。施右丞謂此次疫症，來勢甚急，雖立時防備，而輾轉傳染，死者已達四萬六千餘人。此中殊大可研究也。考此種瘟疫，近十年來西伯利亞、蒙古、滿洲西北部，皆時時發現。住居其地之中俄人民，罹此而死者，數亦不少。然從未有如此次傳染之速，死人之多者。此番惡疫，其染疫之第一人，一切經過，諒俄醫官必有詳細報告。現在吾人已公認「旱獺」一物爲傳疫之媒介。據全醫官調查，蒙古、滿洲西北部之人與獸，亦常時感染疫症。然染疫而死亡者，不過數十人，即已自然消滅，不至輾轉傳染，貽禍無窮也。旱獺之呼聲，聽之若「不怕」一語，惟感有疫病，則不復作聲。蒙古人固早知旱獺一物，常有傳染瘟疫之事，且知其瘟疫傳染之險。又謂旱獺之有病毒，即所以保護己身，使人不敢加以捕獲者也。從此可知旱獺之性，固甚和平，易於獵取。至旱獺之病症，蓋病核也。近年歐美商人，多喜販賣我國所産之獺皮，致山東苦工之從事於獵取旱獺者，年有所增。聞獵人之受傳染者，其病狀亦爲頭痛、發熱、吐血色之痰而死。旱獺之性，冬季恒作穴居，疫作即斃於穴中。明年新生之旱獺，覓得舊穴，方冀安居，而遺毒傳染，遂致愈傳愈廣矣。獵人之傳染者，恒聚居於滿洲里等處。彼等所居之屋，大都塵垢污穢，往往二三十人攢聚一斗室中，於是又互相傳染。

聞我國人云，我國人之第一感受此疫者，發現於滿洲里地方。其時爲去年之九月初六日。滿洲里共死四百人，賴俄國之防備，始獲消滅。

哈爾濱傳染之第一人，發現於十月初七日。當時有二獵人歸自滿洲里，住一機器井之人家。於是傳染不已，如疾風迅雨，直下南滿，而至山東、直隸等省矣。

溯各地始疫之日期，亦研究之一材料也。

滿洲里發現於九月初六日。

齊齊哈爾發現於十一月初四日。

哈爾濱發現於十月初七日。

呼蘭府發現於十一月十四日。

雙城府發現於十二月初五日。

寬城子發現於十一月十四日。
吉林發現於十二月十六日。
奉天發現於十二月初二日。
新民府發現於十二月十四日。
錦州府發現於十二月十四日。
永平府發現於十二月十五日。
天津發現於十二月十五日。
北京發現於十二月二十日。
煙臺發現於十二月二十一日。
濟南府發現於正月十七日。

各處死亡實數，現尚未得其詳。考其疫綫，適與山東苦工之歸途，一一符合。疫盛之地，必爲鐵路所經之區。雙城府距哈爾濱非遠，而雙城府第一次發見染疫之人，乃在哈爾濱兩月之後。雙城府於兩月中共死四千餘人，而牛莊、秦王島等處，疫症甚少。實因山東苦工歸途，並未經過該處之故。此與從前印度等處患疫時，同一情形也。

現在鄙人有未明之數事，請諸君垂教焉。據哈爾濱人民言，此種疫症，乃常有之事，不過傳染數十人，即已消滅。此次何以如此之烈，是否氣候之寒，居室之隘，與此疫有所關係。然亦有居處清潔之高樑大厦而染疫者，其故殊不易明。哈爾濱有我國商人所開之大磁器鋪一家，地甚清潔，乃至全體人役，同死於疫。至一切財産，無人經管。其一徵也。鄙人以爲疫之發生，或有其他起原，是否不關於清潔乎。此次染疫之人，其中以年在二十歲以上，四十歲以下者爲最多。傅家甸疫死五十人中，祇有女子一人。而雙城死者千五百人，女子乃占三分之一。蓋雙城多全家疫斃者也。從前醫生對於腺百斯篤之預防，恒用種漿之法，然此次殊無甚效驗。吾人對之，希望甚小也。

奉天買收之鼠，計達一萬三千餘頭。解剖後無一染疫者。然哈爾濱則有馬一百匹，猪三百隻，皆染疫而死。可見動物亦鮮抵抗此疫之力也。

鄙人此次所經驗關於預防之方法，有兩種可以供後之從事參考者。一用汽車作隔離病院，一用火葬。汽車劃分病室，傳染殊難。火葬之行，實以天寒地凍，非此不克撲滅。幸我政府見及其大，力破習慣而爲之，致收絶大之效果。亦可見我政府熱心防疫之衷矣。今日之會，爲我國第一次之世界集會。將來醫學上之進步，希望無窮，願吾儕努力爲之，以期早收成效。我國民智，亦可日漸開通，而喚起青年醫學上之觀念也。

各代表對於監國之答詞　萬國代表員，因監國攝政王眷念該會，於開會日致歡迎辭，當即恭呈覆辭，以表謝悃。其大要如左：

萬國防疫會議代表員等，兹捧誦賢王歡迎之懇詞，欣感莫名。鄙人等深慶中國開催此會，意美事善，願令此會克奏巨效，亦鄙人等中心所切望也。

會議規則　開會第一日。提出之會議規則，原有十六條，後經討論結果，删除一條，議定十五條。大要如下。

一、會議之職務。分爲二部，第一部管理關於傳染病證據之提示，第二部管理從中國政府提出質問條件之説明，及既經明晰證據之研究。

二、左記會議辦法之規則，只宜用於第一部内。

三、對議長一席，宜用「密斯達不來西顛多」譯音之語屬。

四、取決可否。各國代表員，每各一票。投票數可否同等時，議長宜行決定投票法。

五、討議及研究問題之日期。關討議起點，至委員中如有欲附加之件，宜從權變更。

六、於特別之事件。凡二名以上之發明時，提出報告代表員之國名，按「阿路哈百多」譯音定出次序。

七、會議日程，編成交付委員。
八、委員之數及組織，列國代表員決定。委員會之編成，委員定之。
九、組織委員會。從各國代表員中，指定一名。須陳明議長，方能被選。代表員決定委員之數，次則協議，再按投票法選定委員。
十、委員開會後，須速將翌日之報告次序，關於右報告討議之次序，記載編成次第書，呈交各國代表員。
十一、委員須招請關於傳染病有特別之經驗者，以資討論。
十二、關於會議之職務。代表員之提議，交與醫務書記長。醫務書記長閱後，各代表員須簽名。如欲該提案熟加考察，於便時速開特別會。
十三、會議事件，造寫摘要，便時交代表員。除要求特別之處外，開議時不得詳細朗讀。
十四、英、法、德、清四國語，均承認會議用語。
十五、除各國代表員之議決之處，本會議之時期，除禮拜六禮拜日外，每日午前十鐘起，十二鐘三十分止。

研究事項　議定研究事項二十四條如左：

第一、瘟疫原因。

第二、瘟疫傳染與時間，及地域關係如何。且問道路河川，鐵路及船舶，於傳染疫氣影響如何。

第三、瘟疫與動物染疫關係如何。旱獺，鼠，其餘動物，例如豕、狗、馬。

第四、城市及村邑染疫情形。

第五、瘟疫與氣候乾濕寒温，有無影響。

第六、本地瘟疫，似自然消滅，非藉防疫辦法。其自然衰滅之原因如何。

第七、城市及村邑，關於傳染原因事項。

（一）感染疫氣之人，或罹疫者，或身尚健康，而帶來疫氣者之進入。

（二）應染疫菌之衣類，或物貨之運入。

第八、罹疫者之傳染物。

（一）由排瀉物傳染。

（二）由罹疫者咳嗽唾液談話，散布疫菌，竟致傳染。

（三）小蚤吸血罹疫者，竟將黴菌傳染。

（四）由屍體傳染黴菌。

第九、由家屋傳染瘟疫，已屢有據。細別如左。

（一）床坑食物食器等污穢可慮，並因罹疫者唾液被污。

（二）凡如此之類。例如感染疫氣之衣類，於傳染之影響，所及幾何。

（三）塵埃飛揚，能否帶有傳染物。

（四）室內以人工保維温暖，或圖通氣，與其不行之，於傳染力如何影響。

（五）室內人過多時，或人民之習慣如何，於散布疫氣，有無關係。

（六）屋內或室內，生存黴菌，其期間之長短。

第十、瘟疫於各種情事，有傳染黴菌不同。例如因病氣期間致死情形，動物傳染，鑿鑿有證。其理何故。

第十一、罹疫者尚有自治愈者否。

第十二、瘟疫流行時，鼠類感染之危險。

（一）鼠類由罹疫者唾液感染。

（二）鼠類因嚙疫斃屍具感染。

（三）鼠類由蚤或小蟲感染。

（四）鼠類因吸入疫菌感染。

第十三、統計事項。

（一）死鼠即於各處病斃者，須立統計表。

（二）罹疫者年齡之老少。

（三）罹疫者男女之區別。

（四）罹疫者人種之異同。

（五）社會各階級之罹疫者。

（六）罹疫者之職業。

（七）與各樣罹疫者接觸傳染者。

（八）醫士、學生、褓母、從者，及衛生局員之罹疫統計。

（九）各地死亡數。

第十四、卧床事項。

（一）該疫經過各狀，與初期肺炎，或初期敗血症，或鼠蹊疫，或腸疫，各有無區別。

（二）病毒顯點期。

（三）症候。
（四）診斷。
（甲）各樣診斷。
（乙）由黴菌學上診斷。
（元）唾液驗查。
（亨）血液驗查。
（利）由肺針查血液。
（貞）由脾針查血液。
（五）預告病狀須知。
（六）治療血漿。
（甲）種漿。
（乙）化學應用。
（丙）藥材。
（七）病理學及黴菌學。
（甲）解剖屍具，特以肺鼠疫爲要。

（乙）鼠疫流行時，若將黴菌隔離，其緊張力之性質如何。

（元）培養黴菌。

（亨）移種動物。

（利）膠着試驗。

（貞）黴菌變成各種情形後，須或乾或曝，或任風吹，或乾而又吹，或行溶解。

（八）防疫辦法。

（甲）種植血漿以資預防。

（元）種液示預防染疫。

（亨）疫菌特質之比較。腺疫强於鼠疫，肺疫强於腺疫。

（利）種液之一部或組織的效果，已徵各項顯然。

（貞）預防種液，須與種痘或單獨行之可否。

第十五、鼠疫流行時，於城市村邑應行之防疫辦法。

（一）須配置衛生的哨兵，以防止染疫之人或貨物進入。

（二）須社會各員，互絶往來交通。

第十六、學堂施療院，戲館當鋪，客棧工廠娼家等，須均閉鎖。

第十七、馬車鐵路及洋車，其餘交通機關，須暫停辦。

第十八、城市分爲數區，並各區居民，須遵照檢疫規則，實行隔離辦法。

（一）或用講演，或用文語，或出告示，以啓發民智。

（二）設立醫院。

第十九、爲罹疫者應行事項。

第二十、爲疑似罹疫者應行事項。

（一）須設置檢疫所。

第二十一、檢疫所。

第二十二、隔離處。須向勞工及其餘階級設置。

（一）街市或家屋，發見罹病者或屍具，即當通告。賣棺者亦同。須對於各户行檢病調查。

（二）消毒手段。

第二十三、關於染疫家屋，或染疫可疑器具之消毒辦法，須付之一炬合宜。

第二十四、各種消毒藥之效力，並各消毒法之比較。且流行時之天氣如何，於消毒法有無影響。

（一）罹疫屍具搬移方法。

（二）須設置衛生局。

（三）關於看護罹疫者或搬移屍具，須留心從事。當行種疫或行消毒浴，或用蔽面，或眼鏡，或手套。

附國際防疫：

（甲）關於防止疫菌擴散應行辦法。

（一）配置衛生的哨兵，須防止染疫之人，或物貨進入。

（一）須設鐵路檢疫所，檢查客貨。

（一）須設河川檢疫所，檢查客貨。

（一）須設海港檢疫所，檢查客貨。

（一）須監理苦工轉移。

（乙）瘟疫關於商務之影響。

（一）豆穀貿易。

（一）麥穀及麵粉貿易。

（一）皮毛頭髮。

（一）煤。

（一）鐵路及其餘商務。

初七日之會議　初七日早十點開第二次會議。先由會長伍連德君用英語報告。接到廣東光華醫社、上海各國醫生醫學會，及哈爾濱俄國防疫會來電各一道。繼提議各處派來醫官，非各國政府所派者除特別會及議事會外，皆可列席旁聽。經衆贊成決議。

次全紹清君用英語報告，在哈爾濱滿洲里等處，調查情形。略謂此次疫症，最初發起，實在滿洲里對過相距十里之一小鎮市中。又謂旱獺染疫，則不能行動，野獲者大都無疫。有疫之旱獺，必係獲於穴中者云云。

次英醫克里君用英語演說此處之疫綫，至爲詳細。略謂疫之傳播地，一爲鐵路沿綫，二爲大道沿綫，三爲輪船航路所達之地。至關於河流者，則無甚傳染。蓋由於結冰期内，不通航行也。

次日醫柴山君用德語演説南滿鐵路沿綫染疫情形。

次俄醫薩寶羅尼君用法語演説，尤爲聽衆注意。略謂滿蒙各地，自一千八百九十八年至今，常時發見此疫。肺百斯篤之發生期，約在西歷十月及十一月間。腺百斯篤之發生期，恒在春夏兩季。現在吾人同一意見，公認旱獺爲傳疫之源，則吾人宜注意於獺病之起原，及經過變化，俾成一專門學科。至於人與人之傳染，不外三種：（一）直接傳染，如談話之類。（二）粘液傳染。（三）痰之傳染。

次美醫司德朗君用英語演説。謂其經驗所得，人之染疫，實先傳染於肺。於是德醫馬梯尼君、日醫北里君、俄醫薩寶羅尼君，同起反對。

馬梯尼君謂予已試驗盈千之動物，實係先傳染於核，而非傳染於肺云云。此一懸問，遂待實驗。

馬梯尼君又謂從前埃及常有此疫。肺百斯篤之後，則有腺百斯篤之發生，此則不可不防云云。

是日下午四點，又開議事會。無甚演説，專從事研究微生物。

初八日之會議　初八日早十點，開第三次會議。是日專門從事於微生物之研究。演説者爲俄醫薩寶羅尼君、法語日醫下瀨君、德語美醫司德朗君、英語德醫馬梯尼君、德語意醫格羅梯君，德語共計五人，均極精警。於肺百斯篤病菌與腺百斯篤病菌之辨别，尤特别注意。

薩寶羅尼君之演説略云：予在哈爾濱悉心調查此次之肺百斯篤病菌，較之從前印度發現之腺百斯篤病菌，其毒尤烈。以予經驗所得，以肺百斯篤病菌，置之牛肉湯中，雖至數日，湯色仍然清潔，不易覺察。若易以腺百斯篤病菌，數日後湯中即發現一種白雲之色矣。更以肺百斯篤病菌注射於豚鼠之身體，三日即病發而死，若易以腺百斯篤病菌，則須六日方死。此兩種病菌不同之明徵也。

滿鐵病院之參觀　南滿鐵路公司，於鐵路沿綫，搜集關於研究百斯篤之材料甚夥。於初八日下午二時，柬請研究會諸君，及錫督與各司道，各國駐奉領事，前往參觀，以爲研究之助。

日領事晚餐會　駐奉日本總領事小池張造，於初八晚在領事署宴請研究會諸會員，亦極一時之盛。

初九日上午之會議　初九日早十點開會，從事於各種微生物之研究。日醫北里君云：調查奉天獲鼠三萬餘頭，解剖後無一含有百斯篤病菌者。俄醫薩寶羅尼君云：哈爾濱有鼠一頭，實染肺百斯篤。會長伍連德君云：哈爾濱之猪馬騾等動物，死於肺百斯篤者，實有四五百頭。英醫司督閣云：新民府曾有一人染肺百斯篤病，而所乘之騾，亦染肺百斯篤。更有一人，因看護騾病，亦染肺百斯篤。然則動物亦無抵抗肺百斯篤之力，不過不能如人之易於染耳。

初九日下午之會議　下午二時，又開會議。經衆提議，肺百斯篤較之腺百斯篤是否爲烈之一問題，在微生物一方面研究之，肺百斯篤之毒，不至較腺百斯篤之毒爲烈。惟肺百斯篤一經傳染於人，即深入人之肺中，所以殺人最速。至於腺百斯篤之傳染於人，其人之頸上，必先生核病，然後始傳染全身，故殺人較之肺百斯篤稍緩。且肺百斯篤病菌於人之肺中，居處已慣，由此人傳入他人，亦即時傳入其肺中也。

後有某君提議天氣寒熱，是否與疫症有無關係。常見寒時有疫，而熱時亦有疫，不因天氣之寒熱而增損疫症，可見疫症與天氣無甚關係。現在奉天肺百斯篤，已經消滅，恐不能即時發生腺百斯篤。如其有之，則在秋季云。

休會之消遣　初十日禮拜六，醫生團前往奉天各皇宫遊覽。錫督令將軍樂隊每禮拜六遣至會場奏演，以娱觀聽。

十二日上午之會議　十二日早十點開第五次會議。先由會長伍連德君報告，接德法兩國醫學會來電致賀，並謝中國接待之厚意。次法醫波羅克君演説，新發明之保存病人心臟内微生物之法。略謂從前保存之法，不過使心臟不腐爛而已。然其中所含之微生物，則不能長久生活。今若以庫里斯林無色無臭之油粘液五分之一，和入蒸汽水，加石灰少許，以培養之，則病人心臟中所含之微生物，可生活至十餘日。雖寄至遠地，亦可供研究云云。

次美醫司德朗君演説。奉天防疫病院有病人三十九人，曾試其吐沫及吹氣之傳染力量，以曾經消毒之玻璃，周圍病人之四面。考得其結果有三。

（一）病者之隨便呼吸，無微生物傳出。

（二）病者嗽時，則有多數之微生物傳出。試取豚鼠一頭，去其腹上之毛，更取着於玻璃上之微生物，塗於豚鼠腹上，四五日後即死。且病者嗽時，雖不見吐沫，亦有多數之微生物傳出。

（三）醫生及看護人，必須戴自衛之眼鏡及口套。伍連德君於三月前，在哈爾濱固已見及於此。較之注射預防漿，爲有益也。

次俄醫薩寶羅尼君演説。疫屍之傳染，實行試驗，凡十五屍。於冬季埋葬三個月後，取出視之，其微生物依然生活。故疫屍若爲諸動物所食，必至傳染。且置微生物於嚴冰中，二日尚能生活。故疫屍之用火葬，實爲最宜之辦法云。

次英醫司督閣君問微生物傳染之距離。美醫司德朗君答無確實之度數，大約可及數碼之遥。其傳染遠近，視傳染力之强弱云。英醫法拉君謂昔日英國某醫院，有患肺病者，亦嘗傳及遠距離之人，蓋由於室內空氣流動云。至此十二點鐘，遂即閉會。下午無會議，仍研究微生物問題。

十三日之會議　十三日早十點，開第六次會議。專研究染疫者痰及血之傳染。日醫柴山君演説痰之傳染，略謂在初染疫之二十四小時内，所吐之痰無菌。迨及吐血之後，則有多數之菌云。次俄醫薩寶羅尼君演説血之傳染。略謂染疫者之血管中，含菌者實占多數，然不盡有菌云。次會長伍連德君謂在哈爾濱實驗，染疫者二百八十人，其血與痰皆有菌，有時糞中亦有菌。

次美醫司德朗君、中醫方擎君、意醫格羅梯君、德醫馬梯尼君，先後演説注射預防漿有無效驗之一大問題。方擎君謂寔行注射凡一次者四百人，其中染疫死者衹有四人。凡二次者又數百人，無一染疫者。馬梯尼君謂近十年來試驗，每人種三磅血清，在初染疫之二十四小時内，則有效驗。然在此二十四小時内，則病狀未現。此法亦未足云完備。俄醫哈夫鏗君亦贊成馬梯尼君之説。此問題未能解決。旋因已晚，遂宣告散會。

研究瘟肺問題

甲、肺瘟傳染。

一、肺瘟傳染之起源。

二、疫區疫症之傳播，與地方時間之關係，及水路旱道輪船火車傳染之影響。

三、肺瘟與動物之關係。

(子)旱獺。　(丑)鼠。　(寅)猪狗馬等類。

四、受疫各城鎮疫症輕重之分。

五、肺瘟與氣候、空氣、温氣之關係。

六、此次役症之消滅，是否出於自然。即與防疫之法無關係之意若果出於自然，試究其自然消滅之原因。

七、各村鎮受疫之原因，與各種論據之關係。

(子)已有疫症潛伏之人，與病人或健康人之傳入。　(丑)商貨與衣服之傳染。

八、患疫者之傳染力。

(子)排泄物之傳染力。　(丑)患疫者因吐唾咳嗽説話，發出毒菌之傳染力之距離。　(寅)證明患疫者身上之蚤有傳染力與否。　(卯)死屍之傳染力。

九、已遭疫一次或不止一次之房屋之傳染力。

(子)患疫者房中之地板土坑，及其所食之食物，與所用之食器之危險。　(丑)患疫者之衣服被褥等類，有傳染力否。　(寅)塵土有傳染力否。　(卯)

房中住煖，與通氣或不通氣等事，能影響於疫症之傳染否。（辰）房中住人之擁擠與習慣，與肺瘟傳染之關係。（巳）遭疫房屋中傳染力之限。

十、試從疫症發生之平均時間，與染斃之人數，及動物中疫症之潛伏期，三者之內，考究疫菌之毒性相異之階級。

十一、證明自然不受疫症傳染之故。

十二、此次疫症傳於鼠族之險狀之問題。

（子）因患疫者之唾沫。（丑）因嚙屍身。（寅）因身上之蚤，及他項動物。（卯）因呼吸疫菌入腹。以上四端均指鼠言。

十三、統計之件。

（子）各處疫斃者之數。（丑）年齡之區別。（寅）男女之區別。（卯）種族之區別。（辰）各種人民之特狀，須由其社會上之情形證明之。（巳）職業之區別。（午）與病人交接者之相異情形。（未）各處醫官學生看護人僕役衛生人員，能受傳染者之統計。（申）各處死亡之數。

乙、病狀之研究。

一、敗血瘟，腺瘟，腸瘟，小瘟，直接肺部之瘟，間接肺部之瘟，與此番瘟疫之關係。

二、肺瘟之潛伏時期。

三、肺瘟之現象。

四、肺瘟之診斷。

(子)診斷之徵別。　(丑)毒菌之診斷。

(元)查驗患疫者之吐沫。　(亨)查驗患疫者之血。　(利)肺之鑽刺。　(貞)脾之鑽刺。

五、預測病勢。

六、研究治法。

(子)血精。　(丑)瘟牛痘。　(寅)理化品。　(卯)藥品。

丙、毒菌與病理之研究。

一、栽養毒菌之特性。

(子)栽養毒菌之試驗。　(丑)毒菌結合之試驗。　(寅)毒菌之排泄物。

(卯)毒菌之惡毒性。　(辰)動物試驗後之病狀。　(巳)毒菌栽養於無生命物之上，觀其生活之力如何。　(午)試驗毒菌，對於乾燥日光，以及凝結之冰凍融化之冰凍之抗拒力如何。

二、患肺疫者之傳染力。

（子）患疫者排泄物之傳染力。（丑）患疫者呼吸氣之傳染力。（寅）患疫者身上之蚤，及其他蟲類之傳染力。（卯）疫死者屍身之傳染力。

三、肺瘟在毒菌上之診斷。

（子）查驗患疫者之吐沫。（丑）查驗患疫者之血。（寅）肺之鑽刺。（卯）脾之鑽刺。

四、抗拒傳染病之能力。

（子）藥品注射。（丑）血精注射。

五、患普通病者與患肺瘟者之關係。

丁、抗拒肺瘟傳染之方法

一、血精注射，瘟牛痘注射。

（子）瘟牛痘注射，與肺瘟有無確實效驗之證據。（丑）既經瘟牛痘注射之後，有無不受肺瘟傳染之證據。（寅）疫鼠之血精，與患腺瘟之人之血精，與患肺瘟之人之血精，以之注射人身，其抗拒傳染之力孰大。（卯）人身受血精注射之部，與全身有何影響。（辰）用一種純粹之血精注射，與用數種攙雜之血精注射，功效有無區別。

二、有疫之城鎮，欲限制其傳染，應用何法。

(子)行人及貨物，由有疫之區來者，禁止交通。　(丑)實行禁止社會交通。如學堂、醫院、禮拜堂、戲館、客棧、工廠，均皆停歇。各種車輛，不准通行。居人不准往來。以及分區實行斷絶交通之類。皆是。　(寅)刊布告示、傳單、白話報，設立宣講所。(卯)設立疫症病院，疑似病院。　(辰)設立健康隔離所，貧民留驗所。(巳)居民患病者，須隨時報告，並組織驗症隊，挨户查驗，棺材鋪亦須令其報告售出數目。　(午)消毒法。　(元)患疫者所居之室，與所用之衣物，應否消毒，抑應否焚燬。　(亨)生石灰石炭酸昇汞硫酸夫爾麻林各種消毒品之效力，與適於天氣之區别。　(未)處置死屍之方法。　(申)設立衛生部。　(酉)看護人與埋葬隊，應用如何相當之法自衛。如打預防針，帶呼吸袋，穿預防衣洗澡，帶手套眼鏡諸法，是否相宜。

三、有疫之城鎮，欲限制其傳出，應用何法。

(子)患疫之人，與本地之貨物，禁止他往。　(丑)鐵道交通處，設立客商及貨物留驗所。　(寅)河道交通處，設立客商及貨物留驗所。　(卯)海道交道處，設立客商及貨物留驗所。（辰）工人來往，如何約束。

戊、此番瘟疫與商業有無影響。

一、黄豆。　二、麥麪。　三、皮貨頭髮。　四、煤。　五、鐵道。　六、各種商業。

十四日之會議　十四日早十點，開第七次會議，專研究血清療治法。先由意醫格羅梯君演説與羅斯笛斯同製之血清，係注射於馬身中取出者，以之治腺百斯篤，百人中可活三十九人。若不注射此漿，則百人中衹可活二十人。若治敗血症，則可延長其生命十二日至十五日，惟須每日注射之。若治肺百斯篤，則無效云。

次日醫宇山君演説。一九零三年，用玻璃漿每人注射二次，第一次與第二次相距八日。注射後三日至六日，熱度甚高，頭痛出汗現核，經過四十八小時始已。

次日醫河西君演説。曾注射二千八百三十二人，經過二日至一月，染疫者只有八人。

次奥醫瓦楞而君演説。曾注射八十人無一染疫者。

次俄醫哈夫鏗君演説。曾注射一百三十二人内，染疫者有二十二人。

次美醫司德朗君演説。予與馬梯尼君意見相同，予曾注射血清於鼠身。然注射過量，則鼠亦受毒而死。嘗考注射血清之效果。在初得病時，即行注射，百人中可治六十人。於二十四小時内注射，百人中可治三十三人。然在二十四小時内，病狀未現。故亦無甚把握也。

次日醫籐浪君演説。在日本時有得肺瘟者八人，内有五人，注射東京血清，得以不死。

次德醫馬梯尼君演説。在德試驗血清，亦有效驗。

次日醫北里君演説。隔離人亦宜注射。

次美醫司德朗君演説。曾剖解二十五人，其肺脾核中微生物皆多云云。

研究未及解決，英醫哈拉君提議舉定伍連德、梯克、瓦楞而、勃羅克、馬梯尼、德拉、格羅梯、柴山、海維夫、薩寶羅尼，爲十國代表員，專研究德美意俄各種預防漿之效用，互相比較。

十五日之會議。　十五日早十點，開第八次會議。是日爲研究微生物最後之一日。

先由中醫王恩紹君演説。奉天某鑛房有人十二名，疫死九人。有騾十二頭，疫死十頭。解剖騾之屍體，含菌甚多。其無菌之部分，另以菌培養之，滋生亦極迅速。從前醫學界，皆承認騾馬不易染疫，亦不足憑。

次日醫柴山君演説。用顯微鏡試驗病人肺中，含菌最多。可見菌皆從氣管中侵入。予意與司德朗君相同，蓋肺之血管細，易繁殖也。

次德醫馬梯尼君演説。在德試驗鼠子以腺百斯篤病菌，從呼吸中送入鼠身，則染疫尤速云。

次中醫全紹清君演説臨床經驗。在哈爾濱時試驗，當初染疫時，未見咳嗽，實難解決。至病狀爲脈快細，頭痛，面色焦急，心部重，脇痛，舌苔厚，後變鮮血色發亮。熱度不甚高，約一百零二度云。

次英醫司督閣君演説。大旨與全君略同。

次中政府所派海而君演説經驗。凡染疫者必六日後，始發現病狀。

次直隸代表霞卜乃君演説。在哈爾濱有兩醫學生染疫，注射多量之血清，皆不治而死云云。下午研究預防漿之成效，仍未解決。

據北京報云：十五日會議，日本委員籐浪博士演説解剖疫屍，計二十九具之實驗，亘數小時之久。議論極爲周匝。

美國委員司杜蘭苦君，對於籐浪博士之演説，質問患肺結核者易染疫與否？經籐浪博士覆答，謂曩曾解剖之屍身中，絶無有患肺結核者，無法可驗是否易染。次中國顧問醫官法富緊君演説，將患肺百斯篤結核者計十名，由臨床學一方面診視之實驗。次俄國委員薩伯羅杜尼博士，演説解剖疫屍，發見併發胸膜炎症之實驗談。對於以上所有演說，三五委員，起而質問，且各委員互陳關於百斯篤菌毒力之意見。是時議長北里博士宣言，鄙人曩因承乏細菌病理解剖部部長，暫居議長席，司掌議事。然關於該部之一切研究，已經了結，諒負諸君之熱心研究者極多。爰於臨退議長席時，敢表感謝之忱。旋即降壇。經會長伍君連德起立致詞申謝北里博士司掌議事之勞。嗣伍君即在議長席報告百斯篤關於臨床學之研究。英醫克利斯弟君、中醫全君、美醫薩巴諂爾德君、日醫河西博士等，互致關於臨床學之演說。是時英國委員哈拉君提議，須每日午後亦行開議。日已晌午，旋行閉會。

十六日之會議　十六日早十點開第九次會議。是日議題，一爲臨床診斷，一爲傳染之原因。先由會長伍連德君演說在哈爾濱時之臨床經驗。略謂不論病者之身體强弱，其脈息皆細快，以手緊按之，且可停止其顫動。又病者之呼吸，微有聲息。與美醫司德朗君之主張略同。司德朗君謂病者不宜播動，一經播動，則病者之心，即停止其跳動云云。

時英醫司督閣君，起而反對。謂病者初起時，其脈甚壯，後乃細快云。此四中政府所派之愛司勃蘭德君，演說在哈爾濱時，曾見有女子四人染疫，死去三人。此四人皆有乳哺之兒，而小兒皆未染疫。可見婦人之乳汁並不傳染云云。

次伍連德君演説在哈爾濱時，對於小瘟之經驗，其現象不過腹瀉云。

次俄醫薩寶羅尼君演説病者之脈息，大都細快，且不平均，朝壯而夕弱，弱時幾等於無。又熱度高時則脈細，熱度低時則脈壯云。

次英國使館醫官格蕊君演説病之起原，及由滿洲里蔓延各地之疫綫。

次直隸代表醫官霞卜乃君，演説天津疫症發生，由於一商人自哈爾濱歸，遂致傳染云云。

次日醫籐浪君演説皮毛黄豆等貨物，凡屬無生命者，皆不能傳染疫症。病菌經日光即死，貨物能見光，即不虞傳染。至驢騾等生物，則確可傳染云。

次司督閣君演説。據一醫生云，有林姓婦人，家中數人皆染疫死，惟林獨存。投宿親戚家，又受其傳染，全家盡死。如此凡傳染至三家，無一免者。而林姓婦人獨生。誠醫學上一大研究資料云云。

次愛司勃蘭德君演説。哈爾濱當疫症初發生時，毫不注意於防備之法，以致死人如麻。迨後實行防禦，一切防疫機關，在在完備，而疫症即已消滅。可見防備之法，實爲必要云。

次上海派來醫官司丹萊君演説。預防之法，誠爲必要。上海一埠，爲交通最繁之區，此次竟未傳染，可見防疫之效。以後遇有疫症發生，於防疫一端，務宜注意云。

次俄醫薩賨羅尼君演説。依據新發明之預防各法，疫症當易消滅云。至此閉會。

談話會　十四晚各會員特開一茶會，以示懇親，并順便提議各事。

美領事署晚餐會　駐奉美領事，於十五晚在署宴請各會員，以敦睦誼。

贈送紀念品　會中特製顯微鏡標本，每會員各贈送一具，以作紀念。

墨西哥醫官到奉　墨西哥政府所派代表醫官剛乍而司君，於十五日到奉。

俄羅斯女士到會　俄羅斯女醫二人，及女學生二人，於十四日到奉，參列研究會之旁聽席。

旅大視察　十七、十八禮拜六、禮拜兩日休會。各會員應日本南滿鐵道會社之請，視察旅大日俄戰績。於十六晚八點三十五分，乘臨時列車首途，預定十七日上午八點十五分抵大連。巡覽順序如下，大和旅館早餐，大連醫院，電氣游園，中央試驗所。乘電車赴星浦午餐。午後三時，歸路工場埠頭游歷。七點三十分，滿鐵會社招待晚餐會，滿鐵總裁社宅餘興。當夜旅館住宿。十八日上午三十分，乘列車赴旅順地方巡覽，關東都督宴會。當夜八點十分登車，十九日上午七點到奉。

十九日之會議

諸會員於視察旅大後，於十九日歸奉。是日上午十點鐘，開第十次會議。議題爲居室炕床衣服塵土等能否傳疫。先由吉林代表員官醫院院長鍾穆生君演説。衣服確能傳疫，謂雙城一當典，因收質疫者之衣，其店員立即染疫，傳染至三十四人云。嗣經各醫官公決房屋衣服等，確不傳染，惟衣上粘有疫者之痰，如未曬乾，則可傳染。若經日光曬乾後，則不傳染。

次伍連德、薩寶羅尼、馬梯尼、北里諸君研究天氣與疫症之關係。謂當哈爾濱疫症消時，雙城之寒度，與哈爾濱相同，何以疫症反熾。可見疫症與天氣無甚關係。公認以後遇有疫症發見，惟有施以完備之預防法云。

次俄醫亞苦斯楷君，演説東清鐵路沿綫之始疫，及消滅情形。次俄醫巴苦斯楷君演説哈爾濱之傳疫情形。次美醫司德朗君演説，謂疫者之痰，吐於地上未乾時，確可傳染，乾後則不傳染，此係屢試屢驗云。議至此，即宣告散會。

北京報云：十九日會議關於鼠疫與氣候之關係，互陳意見。甲論乙駁，議論沸騰。日本委員北里博士，謂鼠疫之流行，於寒暖有無影響，余未得悉。惟防疫完全，則無論寒暑，無論何時，均可以勦滅無疑。徵諸連埠實例，期會則隆冬也，而疫死者僅六十名，疫氛即行滅絶，是其左券也。至鼠疫發生與節候之關係，則請暫以腺百斯篤一症言之。如鼠族出蟄之時，則傳播人間，尤極猖獗矣。
次中國委員阿蘇普蘭士君。英人、研究會書記長。宣言日前英文滿洲日報載，有研究會書記，當採録該會一切議事時，故將日委員言論删去不載等語。按此事恐係訛傳，本會確無此種情事，且不妨由諸君查閲。請各委員議決，向該英字報請求取銷。當經全體委員，一致允准，即行散會。

二十日上午之會議　是日早十點開第十一次會議。會長報告，接到日本關東都督大島君來電，略謂諸君來旅順時，恰值天氣失晴，致未能盡歡而散，鄙人實抱慚歉等語。嗣開會研究。先由中國醫官全紹清君，與克雷心醫官，演説瘟疫之原由。次英醫培特里君，説明近來驗明旱獺身中之蚤，實能嘬人傳染腺百斯篤，並可變爲肺百斯篤。次美醫司德朗君説明近來種預防漿於旱獺者約有六隻，並其結果。又日醫北里君説明日本防百斯篤之隔離，及其消毒法，並製預防漿，與種預防漿之方法。次王恩紹君説明奉天防疫之情形，及其方法。次日醫西河君説明在南滿鐵道大連防疫之隔離情形。次俄醫雅沁司格君演説東清鐵道各處防疫之法。次長春防疫提調黄君，説明在長春防疫之一切情形。英阿司蒲郎通譯。次阿司蒲郎君演説在傅家甸預防之方法，及其情形。次全君演説在傅家甸防疫之實驗。

一、受瘟疫者以苦力及下等社會人爲多，雙城有全家染疫斃者。
二、染疫斃者，以年在二十至四十之人爲最多，統計死者一百人中約有六十人。一歲至十歲之人，與六十以上之人，染疫死者甚少。
三、染疫死者男女一致。惟在傅家甸女子死者甚少，在雙城染疫死者女子占三分之一。
四、此疫與種族無甚關係。此次染疫死者，中國人居多數，而外國之人甚少，良由外人講求衛生，飲食居處皆潔淨於華人。若外人染此症，其死與華人同。
五、染疫死者，下等社會比上等社會爲多。
六、傅家甸在隔離所之人，有四千一百八十七名，死者二百八十五名。
七、在傅家甸，中醫因豫防此疫斃命者有數人，在醫院役使之苦力，死者甚多。
八、此次染疫死者，合計東三省、直隸、山東人數，共有四萬三千三百之多。

二十日下午之會議　二點開會，至四點散會。仍研究肺瘟傳染之原因。英使館醫員爾雷問俄醫云，貴國防疫甚完備，何以疫症仍傳及於東三省。俄醫亞心斯揩答云，其原因有二。（一）因疫初起時，設備未周。（二）因鐵路雖禁載小工，但步行至東，仍不能禁絶之故。
次安度醫官問俄醫及中醫辦理隔離之成績。會長伍君答云，傅家甸用兵隊實行隔斷交通，頗著成效。　直隸專派員卞步南君稱此次直隸疫症，不至十分爲患，皆係山海關實行隔斷交通之功。　法委員勃羅堪讀演説文，大要謂凡發生疫症時，首當預備隔離病院，及疑似病院云云。　次俄醫薩寶羅尼君及哈夫鏗君云，建築隔離病院，（一）須有一定規模，并慎防鼠類之出入。（二）須有好看護人。（三）須有好醫生經理。　日醫柴山君，意見亦同。

二十一日之會議　是日上午十句鐘開會。　先由書記宣讀復關東都督暨南滿鐵路總裁之電文，謝其優待。　嗣由方醫官宣布各醫官在傅家甸個人預防之方法。　嗣又由俄醫薩寶羅尼君論患病之人，所用痰盂、床帳及門外擦脚薦，必須灑以消毒藥水。　嗣直隸代表人夏博力君，論其在天津所施各種預防之方法。　最後則日醫北里君、俄醫薩寶羅尼君以及各國醫官論其各人所施預防之方法。

二十二日之會議　是日上午十句鐘開會。　會長伍連德先囑書記宣讀南滿鐵道總裁電文，答覆本會昨日之謝電，並達謝忱。　次由史丹來君論述上海於北方疫氣流行，一切留驗章程。　次由醫學書記，宣讀營口醫官底來君之防疫文。　次安得留君陳述中國人頗知服從留驗章程。　惟外國人對於留驗之事，因習慣不同，情形隔閡，常使此項章程引起阻力等語。

是日各國委員對於中國政府所提出之諮問案，磋商良久。議決須將該答覆諮問事宜，歸答覆委員會辦理。該委員會，由各國正委員全體組織之。特訂委員會章程，自二十三日起，每日開議。但僅就諮問案中關於肺百斯篤之要項，逐一答覆之而已。至該委員會開議時刻，每日揭曉，並不預定。既又對於施行鐵路輪船之防疫法，及煤炭元豆雜糧毛皮種種貨物，必須消毒與否之問題，互相討論。自午前起至午後，尚刺刺不休。蓋爲該研究會開會以來，未曾有之極大論戰也。

次各國委員對於中國辦理鐵路防疫事宜，頗鳴不平。謂待遇歐人被隔離者，甚缺完善。當坐客上下火車，及輸送貨物時，異常煩費，諸多敷衍。於商務上及旅行上，所受虧累，誠非淺鮮。且禁乘二三等坐客時，雖服裝污穢之華人，及狀與苦工相同者，若購得頭等車票，或稱官吏僕役，則一律准予搭乘，並不稍加稽查，蓋於防疫上爲最危險云云。

中國所聘醫官司丹萊君，對於施行輸運貨物之防疫法，瀝陳意見。日本委員北里博士謂若郵件及豆糧等類，不必消毒。當大連鼠疫流行時，對於是等物件，曾免除消毒辦法，然疫毒亦並不延及日本云。中國顧問醫官紗巴尼君，謂在上海，則將一切貴物消毒不遺，就中若食品毛皮，則尤加注意。中國委員安德列君質問，謂中國政府，曾爲阻遏疫勢起見，暫時將煤炭元豆等貨，停止輸運，是果爲適當防疫辦法與否。日本委員北里博士、俄國委員薩伯羅杜尼博士等，倡言施消毒法，於豆煤等貨，非必要者。會員多和之。此議遂由多數委員通過。　會長伍君質問俄國委員，謂小麥一項，亦須消毒與否。俄國委員薩伯羅杜尼君答云，無論元豆小麥，均不必消毒。惟當鼠族染疫時，必須消毒。曾在俄境阿的薩埠鼠疫流行時，對於所有船舶，施行驅鼠方法。且對於麵粉袋，則將混和二十五巴仙二成五分。之石灰水，消毒於麻袋表面。　是時有委員起而質問船舶驅除鼠隻法，成績如何。當由俄委員委曲說明。　會長伍君，再向日委員北里博士質問，消毒於小麥元豆之要否。北里博士謂不必消毒。　伍君復問若糧棧及其餘取扱豆糧之房屋內，鼠疫發生，則辦理如何。俄委員薩伯羅杜尼答云，未曾遇有如此實例。雖然，余仍欲主張消毒之非必要也。　俄國委員安律君，謂肺百斯篤之症，並不由貨物媒介傳染，確乎不必消毒。　伍君復問，果然，則當施消毒法於染疫房屋時，何故將器皿什物之類，一律消毒歟。俄國委員薩伯羅杜尼博士答曰，是不外慎重防疫之意。由余觀之，僅施以日光消毒則已足。　英國委員伯特里君，謂若百斯篤菌附着器皿之時，如以北里、薩伯兩博士，謂雖附著，而其菌之生存力，漸就微弱，不庸復顧慮也。　伯特里又謂世人謂達拉巴幹之可畏最甚，然果有斯類毛皮染疫之實例歟。　薩伯羅杜尼博士謂此次鼠疫流行伊始，即將該皮禁止運售，故迄今無此實例。　北里博士謂在日本則皮類係以法律禁止輸入者，亦無實例可徵。　美國委員司特朗苦君謂諸君所論，均係既往之事，多費口舌，少有裨益，盍取關於將來防疫之問題而論議之。　是時辯論尚不休，然爲時已午後三鐘四十分，即行散會。

二十三日之會議　午前十時開議。　英國委員克里君演説鐵路檢驗法。　俄國委員華路索兒君演説滿蒙地方所産媒介鼠疫之動物。　演説畢時，已十一鐘半，即行散會。　該研究會應議各項，略經議決，今後專關於政府質問案，開委員會，互相協議，該委員會亦禁止旁聽矣。

哈爾濱遊歷　廿三日下午三句半鐘，各會員乘北行列車赴哈爾濱游歷，准下禮拜一回。

會員在哈時，甚得哈道及商民之歡迎。　東清鐵路，亦異常優待。　廿四禮拜六日，專員同赴傅家甸，查閱鐵路地面之醫院，與及荒棄屋宇，留驗舊址等處。　廿五禮拜日監看火葬。繼至俄國治疫醫院，此院死者九百人。　又到美氏茅舍，即美尼醫生死處。　翌晨上美氏墓。　是日下午，會員祕密集議。

會員歸奉　各會員於廿六日晨，由哈埠回奉。　十時開會。　公擬致謝哈埠中俄各官優待之電文。　嗣由各辦事員開辦事會議，醫官及旁聽者，均未列席。

團體歡迎會　奉天紳商農學報各界，於廿八晚假座鼓樓南慶豐茶園，開全體歡迎會，恭請研究會各國醫員赴會，以盡地主之誼。場内池座爲餐堂，樓上爲退休吸煙諸室。門首特紮松枝之歡迎門，甬路用五色電燈，點綴成文。場内電燈，共有五百餘盞。舞臺正面燈額，題「燕樂嘉賓」四字。臺口燈額，爲「全體歡迎會」。燈聯爲「好求世界長生術，同上東方大舞臺」。燦爛光明，如入不夜之城。本省官吏，自錫督以次，都四五十名。研究會會長伍連德君以次，各國委員及女賓等四十餘名，施丞堂，各國駐奉領事，各國駐奉新聞記者，以及與我商務總會素有往來之外國商人，共計約二百名。其順序：（一）奏軍樂入餐堂着席。（二）各界總代表諮議局議長吳學濂君讀歡迎詞。（三）各國委員總代表墨西哥政府所派醫官剛佐萊斯君讀答詞。（四）錫督訓詞。（五）施丞堂演說。（六）撮影。（七）餘興。

二十九日之會議　二十九日午前十時，由會長伍連德君宣告開會，將連日通過之已決事項，略加增減後，乃將諸委員所定之答覆中國政府方法六項，公布如下：

一、衛生的勸導。

二、隔離診斷，及緬用呼吸帶法。

三、疫症發生時之防範方針。

四、疫病院要則。
五、疑似病院要則。
六、隔離所及留驗所要則。

討論決定後，英國會員福樂氏提議，各會員合購銀製煙箱一個，贈施丞堂爲紀念，衆贊成。遂舉澳國委員吳來禄氏爲會計，銀箱之價，約三百元左右。午後一時，由會長伍連德君宣告，閉會之前，又由福樂氏提出上施丞堂信稿一件，經衆改正後，交書記繕妥，各會員均簽字於信末。四時，各會員往觀病院。

閉會式 三十日行閉會禮。其順序：午後三鐘半，錫督、施右丞接見會員及來賓。四鐘入席。書記報告各處來電。錫督演説。和國赫會員代表全體會員面呈議案。施右丞覆詞。伍醫官演説。

各處來電 外務部來電慶賀研究會之成功，並祝醫學進步，將來益於世界。民政部來電慶賀，並祝閉會之後，成效大彰。山東巡撫孫慕帥來電慶賀，并謂此會費幾須之光陰，將來必能多活生命。直隸、山東、東三省之人民，尤蒙幸福。日本遞信大臣後藤新平來電慶賀，兼祝未來之幸福。

錫督演説詞 溯自本會開始集議，於今四星期矣。兹屆研究事竣，本大臣復與諸君會集，舉行閉會禮，何幸如之。迴憶四星期間，諸君悉心研究，不遺餘力，各出其專門之學，爲世界造福。而吾國先受其惠，豈特本大臣之欣感，莫能名狀，即吾民之歌功頌德，亦當永矢弗諼矣。諸君子孳孳不倦，惟學是圖，濟人利物之宗旨，本大臣尤所服膺動容。夫天下爲一家，四海皆兄弟之語，曩以爲未必能徵之事實，而不期竟能見諸今日，豈非快事。至此番疫氣流行問題中，固尚有深奧難明，未經發蘊者。諸君此後，諒當從容研究，光被來茲，以爲人生幸福。是則本大臣所厚望者焉。諸君去此，惟願福星庇佑，歸道平安。

和國赫會員代表全體面呈議案詞

今本會員奉委代萬國研究會各會員，面呈報告於中政府代表前，榮幸何極。溯肺疫一症，戕害各國人民者，蓋已久矣。比中國罹此烈疫，中政府以自已諸法，微特力止戕斃寶貴生命之災，且有特别思想，請各國政府遣員來奉研疫。爰於自已能力之外，復得全球最優博學家之多年專科，勤求之經驗與效果，又以關係人道之堅凝與慈祥兩方面，抗禦慘忍之公仇，且並拒死亡之慘禍。余等在奉研究攻且防之治疫諸法，約歷四星期。以言今日疫氛，似已滅矣。惟在中國，並就完全人道言之，應時惕斯疫發生。查余等研究奉委之事，實從前經驗。及今日中國各醫家與曾染斯疫諸國之各醫家經驗，一并考求淨盡，藉得各問題之表面，與夫最重大之要則。上文研究各節，即所呈簡要之報告是也。諸君子就此報告，即得余等解決及奉陳各節。倘日後中國復有今日余等所以來奉之故，深望以本會解決各則爲準。即不能杜疫萌芽，總期阻疫蔓延，如別國防疫然。茲承中政府下問，謹矢願望。因請貴丞堂將余等勤求之效果，代達政府。余等在奉，渥承優待照料，惠愛靡涯，敬伸謝悃，並請代謝政府。緣承諸君子照拂，因易集事，且得以本會大部效果，奉陳左右。

施丞堂答詞

茲於鼠疫研究會畢，舉行閉會禮。諸君將研究已得之成效，録交使者，轉呈本國政府，曷勝忻慰。方諸君從事研究時，使者雖未與列同堂，然自到會以來，居處周旋，時相與共。一切研究事宜，諸君如何殫心竭慮，使者知之最稔。茲於會畢，敬爲諸君述之。此次會議效果，其中尚須研究者甚多，必待各種理解盡能發明，而後問題中至難解決之處，方能悉宣其藴。譬如行遠，斷非一蹴可躋。必備歷艱辛，而後始能達其極點。醫學亦猶是也。使者專就此次疫氣所以發生之原因，及療治之方法而言，其研究已非易事，我國政府亦深知之。至其餘諸端，若細菌之如何損害，疫氣之如何流行，以及此症由人傳人，如何可免之法，既承諸君指示明晰，實足爲將來借鑒之資，本國政府自必酌量採用。至研究事類，編纂匪易，將來彙集成帙，公布行世，方能見此會成效之大獲其益者，豈僅我中國而已。蓋肺瘟流行之學，醫家向無專書。其有裨於世界各國，無待贅言。諸君想亦同抱此希望也。將來設遇肺瘟發見，苟能藉此新理，以爲抗制，則微特我國政府此次邀請友邦赴會之舉，爲不可泯，即諸君之鴻業厚惠，亦將垂諸無窮焉。此次各省辦理防疫，均能及時盡力，迅掃厲氛，爲諸君所推許，使者亦深爲我國國民慶幸。在諸君同堂追究，共著勤勞，本無先後之分。惟如北里博士暨其同人，勇於維持，司、杜兩博士，自抵奉後，精心考察，薩博士則聲望素著，歷練最深，於會務亦至有裨，想均爲諸君所共認者也。總之此次追究肺疫大會，不獨在中國爲創舉，即在環球列國，亦爲非常之事業。使者遭逢此會，參預其事，並得與諸君相識，何幸如之。茲於詞畢，再申一言，爲凡蒞此會襄助會務諸君聲謝。伍醫官爲本會會長，韓羅獲諸君分掌書記，以及襄理各員，莫不各盡其職，今一並聲謝。

伍會長演説詞　今日爲本會閉會之日，鄙人謹述數言，乞諸君垂聽。本會開會以來，於議事時研究一切，因意見異同，常生極大之論戰。然皆出以和平，愈增吾人之趣味。此次研究所得，必能多有進步。其有未明事項，尤望諸君於歸國後，細心研究，以福人類。會期以內，承諸君以我爲會長，種種優待，曷深感謝。

賜覲及觀光　監國攝政王，以各國醫生，熱心研究，深堪嘉尚，特諭外部，俟會議終了，賜各會員覲見，以示褒賞。四月初一日下午三點各會員乘京奉火車由奉入都覲見，官紳相送，頗不乏人。各會員便道赴唐山等處參觀路礦各成績。

四月初二日下午五鐘四十五分，各會員專車到京。民政部派警隊並馬車往前門車站迎迓，至六國飯店。會員共五十二名，荷、墨、法、德、奥各一名，美二名，英三名，意三名，日五名，俄六名，中國九名，俄哈爾濱醫院二名，日東清鐵路二名，民政部一名，天津醫學堂一名，軍醫學堂一名，奉天醫院一名，吉林醫院一名，黑省一名，中國紅十字會一名，上海醫院一名，書記員七名。

入覲記　初三日各專員赴宮覲見。首至軍機處，與慶邸那相接見。次由外務部各堂帶領入勤政殿，覲見監國攝政王。由日員北里氏代表各員頌詞，略謂各國代表，已協力籌法，使後日疫症不至蔓延。差幸此次會議，對於防止疫症問題，尚能解決，半賴於中國醫士此次之敢勇犧牲。然尚有數要點，須俟專員各自細心研究者。此會爲中國及萬國之創舉，實於醫學上大放一頁光明歷史。代表等甚喜能與斯會，并代各專員答謝監國恩遇之隆，而使各專員能盡心成就此完全之效果云。

監國答謂，甚樂與各專員接見，并甚讚善諸員對於該會之盡力。此次疫症之厲，爲中國從來所未見。各省皆遵諭防衛，幸得滅絶。既經此次閲歷，日後資助良多。并望他日於疫症有所發明，須互相表見。且請各專員回國，向各該國代爲致謝云云。

覲畢回寓，午後游覽雍和宮。晚間在外部新署設讌，由那相演説歡迎，由美員士達郎氏答謝。讌畢，開歌樂會，仍在本署。主客共約三百餘人。外賓有使署大員，銀行當事，訪員，醫士，及各紳。大員有陸軍、郵傳、民政部各堂，及前任駐洋公使。

字林報載初三日北京電云：攝政王召見外國防疫委員二十七人，中國防疫大臣及委員各一人。此次召見，有一可注意之特色，即中西官同時召見，而華官免於拜跪是也云。

又北京報載，此次會畢後，特招致各國委員來京，以禮召見。日本委員北里博士，初獨宣言急須返國，不偕來京。案北里博士，係東邦醫學界之巨子。往年奉命赴香港參列萬國鼠疫研究會，自立一説，終歸失敗。此次又奉命來奉天參與防疫會議，因以斯學之先輩自居。各國博士，咸抱不悦，故初不願同來云。

公私之酬讌　初四早十點各專員游天壇。下午四點施參議夫人設讌款待。八點禁衛軍提督署，及海陸軍部，在陸軍部款讌。

日本專員，因要事，於初四晨搭車趁輪回國。

管理太醫院事務大臣繼禄，在本院開會歡迎各會員，以便討論一切。

初五日九鐘，由外部特派招待員，帶領各員前往頤和園瞻仰。覽畢，赴農事試驗場。午時至萬牲園，由民政部備讌款待，主席爲肅邸與李侍郎經邁。首由肅邸演説歡迎，次由法員伯羅葵氏用法語答謝，音樂隊亦在場奏樂，一時之盛。

初六日上午各員自往各市場遊玩，採買物件。下午有專員十二人由京奉專車出津。初六午一鐘英使在使署設讌歡迎英、美兩國專員，德使亦在署内讌會德、俄專員。

會費報銷數目

錫督奏報奉省防疫研究會費，開銷庫平銀十萬兩。

會務報告大綱

初六日外務部發出奉天萬國鼠疫研究會通告云：萬國鼠疫研究會，前於三月初五日，在奉開會，三月三十日事竣閉會。會中研究事務，區分兩類。一爲傳染症學理，一爲蟲學與病理。始終聚議計二十四次。其原訂關於肺瘟問題研究事項，條目雖云至繁，然無一不經詳細研究。最後之一星期，係專訂議決議案，暨條陳辦法。將來會務報告，刊印成帙，則此議決暨條陳，亦必附入另列一門。兹將議決事件中，其尤關緊要者，照録於左：

此次疫症之蔓延，係由個人徑自傳染。其症之起始，無論爲何，惟齧獸之類，未查有習見傳染之憑證。據俄醫報稱旱獺中似有此類習見之症，謂之瘟疫，亦未可定。但是否確係瘟症，必待以蟲學考驗，而後始可徵信。是以此項問題，必待續行研究。

疫症傳染之所以能消滅者，大抵以防護章程，施用得法，或由採取醫學成規，或由人民力求自衛所致。但非因疫蟲之毒力消滅，而疫症始能消滅。各城鄉之受此傳染者，以有人實患此症，或已染而尚未發見者帶之而入。以傳染病理而言，此症並無確據，可指爲由於衣服或貨物抑別種無生氣類之物件傳染。

此種流行症，染之者初則莫非肺瘟。既感之後，隱伏之期，例皆自二日以至五日。其最早之現象，往往可以診察者，爲熱度增高，與脈息增速。惟非俟痰中已見疫菌，或已帶此類血色，則其是否爲疫，尤未能診斷也。若須診斷真確無誤，祇有按蟲學驗痰。其有肺管染受別種微生蟲者，不得與此並論。

此次疫症既依證據決定，均成血瘟。若以顯微鏡驗血，或以湯育法西醫培養疫蟲法。驗血，則診斷自可較有把握。若僅參肺之現象，覺太泛無把握，且覺過遲。況按肺之現象，有時病已沉重，而現象則甚輕也。

此次疫症，凶險異常。據稱既染之後，罕有能生存者。雖經迭次試驗，要皆無法療治，惟種血清，有可苟延殘喘者。然亦祇拖延幾日，而終歸於死耳。

此次疫蟲之種類，其性質與從前疫症之蟲，大致無甚差異。

此次傳染之媒，爲病人所吐之痰。凡染此病者，大半由吸入痰星內所含之疫蟲而致。其蟲質之微細，非顯微鏡不能見。其染受之初，在總氣管之下。其因吸入傳染之險，則視其所立之地，與病人遠近，暨其時之久暫爲比例，以判其重輕。

此次疫氛盛行之際，因吸氣以受傳染，其險異常，彰明較著。故凡與受症之人，或疑似受疫之人相近者，均應帶用口鼻罩，及遮風眼鏡。其罩樣式之最美者，以紗一片，作三角帶尾形，中鋪細棉，罩於口鼻之上。每次臨險之後，即應燒毁，或按法消毒，方可再用。

療治核疫，射種藥漿，雖經辯論，謂有幾成可保。惟考此次所積疫症統計報册，以藥漿療治肺瘟，是否實能可靠，則尚不能決定。故擬再用牲畜試驗，以視能否收此效果。至關於衛生暨消毒兩種問題，研究會員，亦陳有議決辦法數則。

凡與此症有關係之鐵路公司，應協同設一鐵路衛生局，有中央辦事處一所，專辦檢疫衛生事宜，訂立章程。若遇疫氣盛行，以便約束往來客商，以及貨物。至關於各通商口岸，應用一律通行檢疫章程，此次研究會，亦已議及之。

凡由旱路暨由海道旅行之小工，應爲設法招引，俾其以改乘火車，暨通行各口之輪船爲便。所訂章程，必一面能收實行約束之效，一面能令旅行者鮮有窒礙。

此次流行症既係肺瘟，據研究會查詢各項憑證，謂除旅客行李外，一切貨物，以及郵件，均無須加以限制。將來若遇鼠疫發見，則當設法將鼠類滅絶。

此次在奉開會研究，本部右丞施肇基，奉命前往蒞會研究事類。渠於開會演詞中，先已指陳綱要，至其他各項事宜，並經隨時詳慎指陳。

此次疫氛雖猛，幸未久延時日。乃承中外醫員等奮勇從事，始慶撲滅。中國政府，至爲欣感。宣統三年四月初六日。

附録

學部奏請賞給伍連德醫科進士摺

奏爲懇恩賞給總醫官伍連德醫科進士學位，請旨辦理，恭摺具陳，仰祈聖鑒事。竊臣部准外務部咨稱，按據本部右丞施肇基函稱，總醫官伍連德，於研究情形，極有心得，爲英美醫員所贊賞，聲名藉甚。應奏請賞給醫學進士學位。並將該員履歷清册，咨送核辦前來。查册開該員在英國堪伯里志大學校内之意孟奴書院，肄習格致醫學。光緒二十五年，畢業考試，取列優等，得學士學位。又往法國巴黎帕士德學校肄業，得有碩士學位。三十一年復得博士學位。又赴各地研究霍亂各病症，並著有醫學名書等因。查該員在外國，屢得學位，合之外務部咨稱各節，於醫學自屬確有經驗。所請賞給醫學進士學位之處，似應照准。伏查光緒三十三年，山西巡撫奏請將山西大學堂譯書院譯員英人竇樂安，諳習中文，在事五年，迻譯書籍甚夥，請給獎勵一摺。臣部爲獎勸遠人，贊助教育起見，業經奏懇天恩，賞給該譯員譯科進士學位，奉旨俞允在案。此次該員在東辦理疫症事宜，英美醫員，均極交口稱贊。雖與英人竇樂安情事不同，惟事關防疫，正賴有精於醫學之員，以資保衛。可否仰懇天恩，賞給該員醫科進士學位。出自逾格鴻施，非臣等所敢擅擬。所有懇恩賞給總醫官伍連德醫科進士學位，請旨辦理緣由，謹恭摺具陳，伏乞皇上聖鑒訓示。謹奏。宣統三年三月十五日。奉旨依議欽此。

又四月初一日内摺傳旨，陸軍部奏醫科進士伍連德請補軍佐，依議。

字林報駁北里博士之言論

奉天通信云：日前大連滿洲日報，載有萬國防疫會某代表，與日本代表北里博士，叙談記事一則。北里博士宣述之言，實違忤中政府，與他國各代表之意，蓋該博士決意不准中國於會中議事置喙故也。乃所指發言者，並未即行更正其誣，誠屬可異之事。今既無辯白，則是此言已確爲該博士所承認矣。該博士對於防疫會之主人，發如此之言論，於其名譽，固毫無光澤可增也。今評詆之言，業已充耳，惟此事不致公然討論者，亦自有故。蓋苟一公然表明反對，則其結果必致令日政府召回其代表耳。北里博士，無論其是否爲完全自由之委員，然當善戒其不得以政治之意志，攙入於會務之中也。北里博士之言論，最要之一節曰：「就余所知，此次奉天開會，係因中政府欲集各國之專門家，同行研究鼠疫之性質，兼及豫防法治療法。就該會性質而論，中國官員，無提出議案，及容喙議事之權利。若有以上事實，則大不合理，且不可輕容，余必峻拒之」云云。夫該會之議長，爲華人伍博士。此種言論，如果確實，則北里博士誠不易卸咎也。按中政府早已宣明召集此會，專就科學與人道之觀念，討論瘟疫之慘禍。故各國多派先進之專門家，會於奉天。設借會場揭露與會議毫無直接關係之種族問題，及政治問題，則全會之勞役，與夫事前之搜求，豈非盡受愚弄乎。

字林報評論此事曰：此事關人類之幸福，當爲閱者所注意焉。夫此會之得召集，其情節亦殊可異。距今四月以前，中國醫學古法，猶行用一時。見東督開會詞中。詎意天降巨災，其慘烈使全球各國皆爲憐恤。中國乃從專門家之請，幡然變計，改良醫法。其從善之迅速，雖西方進步最甚之國，亦無以逾之。夫東督以其精明之見，督率僚屬，勤其職守，清除地方疫害，及培植會中美譽。其所成之功績，固已譽滿海内，無庸記者贅述。即中央政府部署會務，及爲會中議員，謀安舒計，據公而論，亦未嘗稍有怠意。該會乃得藉是開始討論。其會議之結果，已有極美之豫兆矣。此時設起風雲，阻礙會務，不能和諧進行，豈不更可惜哉。如通信員所述北里博士之言果實，則北里博士爲失言矣，記者敢決日政府必即更正此言，使之消滅也。夫中政府之行事，往往受人批評。然今日召集防疫大會，固爲萬國計焉，吾人豈可不乘此加以表揚乎。且中國固已盡力阻遏滿洲疫害，今既爲會中主人，理應豫聞諸事。須知此會與界務種族問題，極不相關，不能准人攙入政治問題，或爭席問題，以損其滿美之效果也。

上海報駁北里博士之言論

我國在東三省因無完全之主權，故於行政上往往多被阻窒。即如此次疫禍，當其發萌於中俄境上之日，我國因主權不完，又以此種惡疫，爲前此所罕覯，遂致未能圖維於其始。及夫疫孽滋蔓之日，俄、日兩國，固自命有防疫之能力者，然而彼之東清、南滿二鐵路，於斯之時，一意食得賃費，不顧人類之禍害，而不肯早杜交通，運載多數受疫之人，由北之南。以致東清、南滿沿綫各城鎮，疫氛頓熾，而遂釀成滔天之慘劫矣。及至死人山積，我國官場，倔起防疫，要求東清、南滿，杜絶交通。重以歐美與國之責言，彼二公司，始行停車防堵。此固前事之未遠者也。又按煙台之疫，亦由日人將大連受疫工人，驅諸一舶，悉載送於煙台，而山東乃被疫禍，此亦迭見於西報記載者。記者屢聞歐美人士之談，此次疫禍，多云日、俄兩鐵路公司，但知貪此華人之賃費，而不早爲人道之福利計，致使中國受禍如此極云。是又公之論不可誣者也。

今年開歲之初，東三省疫禍正熾，哈、長二埠，每日率斃百數十人。東省官吏，迫起而爲防疫。乃日本在東官吏，遂乘機要求與彼合辦防疫事宜，並將大連防疫本部，即日移向奉天。察其表面，若因我國不習防疫之事，故彼急起爲我盡力者，其用情似亦可感。然而察其隱衷，則彼固不免有幸災樂禍之意。故彼始則縱疫緣鐵道以四播，及至疫禍既熾，彼意吾國必無法收拾，彼可乘間代起撲滅，張其勢力也。蓋以防疫行政，原與一切警察衛生户籍等行政，皆有密合不可離之關係，彼果用此名正言順之機會以行兼并，則益握在掌中。且較與俄戰爭而攫得我地土權利者，尤有不勞而獲之勢矣。詎知當時我東三省之商會，與一切士民，皆力起反對與日本連合防疫之舉。而在大吏，亦能深知緩急疾徐之故，不惜鉅費，盡力自行防疫。奉天商會，亦倣上海租界中人自行防疫前例，設立隔離病院，派員檢疫，以輔官力之不逮。於時日本各報，遂皆萬口同聲，日加詆毁，力摧中國自行防疫之難恃。至謂疫勢蔓延，實由不用日人防檢之故，以至疫禍囂張，非改用日人，決無希望云。觀此又可窺見日人用心之一斑也。何期日人力肆詆毁之口血未乾，而我之自行防究，固已日收明效，不久即使疫氛頓滅而至於肅清，此殆出於日人意料之外。迨彼之陰謀，難以遽遂，則其迫而欲發之情，愈盤鬱不可遏。故近奉天萬國防疫研究會開，彼國赴會之鼎鼎大名醫學博士北里氏，竟於抵奉之日，汲汲發一可怪宣言。彼欲反客爲主，禁我國在會中提議。觀於北里宣言，陰謀不啻若自其口出矣。蓋彼又欲乘開此會時，剥奪我國在東三省之主權，乃致脱口而出，如見肺肝也。

夫北里氏爲百司篤菌之先覺者，而且具有極優之經驗，殆可稱爲亞東之泰斗。彼於此次赴會，帶有彼政府何種祕密使命，吾人雖不知。然就學術一端論之，吾人固對北里表極誠之尊敬以歡迎之。爲此研究會而得北里，固可益造人類之幸福，得美滿之良果也。詎知其妄以侵略主義，挾入此種純粹謀人類幸福之會中，竟有放恣輕蔑之宣言乎。其言以爲「清國政府無防疫智識，而日本則已早將關於研究之種疫材料，調集於南滿鐵路病院之一室中，直已超於萬國之上。故會中欲研究者，但求諸日本可耳。清政府雖爲召集此之主人，雖可於會中置喙，而決不容其有提議權。果其提議，余必會斷然拒絕之云」。嗟夫，斯言也，果有符於此會研究之宗旨乎。我國所以召集此會之意，不過欲藉今日世界甚進步之科學醫術，以袪至烈之惡疫，造世界人類之宏福耳。此固我國召集斯會純粹之真意也。而北里乃竟挾爭奪侵侮之心以俱來，且公然以傲慢之態度，宣之於口，竟不自悟，大有背於各國遣派專門家來赴斯會純爲樂利之本旨。則無怪前日上海字林西報，斷然直斥其妄，不復更爲日本假貸也。記者觀於字林西報以斥北里之妄，竊見歐人之秉心直諒，殆可謂義正詞嚴，而公道常在人心者矣。蓋果如北里之論，不但日本已自叛於此會爲謀人道幸福之範圍，而自躍入於狙詐侵略之林，且又何以處各國赴會諸君也。是則豈但諸國赴會代表，悉受日本愚弄，抑且隱然任日本妄自認爲東三省之主人，而更有恃以破壞機會均等之協約矣。則宜乎字林西報之洞見隱微，而據公理以排斥之。至若今日本報之更加拒闢，亦以吾人天職之所在，而不能自已於言。其故，原與字林西報具有同情也。

俄人對我防疫言論之一斑

遠東通信社云：東省鼠疫，歐美各報，每日必有專電專函。彼此轉載，盈篇累牘。其中謠訛至多，大致皆爲俄國森堡電報所散播，意實別有所在。本社已屢出辨正。最近路透，復謂東省有絶大之排外風潮，語尤怪誕。適得奉天交涉司專電，始悉全無影響。當已遍發傳單，向各報更正矣。

昨巴黎時報著論，謂中國此時，應發起一科學專會，以事研究。如千八百九十七年，印度朋貝地方之壁波立格疫，彼時英人即如是辦法也。前外務部有電知照各國政府，如有專家前往考察，中國接待供應，亦即此意。彼時本社已發傳單。昨奉天交涉司電，復述預備接待各國醫員等語，特於更正路透謠言中附及，大爲輿論所歡迎。

數日前，俄財政大臣科夫哲夫，又在下院報告近四個月滿洲鼠疫情狀。盛稱東清鐵路總理阿發那惜耶夫大將防疫之功，詆中國人不講衛生，防疫不嚴，措置失當，足以禍及全球。並舉疫氣不由滿洲里以入貝加爾湖，而由哈爾濱以達奉天、遼東、津、京、山東等處，以爲之證。其詞至辯。俄醫沙波羅尼，新自滿洲考察回國，據云，東省之疫，乃卜勒魔立格，與往時印度之壁波立格不同。卜勒魔立格者，直達肺部，壁波立格者，乃在腹部以下，兩腿夾縫之中。卜疫較壁疫爲症尤險云云。

又四月初二上海報據倫敦電云：據聖彼得堡電稱，接奉天來電，謂萬國防疫大會各國代表，於討論重要問題時，設法抵制華醫之反對云。

外人妬我一例　上海報云：百斯篤作祟後，曾疫斃英醫即嘉克森賓一名。除發給卹銀萬兩外，並無他説。當鼠疫研究會開幕之際，不知何人誤造謠言，謂英醫非染時疫，確係中毒而斃。因此以訛傳訛，大半將信將疑。遂由英人提倡剖驗，假驗疫爲名，以證虛實。更有一種謠傳，謂英醫斃命，其底細理由，均出某國醫士之手，冀以挑起中英之惡感。是否雖不足憑，而複雜之原因，亦頗足供吾人之研究也。

日醫之離羣獨居　三月初六奉天報云：日本派來蒞會醫員北里等抵奉時，伍醫連德，在車站歡迎，繼邀至疫症研究會場駐歇。惟該醫員等不願前往，寗獨居於日本旅館。故會場内特爲日本醫員陳設之住所，反令變爲空屋。

日人對我最後之言論　東京報云：奉天鼠疫研究會日本代表北里博士，四月十二日回抵東京，盛讚中政府招待奉天研究會各代表之周到，並謂該會爲中國科學歷史上空前之舉動。又力言此次關於肺炎黴菌，多所發明，關係極鉅。彼信此會結果，影響於中國醫學前途，極有效力云。

〔奉天萬國鼠疫研究會始末，宣統三年（一九一一年）四月初版，發行者廣州光華醫社。〕

短評（一）

△袁世凱、薩鎮冰漢人也。昨日電聞蔭昌既參袁世凱之驕肆，又參薩鎮冰之難信，可知蔭昌滿漢之見實深，岑春萱幸未遇之耳。

△荆州旗兵聞武昌滿員被殺，不勝憤恨，大施報復，亦滿漢之見也。滿漢之見，終非地方人民之福，當用何法以消除之，宜亦官紳所有事也。

△即日度支部來電，既稱部庫支絀，斷無餘力兼顧各省矣。又稱各省艱窘情形，固爲本部所深悉矣。則何以又飭各省籌解協餉耶？部且不能兼顧各省，粤又豈能兼顧各省耶？所謂極力設法，所謂勉爲其難，皆直令各督撫從重抽剥已耳。

△報館記者自謂無冠帝王，今漢口記者僅得有官知府。

〔載廣州震旦日報第二二五號（一九一一年十月二十七日出版）「留聲機」專欄，署名大我，原文無題。〕

荆州駐防滿兵與漢城居民惡感之歷史

連日報載，荆州駐防因滿員被害，大爲憤恨，逢人便殺，慘不忍言。甚非地方之福也，亦非維持人道者之本意也。查荆州駐防始於康熙二十二年，與漢城居民素有惡感，道光間曾屢起衝突，其他小小齟齬所不計也。

道光二十六年，裕泰奏，荆州滿洲旗營人糾衆毆毁漢城鋪户。先因荆州駐防人與漢城鋪户觀划龍舟，爭强互毆，頻年結怨未釋。適是年閏五月初五日有滿洲營旗人糾衆繞進漢城，專尋咸寗、武昌二縣鋪民滋鬧，將民人毆傷二十餘人，且有因傷斃命者。復拆毁鋪面，棄擲貨物，並將咸、武客民會館放火焚燒，請分别彈壓鈐束等語。

諭曰：荆州駐防旗人，生齒日繁，遊手好閒之徒，潛至漢城賒買物件，酗酒打降。咸寗、武昌民人良莠不齊，亦多村野强梁之輩，彼此爭競，已非一日。在旗人又以不列編氓，於府縣各官不能聽其約束，該地方官亦不無遇事遷就之處。遂至積習相沿，縱恣日甚。嗣後荆州駐防旗人，無論兵丁閒散，如有無故潛至漢城生事滋鬧者，即由該地方官徑行拘拿，一面申報將軍公同審辦，倘係漢民肇釁欺凌，亦即從嚴懲治，不得稍存偏袒。總期永杜後釁，久遠相安。欽此。此道光間之歷史見諸奏案者也，然其平日之積不相能，概可見矣。循至今日，遂蓄而必發，大相決裂，不可收拾。孰致之哉？所難堪者，身親受之者已。

〔載震旦日報第二二五號「鷄鳴録」副刊，署名大我。〕

短評(二)

△昔之少年馳馬試劍,今之少年當馳馬演槍。

△昔之世重科名,故翰林、進士尚。今之世重學問,故有專門之學者佳。

△可憐昔日之紅員,一朝變爲廢物。

△可憐昔日之豪紳,一旦變爲庶人。

△舊政府一推倒,則所有前日之所稱有勢力者,一旦盡失其勢力,反低首下心於前日所不在目中之人。世事變幻無常。可嘆。

△更有前日無所謂之人,一鑽營得新政府差,則出日藤轎,意氣揚揚,可鄙。

△往代開國,屠沽牙儈多能立功,原不足怪。奈何今有無功而受祿者,可嘆。

〔載震旦日報第二四六號(一九一二年十一月二十二日出版)「留聲機」專欄,署名大我,原文無題。〕

新政府何多舊政也

吾見新政府之文告，每日以示與民更始，又每日自應照舊辦理。然究竟與民更始者少，照舊辦理者多。

照舊辦理而善，則何不可照舊辦理。照舊辦理而不善，則何貴有此改革爲。民之望治者切也，則責備亦愈重矣。一心盼新政，新政不可得，而照舊辦理一語，摇筆即來，以是塞吾民之望，可見幕中人物之宏偉也。

〔載震旦日報第二五一號（一九一一年十一月二十七日出版）「新感觸」專欄，署名大我。〕

短評（三）

△新志士輒言「海外大多人才」。豈海内遂無人才耶？ 失言孰甚。

△龍旗已下，招牌之滿漢等字亦已删除，何以郵票上之龍旗尚依然飄拂？ 大清國之名號尚傳遞不衰？

△新政府人物大都初則有「斯人不出，如蒼生何」之嘆，繼則有「斯人既出，如蒼生何」之恨矣！

△吾又甚望新政府人物初則有「孰殺子産，吾其與之」之謡，繼則有「子産若死，其誰嗣之」之恨。

△劉永福昨致報界書有「自分與草木同腐，何心與新世界偉人争雄長耶」之語。 吾哀其言，限於篇幅，明日録之。

〔載震旦日報第二五二號（一九一一年十一月二十九日出版）「留聲機」專欄，署名大我，原文無題。〕

短評(四)

△聞金陵克復，人皆喜形於色，聞武漢警耗，人皆嗒然若喪。是何心理？曰愛國心，與國家同休戚心。

△得國人能與國同休戚，吾國不亡矣。

△言漢陽克復，有爭辯是我軍克復，抑清軍克復者。所謂我軍，「我」得大聲。

△事非經過不知難。當身未任事時，手指口畫，無不如意。及一登舞臺，則又無以異於衆。奇也。

〔載震旦日報第二五五號(一九一一年十二月二日出版)「留聲機」專欄，署名大我，原文無題。〕

時局之可慮

今日何日，豈爭意見之日乎。吾知憂國者心無此事。

今人但知各屬擾亂之可慮，北京未破之可慮，外人窺伺之可慮，而不知可慮者不止此。今雖同爲民國之民也，然有種心理仍不能一致。異黨其一，劣紳其二，猾吏其三。革命軍之得勢，彼黨人固恨之入骨而無可如何者也。彼黨人固未嘗一日解散也。劣紳雖無能爲力，然各省中之一二大紳，其平日既不見容於新人物，其舉動又或可以煽動而有餘，則有逼虎跳牆之患。

猾吏則或稍負時望，相機而行。我軍政府苟無懈可擊，彼亦無所施其技。不爾，則此三種人皆可以危我也。誠不可不慎。

〔載震旦日報第二五七號（一九一一年十二月五日出版）「新感觸」專欄，署名大我。〕

本報對於龍統制屢請去粵之政見

十五日大會議，兢兢求軍權之統一。萬衆一心，可謂知務矣。然本省現在軍隊有新軍，有民軍，有舊日之防營，皆易統一。惟客軍之桂、濟二軍，則不如任龍統制帶回滇桂便。

龍統制思去粵久矣。其始不去，爲粵東保存庫款軍械及省城之治安。其繼不去，爲全粵紳商再四之挽留。統制之於粵，自問可以告無罪，粵人亦當無間言。桂、濟二軍，言語不通，情形不熟，遂與粵省軍民終不能無隔閡。此統制所屢言，而又有近日事實可見者也。

前者黄參督所帶之新軍未到省，粵人爲省城治安計，留龍統制有詞。今新軍既已全隊到省，龍統制又屢辭，滇南又復屢次電催，在粵人固可容龍統制一去。

龍統制爲一最有血性之人，其言皆出於至誠，無一虚飾語彙。觀迭次告粵父老書，情詞懇摯，其所言軍士思歸及滇省情形亦甚確論，則我粵人何不容龍統制稍卸其責，俾桂軍可以帶回廣西陸都督調遣，濟軍可以帶回滇南原籍，一舉而三善。其於粵省軍權統一之前途大有補助也。粵人如與龍統制有感情，當開送別會以歡送之。

〔載震旦日報第二五八號（一九一一年十二月六日出版）「自由談」專欄，署名大我。龍統制指龍濟光。〕

精神之軍政府

既稱軍政府，不可一刻離軍事上之精神也。否則聲威不振，奄奄無生氣矣。粵中最精神煥發之時刻則爲八月十九武昌起義以後之電報。全粵士民均氣象萬千，頭角崢嶸。快哉斯時，過此不繼矣。能守此精神而不懈者，吾見有上海軍政府。上海無戰事，與廣東等。然上海軍政府無日不將武漢及南京各處軍情佈告於衆，其意蓋欲與民共之，不徒任報館之自爲記載而已。用能興起國人奮志而示人以軍政時代之現情也。廣東無此。

〔載震旦日報第二六〇號（一九一一年十二月八日出版）「新感觸」專欄，署名大我。〕

短評（五）

△均主息兵主義，以免塗炭生民。然梁鼎芬以勸黎元洪，李准以勸陳夔龍，則李准過梁鼎芬遠矣。

△馮如爲近代飛機大家，有名於各國。粤軍政府既不能助之，並不能以好語獎慰之。奇哉！

△吾閲各省都督電，皆有如已舉有替人，即歸故里之概。吾爲大局喜，喜國人之深維大局，而無私見於其間也。

〔載震旦日報第二六一號（一九一一年十二月九日出版）「留聲機」專欄，署名大我。原文無題。〕

短評(六)

△接陽春黄坭灣電二通,虎門、水東、南雄、容縣、潯州電各一通,皆告急者。限於篇幅,不能刻,歉極。

△又接西樵、順德、番禺、鶴山、大良、佛山函各一通,亦告地方不靜者。不能備載,亦歉極。

△差可慰者,廣東北伐軍出發耳。然吾人安坐家鄉,軍人戮力上國,當何以對之,又歉極。

△武昌孤危,求援極急,漢陽同胞,慘遭屠戮。愛莫能助,痛心何益。又歉極。

△女子從軍助餉,手不絕書。吾輩男兒,真當愧死。又歉極。

△軍隊衝突,時驚吾民。盡余筆力,竟不能開導。又歉極。

〔載震旦日報第二六二號(一九一一年十二月十一日出版)「留聲機」專欄,署名大我,原文無題。〕

贛皖内訌之大警告

△省界之説累之也　△是可爲吾族大痛哭

林述慶之辭鎮江都督也，天下稱其讓，吾亦不得不稱其義。雖然，林閩人也，不獨林，蔣雁行、徐紹楨皆辭焉。蓋近日省界之風甚盛也。

友人有客雲南者，雲南獨立後走險回粤，告余曰：雲南人排外特甚。余始聞而疑，繼始知所謂外者，外省也。吾國有此現象，豈不痛哉！

湘人之在粤者，亦於湖南會館集議，以爲粤人有省界，遂相率而離粤。凡此皆舉其例也。近日事變之根於省界者甚夥，識者百端維持之，而不足漢奸一二蜚語煽動之而有餘矣。吾深望同族勿先自腐而與人以漁人之利也。

〔載震旦日報第二六六號（一九一一年十二月十五日出版）「新感觸」專欄，署名大我。〕

短評(七)

△古有五禮：吉凶賓軍嘉。軍人最重禮節。軍禮不夙習，甚缺點也。昨日各民軍歡送北伐軍，居然有禮讓之風矣。此以新軍教練民軍之效果也。不然，軍人而不知軍隊禮節，烏乎可？

△「丈夫非無淚，不灑別離間。仗劍對樽酒，恥爲游子顔。」陸龜蒙語也。惟吾北伐軍足以當之。

△「車轔轔，馬蕭蕭，行人弓箭各在腰。爹娘妻子走相送，哭聲直上干雲霄。」此杜甫記從軍之苦況也。吾北伐軍何嘗有是。

△「多行不義必自斃」，古語也。然亦有不然者。孟子曰：「義，人之正路也。捨正路而不由，哀哉！」乃昨日竟有在由義巷被槍斃者，是由義之不免也。然此巷雖名由義，其實窄路而非大路云。

△黄士龍辭參督，龍濟光往欽廉，龍頭龍尾均去也。此爲省城不見有龍尾之兆乎？

△總商會函致胡漢民，防有推刃剸腹之事。胡漢民答以「出亡六年，懸購五萬，未嘗

携一槍自衛。」不失書生本色。

〔載震旦日報第二六七號（一九一一年十二月十六日出版）「留聲機」專欄，署名大我。原文無題。〕

今日慈善家亟宜發起恤兵會

今日報載有某君以棉衣八千件運滬賑濟被兵人民。美哉是舉也！抑記者更有一言：各國之有恤兵會也，與戰務同時發起，又稱爲恤兵團體。其意以軍人爲國家出力，爲吾民效死，吾人愛之敬之感之重之而思所以報之則無以爲報也，於是有恤兵會，以爲軍人之陣没者、瘡痍廢疾者，恤其家屬或其終身，以冀酬報軍人戰陣之勞於萬一。此慈善家所有事，而吾民心理所必需此而後安者也。此舉固較恤被兵人民爲有價值。

〔載《震旦日報》第二六八號（一九一一年十二月十九日出版）「新感觸」專欄，署名大我。〕